民國歷史與文化研究

二 編

第 **19** 冊

民國前期「廢止中醫」思潮研究
（1912～1937）

李 曉 濤 著

花木蘭文化出版社

國家圖書館出版品預行編目資料

民國前期「廢止中醫」思潮研究（1912～1937）／李曉濤 著
-- 初版 -- 新北市：花木蘭文化出版社，2015〔民104〕
目 2+178 面；19×26 公分
（民國歷史與文化研究 二編：第 19 冊）
ISBN 978-986-404-287-6（精裝）
1. 中醫 2. 中國
628.08   104012468

ISBN-978-986-404-287-6

民國歷史與文化研究
二 編　第十九冊　　　　　　　ISBN：978-986-404-287-6

民國前期「廢止中醫」思潮研究（1912～1937）

作　　者　李曉濤
總 編 輯　杜潔祥
副總編輯　楊嘉樂
編　　輯　許郁翎
出　　版　花木蘭文化出版社
社　　長　高小娟
聯絡地址　235 新北市中和區中安街七二號十三樓
　　　　　電話：02-2923-1455／傳真：02-2923-1452
網　　址　http://www.huamulan.tw 信箱 hml 810518@gmail.com
印　　刷　普羅文化出版廣告事業
初　　版　2015 年 9 月
全書字數　156813 字
定　　價　二編 24 冊（精裝）台幣 45,000 元

民國前期「廢止中醫」思潮研究

（1912 ～ 1937）

李曉濤　著

作者簡介

李曉濤（1982 —），女，山東煙台人，歷史學博士。2011 年畢業於北京師範大學，現就職於北京航空航天大學附屬中學。主要研究方向爲中國近代文化史。先後發表《來自異域的不同聲音——早期在華傳教士對中醫之評介》，《南京中醫藥大學學報》（社會科學版），2010 年第 6 期、《當中醫遇見科學——略論「五四」語境下中醫與科學之角力》，《亞洲研究》（韓國），2010 年第 10 號、《近代「廢止中醫」問題研究綜述》，《亞洲研究》（韓國），2010 年第 11 號、《以「民族主義」闡釋中醫藥——民國中醫界的話語選擇（1912-1937）》發表於《四川師範大學學報（社會科學版）》2012 年第 1 期，參與編撰《民國思想文叢（古史辯派）》，長春出版社 2013 年 1 月版。

提　　要

　　近代以來，西學東漸，中國固有的事物受到衝擊，人們傳統的思維方式也由此發生改變。正是在這樣的背景下，中醫開始遭受一些人的質疑，而與之相反，西醫則獲得了一些人的推崇。早在晚清時期，俞樾、吳汝綸等名家就曾對中醫做出了批判，甚至提出要將其廢止。進入民國後，中醫的處境越發艱難。以余雲岫爲首的「廢醫」派，一方面向政府呈請「廢醫」的提案，一方面在報刊上發文抨擊中醫，使得中醫在民國時期險被廢止。可以說，中醫的近代史就是一段與「廢醫」派抗爭的歷史，在一次次請願下，中醫擺脫了廢止的命運，但卻逃不脫打壓、抵制的命運。儘管《中醫條例》的出臺，等於承認了中醫的合法地位，但中醫依然在壓抑的環境下艱難生存。

　　在科學昌明的時代，科學成爲衡量事物合理與否的標準。出於對科學的信仰，一些「廢醫」論者認爲中醫不合「科學」，因而必須被廢止。有的「廢醫」論者提出廢止中醫的觀點，則是因爲曾被中醫所誤，憤而廢醫。此外，在公共衛生、助產、法醫學等領域，中醫難以發揮作用，而西醫不但能夠滲入其中，且取得了良好的效果，於是，中醫喪失了存留的理由。以上主客觀兩方面因素促成了「廢醫」思潮的產生，但歸根結底，「廢醫」思潮的出現離不開民國時代背景與社會思潮的影響。隨著民國以來中西交流的日益頻繁，中國醫事制度的落後才愈發呈現出來。而正因爲科學主義已成爲社會思潮，「中醫不合科學」才能順理成章地成爲「廢醫」的理由。

　　「廢醫」思潮引發了中西醫學間的論戰。爲在論戰中獲得話語優勢權，論辯雙方都選擇了對自身有利的話語、論據來攻擊對方，證明自己。以西醫爲主體的「廢醫」派抓住中醫玄虛的弱點，攻擊「中醫不合科學」，爲此，中醫界展開了激烈的辯駁，但卻始終給人以牽強之感。而中醫界則利用民族主義話語，指責「廢醫」派的行爲是「亡國之舉」，使西醫界也處於了被動的局面。此外，名人的言行、日本的醫學政策等也都被論辯雙方當作了論據。然而，經過話語、論據包裝後的中西醫論爭已不再是純粹的學理討論。在這場論爭中，我們無從判斷中西醫學哪個更具價值，而唯一能說明的只是話語、論據本身強大的影響力。通過對雙方言論的考察，筆者作出了以下三點判斷：1. 中西醫學所選擇的論據未必客觀。2.「廢醫」思潮所引發的中西醫論爭並未分出勝負。3. 對中西醫學的判斷不能僅從一方的角度出發。

　　在「廢醫」派的所有「廢醫」理由中，「中醫不合科學」是最爲有力的一條。在科學話語下，那些玄虛的不科學的醫理使中醫在與對手論辯時缺了底氣。既然「中醫不合科學」是中醫最大的弱點，那麼彌補這一弱點，想必就能改善中醫的境況，於是，「中醫科學化」運動應運而生。儘管中醫科學化自提出之日起便爭議不斷，但中醫能夠保存至今，與這一運動不無關係。中醫科學化運動不僅使中醫的一些成果得到了人們的認可與接受，同時也使中醫的傳統流傳至今。鑒古識今，從「廢醫」思潮這段歷史中，我們也能獲得一些啓示，對待以中醫爲代表的中國傳統文化時，更需要一種調和的智慧。

緒　論 ……………………………………………………… 1
　　一、選題意義 ………………………………………… 1
　　二、學術史回顧 ……………………………………… 3
　　三、研究思路 ………………………………………… 15
第一章　「廢醫」思潮始末 ……………………………… 19
　　一、中醫地位的動搖 ………………………………… 19
　　二、「廢醫」思潮之濫觴 …………………………… 31
　　三、民國「廢醫」思潮始末及中醫界的抗爭
　　　　…………………………………………………… 40
　　　　小　結 …………………………………………… 49
第二章　「廢醫」思潮形成的主客觀因素 ……………… 51
　　一、「廢醫」思潮形成的主觀因素 ………………… 51
　　二、「廢醫」思潮形成的客觀因素 ………………… 58
　　　　小　結 …………………………………………… 73
第三章　「廢醫」思潮中話語、論據的選擇與運用
　　　　…………………………………………………… 77
　　一、「廢醫」思潮中話語的選擇與運用 …………… 77
　　二、「廢醫」思潮中論據的選擇與運用 …………… 102
　　　　小　結 …………………………………………… 120
第四章　「廢醫」思潮的客觀結果：「中醫科學化」
　　　　運動 …………………………………………… 125
　　一、中醫科學化的提出與爭議 …………………… 125
　　二、中醫科學化的嘗試 …………………………… 135
　　　　小　結 …………………………………………… 147
第五章　對「廢醫」思潮的思考 ……………………… 149
　　一、西醫界的無奈 ………………………………… 149
　　二、中醫界的妥協 ………………………………… 152
　　三、從中醫到中國傳統文化的思考 ……………… 155
結　語 …………………………………………………… 157
附錄一　中央國醫館整理國醫藥學術標準大綱 ……… 161
附錄二　中國各省醫師之分佈 ………………………… 165
附錄三　中國各城市醫師之分佈 ……………………… 167
參考文獻 ………………………………………………… 169

目
次

緒　論

一、選題意義

　　如果我們從「神農嘗百草」、「伏羲製九針」這些遙遠的神話故事算起，中國傳統醫學已經歷經了數千年，跨越了從先秦到明清整個漫長的古代社會。從先秦時期的《黃帝內經》、明代的《本草綱目》，到清代的《溫病條辨》，從先秦名醫扁鵲、漢代名醫華佗，到明代的李時珍，這些著名的醫書、醫家無疑是我國古代醫學文化的優秀代表，至今仍有廣泛影響力。在漫長的中國古代醫藥史裏，中國醫學始終佔據著主導地位。然而，中國歷史步入近代以後，中醫在遠道而來之西醫的衝擊之下，其穩固地位遭到前所未有的挑戰。

　　鴉片戰爭後，西方醫學伴隨著堅船利炮進入中國，並很快佔據了一席之地，而流傳數千年的中國傳統醫學卻在西方醫學的步步緊逼之下日漸衰落。中醫終於遇到了強勁有力的對手，其衰勢難以挽回；而一些以西醫為主的人士卻不依不饒，視「廢止中醫」為最終目標，企圖將中醫「斬盡殺絕」。1929年 2 月，國民政府召開第一屆中央衛生委員會議，通過了余雲岫等人提出的「廢止舊醫以掃除醫事衛生之障礙案」。一石激起千層浪，中醫界人士奔走呼號，奮起抗爭。一方咄咄逼人，另一方毫不妥協，敵對雙方劍拔弩張，大有你死我活之勢。在「廢止中醫」（以下皆簡稱「廢醫」）思潮的刺激下，中醫界也開始了對自身的反思，並走上革新之路。最終，中醫得以保留，而中西醫學成為並存的兩種醫學體系，直至今日仍然共同發揮著重要作用。

　　熊月之先生曾說：「西醫最得西方古典科學重具體、講實證的精神，中醫最得中國傳統文化重整體、講聯繫的神韻，如果在各種學科中，舉出最能體

現中西文化特徵的一種，我以爲醫學最爲合適。」〔註1〕起源於古希臘的西醫，在經歷了文藝復興的洗禮後，成爲了以生物學、化學、解剖學等自然科學爲基礎的近代醫學。而以陰陽五行學說爲主體的中醫，講究「氣」、「形」、「神」統一、辯證施治等原則，與中國傳統文化緊密相連。故而，中西醫學的相遇與衝突，實質上是兩種異質文化的相遇與碰撞。於是，牽一髮則動全身，「廢止中醫」的提議勢必引發社會一系列的連鎖反應。因此，近代史上的「廢止中醫」案，並不是一個簡簡單單的事件而已，其涉及了複雜的政治、經濟、文化因素，值得我們進一步研究與探索。

其一，目前學術界對近代的「廢止中醫」案給予了一定的關注，但多從社會史角度梳理「廢醫」運動的背景、過程及影響，缺乏思想、文化角度對「廢醫」思潮的解讀。因而，圍繞著「廢醫」思潮，仍有較多的問題可供探討：「廢醫」思潮的產生有哪些主客觀因素？在「廢醫」思潮中，論戰的雙方是如何選擇對自身有利的話語和論據的？西醫是如何以「科學」的名義取得優勢話語權的？中醫又是如何通過「民族主義」爭奪話語權的？「廢醫」思潮與彼時的社會環境是如何相互作用的？「廢醫」思潮雖將中醫置於廢棄的邊緣，但最終卻激勵中醫走向了革新之路，那麼「廢醫」思潮是否有待重新評估？因生存需要而選擇的中醫科學化運動是中醫最爲合適的發展道路嗎？……在相關研究成果中，一些學者對上述問題有所涉及，但尚未展開深入細緻地挖掘。因此，對民國前期「廢醫」思潮的研究還有待進一步深入。

其二，2006 年 4 月，中南大學教授張功耀發表論文《告別中醫中藥》，從文化進步的角度，從尊重科學的角度，從維護生物多樣性的角度，從人道主義的角度，要求廢除中醫中藥。〔註2〕6 月，張教授又在其博客上發表系列文章建議廢除中醫，並與住在美國紐約的王澄醫師發起了「征集促使中醫中藥退出國家醫療體制簽名公告」。有人支持，有人批駁，中西醫學間的矛盾在新世紀再度激化。細讀張教授「廢醫」的理由，與幾十年前余雲岫等「廢醫幹將」的理由何其相似，而如今反對者的言辭與當年捍衛中醫人士的言辭又是大同小異。知古方能鑒今，當廢止中醫一次又一次成爲網絡、媒體熱炒的話題時，我們是否能夠回過頭來，從七八十年前的那場思潮中尋求中醫生存與發展的最佳途徑。這也是本文的一點現實意義。

〔註 1〕 熊月之：《西學東漸與晚清社會》，上海人民出版社 1994 年版，第 710 頁。
〔註 2〕 張功耀：《告別中醫中藥》，《醫學與哲學》（人文社會醫學版）2006 年第 4 期。

其三，「廢醫」思潮初起，即在社會上掀起軒然大波，贊同、咒罵之聲不絕於耳。中醫、西醫界人士創辦刊物，互相攻訐，相關報刊不下一百種。除醫界人士外，眾多知識分子如陳獨秀、胡適、魯迅、傅斯年等人也頻發議論，其觀點言論已收錄於他們的文集中。北京市檔案館保存了大量與此有關的民國檔案，可做一手資料進行研究。因此，就資料搜集方面而言，豐富的資料為本文的研究奠定了堅實的史料基礎。

李約瑟說：「中國醫學上有很多事情，西方醫學解釋不了。我想可以這樣說：某一門科學越複雜，就越難實現東西方的統一。」〔註3〕的確，中國醫學歷經數千年，在近代西方醫學的猛烈衝擊下沒有消亡，自然有它存活的道理。故而，廢止中醫並不是解決中西醫衝突的唯一手段，而通過探尋歷史，反思當今，進而思考中醫未來發展的走向，也許是一條更好的途徑。

二、學術史回顧

研究「廢醫」思潮不能繞過「廢醫」運動、中西醫論爭及中醫自救等與「廢醫」相關的問題。因此，儘管目前學術界尚無專門探討「廢醫」思潮的論著問世，但對上述相關「廢醫」問題已進行了較為深入的探討，從而為本文的研究奠定了堅實的學術基礎。以下即對學術界的相關研究成果進行分類梳理：

（一）總體研究

我國醫史的研究起步很早，自《史記》起便有歷代名醫的列傳，至近代以後，中國醫史的研究不再局限於古代人物傳記，開始涉及從古至今醫藥學的各個領域。對近代醫學問題有所涉及的當首推陳邦賢的《中國醫學史》，其書初成於 1919 年，後經多次再版補充，至今仍有較高的學術價值。該書述及從「上古」至「現代」的醫學〔註4〕，在論述「現代的醫學」時，作者認為，中國「數千年來哲學的醫學，一變而為科學的醫學」，且「新醫學的蓬勃，有一日千里之勢」；受此影響，「中醫也高揭新中醫的旗幟，要以科學的方法，

〔註3〕　（英）李約瑟著，潘吉星主編，陳養正等譯：《李約瑟文集：李約瑟博士有關中國科學技術史的論文和演講集（一九四四～一九八四）》，遼寧科學技術出版社 1986 年版，第 21 頁。

〔註4〕　因陳邦賢《中國醫學史》成書於民國時期，故書中時間概念的表述需作特殊說明：「近世的醫學」指明清時期的醫學；「現代的醫學」則指民國時期即作者所處時代之醫學。

整理吾國固有的舊籍」〔註5〕。作者提及了近代中國醫療體系的變遷，並指出中醫在此變遷中作出了如何反應，但沒有對近代的「廢醫」問題詳加研究。與陳邦賢的《中國醫學史》相類似，李濤的《醫學史綱》、范行準的《明季西洋傳入之醫學》、李廷安的《中外醫學史概論》等這些早期中國醫學史研究的代表性著作，都未能詳盡介紹近代的「廢醫」問題。

　　20世紀80年代以來，近現代醫學開始受到越來越多學者的關注，相關研究成果日漸增多。其中，鄧鐵濤的《中醫近代史》〔註6〕、鄧鐵濤、程之範主編的《中國醫學通史》（近代卷）〔註7〕這兩本通史類著作對近代「廢醫」運動的敘述較爲詳盡。這兩本書都追溯了民國「廢醫」運動的背景、始末等，材料翔實，具有較高的學術參考價值，但遺憾的是，這兩本書都傾向於對「廢醫」運動作概述性陳述，缺乏對運動的詳盡探討及其對運動背後隱藏因素的深入分析。

　　近代「廢醫」思潮的興起與西方醫學知識的入華、傳播大有關係，故除通史外，中外醫學交流史著作中也或多或少對相關內容有所闡發。馬伯英等著《中外醫學文化交流史》〔註8〕一書介紹了近代西醫之入華、西式醫院的建立、早期中西醫彙通的嘗試、中西醫牴牾等內容，系統全面地再現了「廢醫」思潮的背景及全過程。李經緯主編的《中外醫學交流史》專列第六章介紹近代中外醫藥學交流，尤其詳述了日本明治維新時推行的「廢醫」政策，指出中國1929年「廢止中醫案」的方法與步驟幾乎同日本如出一轍。〔註9〕但此書本著「厚古薄今」的原則編寫，故對近現代醫學的介紹可以說是點到爲止。

　　對「廢醫」問題進行系統研究的當首推趙洪鈞的《近代中西醫論爭史》〔註10〕。該書詳述了「廢醫」的背景及過程，並對「廢醫」思想做了一定探討，資料翔實，論證充分。書中對中西醫報刊、團體、學會、名家等的介紹以及徵引的大量史料，爲後來學者查閱相關資料提供了按圖索驥之便。美中不足

〔註5〕陳邦賢：《中國醫學史》，商務印書館1937年本，1998年影印，第257頁、268頁。

〔註6〕鄧鐵濤：《中醫近代史》，廣東高等教育出版社1999年版。

〔註7〕鄧鐵濤、程之範主編：《中國醫學通史》（近代卷），人民衛生出版社2000年版。

〔註8〕馬伯英等：《中外醫學文化交流史》，文匯出版社1993年版。

〔註9〕李經緯主編：《中外醫學交流史》，湖南教育出版社1998年版，第326頁。

〔註10〕趙洪鈞：《近代中西醫論爭史》，安徽科學技術出版社1989年版。

的是該書內容偏重於政治史、社會史範疇，對「廢醫」過程中體現的思想文化因素著墨不多。但對於「廢醫」運動這一專題研究而言，該書可謂是開山之作，後來的研究多在其基礎上有所發揮。

胡曉峰的博士論文《民國中醫藥救亡鬥爭史略（1912.1～1949.9）》〔註11〕以民國時期中醫界對「廢醫」運動的反響爲主線，從政治史角度詳述救亡鬥爭的全過程。該文將救亡鬥爭劃分爲 6 個時段，甚爲詳細地探討了每一時段「廢醫」與「救醫」的發展態勢，可以說是對《近代中西醫論爭史》的有力補充。

繼上述成果之後，對「廢醫」問題研究較爲深入的是郝先中的博士論文《近代中醫廢存之爭研究》。〔註12〕論文圍繞以下 5 個問題展開論述：「西醫東漸與晚清中國的社會認同」、「廢存之爭的現實背景與醫界格局」、「廢存之爭的文化背景與思想源流」、「中醫廢存之爭的歷史過程考察」、「中醫不廢的制約因素及歷史思考」。與《近代中西醫論爭史》相比，《近代中醫廢存之爭研究》除述及「廢醫」運動的背景、始末等政治、社會領域問題外，還對中醫存廢之爭的文化背景與思想源流有所思考，彌補了前者之闕。作者在探討「廢醫」的思想源流時著重論述了五四新文化與反中醫思潮的關係，爲筆者研究「廢醫」思潮提供了諸多參考。

近年來，有人重提「廢止中醫」的觀點，引發了媒體對此熱點話題的討論，這在一定程度上也帶動了學術界的相關研究。2007 年出版的《無知與偏見──中醫存廢百年之爭》〔註13〕對「廢醫」運動的前因後果、來龍去脈做

〔註11〕　胡曉峰：《民國中醫藥救亡鬥爭史略（1912.1～1949.9）》，中國中醫研究院醫史文獻研究所 1990 年博士論文。

〔註12〕　郝先中：《近代中醫廢存之爭研究》，華東師範大學 2005 年博士論文，摘要。關於近代中西醫之爭問題，郝先中先後發表《日本廢除漢醫對中國近代醫學的影響》（《皖西學院學報》2005 年第 6 期）、《孫中山病逝前的一場中西醫之爭》（《南京中醫藥大學學報》〈社會科學版〉2006 年第 1 期）、《罵中醫：「五四激進主義者的一種時尚」》（《中國社會導刊》2006 年第 14 期）、《中醫緣何廢而不止──近代「廢止中醫案」破產根源之分析》（《自然辯證法通訊》2006 年第 5 期）、《傳統與現代性：近代中西醫論爭的文化表徵》（《皖西學院學報》2008 年第 1 期）、《20 世紀初中西醫學術地位的演變》（《自然辯證法通訊》2008 年第 5 期）、《兼容與並行：清末民初中國醫界之二元格局》（《河南師範大學學報〈哲學社會科學版〉2009 年第 2 期》）等論文，在其博士論文基礎之上做了進一步闡發。

〔註13〕　張效霞：《無知與偏見──中醫存廢百年之爭》，山東科學技術出版社 2007 年版。

了系統梳理和科學分析。劉理想的《中醫存廢之爭》〔註 14〕在研究「廢醫」
問題的基礎上，探討當代中醫的價值及發展前景。《中醫劫——百年中醫存廢
之爭》〔註 15〕則以訪談錄的形式成書。作者採訪了若干知名學者與當事人後
代，鏈接網絡資源，聯繫當前實際，對中醫存廢這一問題做了充分闡發。上
述三本書圖文並茂，史論結合，聯繫實際，但通俗性較強，學術性不足。

此外，張鳴《舊醫，還是中醫？——七十年前的廢止中醫風波》〔註 16〕
一文以略帶幽默的語調回顧了 1929 年的「廢醫」全過程，其中夾雜議論，深
刻揭示中醫在科學語境下的艱難與尷尬。左玉河先生的《學理討論，還是生
存抗爭——1929 年中醫存廢之爭評析》僅選取 1929 年 3 月「廢止中醫案」
為研究對象，對廢止中醫的背景、經過進行了詳細必要的實證性研究，認為，
中醫存廢之爭，不是簡單的學理上的討論，也不僅僅是一場普通的文化論
爭，而是一場中醫界為尋求自身生存和發展而進行的殊死抗爭。同時作者提
出「中醫科學化」運動與西醫界的推動密不可分，而以往學術界對此重視不
夠。〔註 17〕劉利民的碩士論文《論南京國民政府時期的中醫自救運動》〔註 18〕
對民國時期「廢醫」運動與中醫抗爭的背景、過程及意義做了細緻探討，同
時也指出，儘管中醫界為了挽救危亡而奮力自救，但在民國時期，中醫界並
未實現完全意義上的自救，中醫發展道路仍待探索。

上述成果從總體上對「廢醫」問題作了細緻探討。除總體研究外，一些
專著或論文圍繞具體問題對「廢醫」做進一步細化研究。

（二）專題研究

儘管一些研究成果在對「廢醫」問題做綜合研究時，已對「廢醫」思潮
興起的原因做出了一定分析，但楊念群、臧鑫等學者對「廢醫」思潮的原因
另有他解，故極有必要對其單獨評介。

〔註 14〕劉理想：《中醫存廢之爭》，中國中醫藥出版社 2007 年版。

〔註 15〕海天、易肖煒：《中醫劫——百年中醫存廢之爭》，中國友誼出版公司 2008 年
版。

〔註 16〕張鳴：《舊醫，還是中醫？——七十年前的廢止中醫風波》，《讀書》2002 年第
6 期。

〔註 17〕左玉河：《學理討論，還是生存抗爭——1929 年中醫存廢之爭評析》，《民國研
究》2004 年第 5 期。

〔註 18〕劉利民：《論南京國民政府時期的中醫自救運動》，華中師範大學 2007 年碩士
論文。

　　楊教授在《再造「病人」：中西醫衝突下的空間政治（1832～1985）》一書中指出，以往對中西醫論爭的研究僅僅強調從醫學體系的知識差異上進行比較，而沒有考慮中醫在近代受到攻擊的最核心原因是醫療行政能力的闕如，特別是在預防功能上與西醫的最終差別，這就決定了中醫只具備個人救護的資格，而無法轉化為集體的保健行動。〔註 19〕廣州中醫藥大學的臧鑫則發揮其專業所長，在對中西醫的基本概念、基本思維方法進行深刻的學理分析後指出，中西兩種醫學體系在兩種文化體系內各自獨立發展起來；中醫學在發展過程中，形成了陰陽五行學說，辯證論治原則；而西醫人體觀和疾病觀均迥異於中醫觀點，它是具體的，實證的。中西文化的不同是中西醫分化的根源。〔註 20〕

　　「廢醫」思潮的產生不僅與當時的政治、社會背景有關，同時與近代的一些社會思潮也有著密切聯繫。目前學術界圍繞社會思潮與醫學的關係問題做了初步的探索，並取得了一定成果。

　　李經緯、鄢良的《西學東漸與中國近代醫學思潮》著重研究了西醫根植於中國後，中國醫學近代化過程中產生的各種思潮，諸如「中西醫參合」、「改良中國醫學」、「中西醫彙通」、「中醫科學化」和「廢止中醫」等，並認為，這些醫學思潮的產生都與當時的文化思潮有密切的聯繫，都可以從社會文化思想那裡找到根源。〔註 21〕作者的結論極具參考價值，但在具體探討文化思潮如何影響醫學思潮時，其論證過程卻略顯簡單而不充分，給人以牽強之感。

　　劉理想在博士論文《近現代中醫發展中的進化論思想研究》中分析了進化論思潮對「廢醫」問題的影響：進化論輸入後東西方文化評判發生變化；進化論促使中西醫學價值評判發生變化；進化論使批判中醫具有政治上的正當性；進化論成為廢止中醫的思想武器；進化論促使中西醫論爭話語權轉移。〔註 22〕該文以進化論思潮對近現代中醫的影響為主線，回顧歷史並反思當代中醫學進化之路，其思路較有新意。

〔註 19〕楊念群：《再造「病人」：中西醫衝突下的空間政治（1832～1985）》，中國人民大學出版社 2006 年版，導言第 9 頁。

〔註 20〕臧鑫：《近代中醫存廢之爭的文化思考》，廣州中醫藥大學 2007 年博士論文，第 3 頁。

〔註 21〕李經緯、鄢良：《西學東漸與中國近代醫學思潮》，湖北科學技術出版社 1992 年版，第 57 頁。

〔註 22〕劉理想：《近現代中醫發展中的進化論思想研究》，北京中醫藥大學 2007 年博士論文，第 21～29 頁。

　　張婷婷《近代社會思潮對中醫的影響》從嚴復的進化論、梁啓超的維新救國論以及五四新文化運動時期激進主義等思潮入手，剖析中醫在這些思潮衝擊下的命運。〔註23〕但該文僅選取三種思潮（且前兩種都爲晚清時期），難以把握近代尤其是民國之後社會思潮與中醫命運之關係。

　　「話語權」是比較熱門的一個詞彙，而將「話語」理論運用於「廢醫」問題的研究則十分新穎。在「廢醫」派的言論攻擊與中醫界的反駁批判中，雙方多選擇對自身有利的話語來回應對方。關於「廢醫」思潮中的話語爭奪問題，鄧文初在《「失語」的中醫》一文中做了較有新意的研究。

　　作者認爲，民國以來，可能作爲這一共享的知識結構的唯一話語，就只有來自西方的科學話語。也就是說，採用西醫的分類以及西醫的術語系統，是有效對話的唯一選擇。然而這樣一來，中醫就必然面臨著失去自己的獨立的符號系統，從而也必然失去自己的話語權的命運。最終結果是：不對話，中醫面臨的是自生自滅的命運；一對話，中醫同樣面臨著「失語」的命運。〔註24〕作者打破了以往單從政治史、社會史，或思想史、文化史角度探討中西醫論爭的模式，從跨文化對話的角度解析中西醫的話語衝突，爲「廢醫」問題的研究提供了一條新思路。但就話語爭奪問題而言，這篇文章僅僅探討了一個方面，即在「科學」話語下，中醫面臨「失語」的命運；然而需要注意的是，爲爭取話語權，中醫界也選擇了其他話語，如「民族」，從而爲自身贏得了話語支持。可見，在中西醫話語爭奪問題上，仍有進一步研究的空間。

　　近代「廢醫」問題並不是簡單的醫學問題，其遠遠超出了醫學的領域而進入政治、社會、文化領域。在「廢醫」運動中，國家權力起到了推波助瀾的作用，而與此同時，中醫的興衰也與現代民族國家觀念的形成緊密相關。

　　在分析國家權力與「廢醫」的關係方面，雷祥麟的 *When Chinese Medicine Encountered State：1910～1949* 與《負責任的醫生與有信仰的病人——中西醫論爭與醫病關係在民國時期的轉變》闡述得較爲深入。前者以中西醫學與國家權力的關係爲視角，分析中醫在近代遭遇的問題及其自身的改變。作者以1929 年爲分水嶺，認爲此後中國醫學進入了一個新的歷史時期。中西醫學利

〔註23〕　張婷婷：《近代社會思潮對中醫的影響》，《蘇州科技學院學報（社會科學版）》2009 年第 1 期。

〔註24〕　鄧文初：《「失語」的中醫》，《讀書》2004 年第 3 期。

用國家行政權力向對方施壓，並且爲獲得國家提供的特權與利益而相互競爭，最終導致的結果是傳統中醫從根本上改變了其理論、實踐與結構，從而形成了新中醫（re-constituted）。〔註25〕後者以「醫病關係」的改變爲關切焦點，重行檢視1930年前後的中西醫論爭。在談到「廢醫」問題時，作者指出，在西醫師看來，中國人民對中醫有著深厚的「信仰」，故將西醫引入中國的主要困難之一便是他們缺少必要的「文化權威」，因此，他們必須以國家的力量一舉廢止中醫以及與其相伴的醫療文化。〔註26〕儘管該文不以探討國家權力與「廢醫」問題爲主旨，但在文章中作者表達了一個觀點，即國家權力在廢止中醫方面起到了十分重要的作用。

在探討中醫與現代民族國家觀念形成這一問題上，《中醫興衰與現代民族國家觀念的形成——從「廢止中醫」案到赤腳醫生制度》一文的觀點十分新穎。作者認爲在對中醫的批判上，廢止派遵循的是現代化的理路，希望通過現代化的途徑達到民族身份的重新確立；針對此，中醫界採取了民族主義路徑進行響應。同時爲謀求生存，中醫界自覺進行了科學化嘗試，把「現代」納入「民族」之中，使現代民族國家有了確切的意涵。〔註27〕文章對「廢止中醫」案的探討視角新穎，論證深入。

人物個案研究也是「廢醫」問題研究中的重要組成部分。祖述憲在查閱胡適日記、書信及文章的基礎上發表《胡適對中醫究竟持什麼態度》〔註28〕一文，否定了80年代後期以來關於胡適相信中醫藥的斷言。郝先中撰文《廢止中醫派的領袖——余雲岫其人其事》，以「廢醫」思潮中的領軍人物余雲岫爲個案，探討余氏的醫學思想，認爲其「廢醫」言論既有主觀動機的驅使，也有思想方法上的迷誤。〔註29〕段曉華的博士論文《章太炎醫學思想研究》則以國學大師章太炎的醫學思想爲研究個案，認爲章太炎在面對「廢醫」思潮時，沒有糾纏於爭辯之中，而是提出了「融彙中西，更造

〔註25〕雷祥麟（Hsiang-lin Lei），*When Chinese Medicine Encountered State: 1910～1949*, Ph D. Dissertation. University of Chicago, 1999, Abstract.

〔註26〕雷祥麟：《負責任的醫生與有信仰的病人——中西醫論爭與醫病關係在民國時期的轉變》，臺灣《新史學》2003年第1期。

〔註27〕張愛華、岳少華：《中醫興衰與現代民族國家觀念的形成——從「廢止中醫」案到赤腳醫生制度》，《安徽大學學報》（哲學社會科學版），2010年第2期。

〔註28〕祖述憲：《胡適對中醫究竟持什麼態度》，《中國科技史料》2001年第1期。

〔註29〕郝先中：《廢止中醫派的領袖——余雲岫其人其事》，《自然辯證法通訊》2004年第6期，後收入其博士論文《近代中醫廢存之爭研究》。

新醫」的醫學思想〔註 30〕，比較中西醫優劣，嘗試中西醫彙通，努力尋求中醫的發展方向。

「廢醫」思潮推動了中醫的發展變革，因而可以說，中醫的自我革新之路是「廢醫」思潮的直接結果。在自我革新之路中，「中醫科學化」運動影響最爲深遠，故而，學術界對中醫科學化運動的關注也相對較多。

《民國時期「中醫科學化」論爭之回顧與思考》一文回顧了「中醫科學化」運動的背景、過程，圍繞民國時期中醫藥理論是否科學及怎樣整理提高這一主題，總結了三種觀點，即：棄醫存藥、廢除部分理論、保持基本理論。作者以古鑒今，總結歷史經驗，以期探討中醫現代化發展的可行途徑，爲中醫政策的制定和學科發展提供準確依據與可靠的保證。〔註 31〕劉衛東的《20 世紀 30 年代「中醫科學化」思潮論析》對中醫科學化思潮進行剖析，指出其實質乃是中醫的西醫化，其邏輯發展的結果必將是中醫學的消亡。〔註 32〕作者對此問題的探討帶有明顯的思想傾向，代表了目前中醫學界一些學者的觀點。陸淵雷是民國時期中醫科學化運動的著名倡導者。《陸淵雷與中醫科學化》一文詳細闡述了陸先生的中醫科學化觀點，認爲其所倡導的中醫科學化運動爲今天的中西醫結合事業做出了早期的探索。〔註 33〕余俊傑的碩士論文《遜清御醫群體與民國間中醫藥文化發展》以遜清御醫群體爲研究對象，探討該群體乃至傳統醫學文化所深陷的困局。在中醫藥困頓萎靡之際，遜清御醫本著對傳統文化的固守，投身於中醫藥界「復興中醫」的民族隊伍之中，爲民國間中醫藥文化的發展做出了一定的貢獻。〔註 34〕

在中醫革新問題上，海外學者也有所闡發。皮國立的《所謂「國醫」的內涵──略論中國醫學之近代轉型與再造》以 20 世紀 20 年代之後的中醫改革爲論述中心，探討在「廢醫」思潮壓力下，中醫轉型之過程、困境與成敗

〔註 30〕 段曉華：《章太炎醫學思想研究》，北京中醫藥大學 2006 年博士論文，第 133 頁。

〔註 31〕 胡曉峰：《民國時期「中醫科學化」論爭之回顧與思考》，《亞太傳統醫藥》2005 年第 4 期。

〔註 32〕 劉衛東：《20 世紀 30 年代「中醫科學化」思潮論析》，《齊魯學刊》2008 年第 2 期。

〔註 33〕 畢麗娟：《陸淵雷與中醫科學化》，《中醫文獻雜誌》2010 年第 2 期。

〔註 34〕 余俊傑：《遜清御醫群體與民國間中醫藥文化發展》，北京師範大學 2009 年碩士論文，第 2 頁。

得失。作者認爲，當時中醫的科學化運動是一種「失敗的『成功』轉型」，因爲「完全、成熟的科學化進程是失敗的，但，這其中卻暫時通過了被廢的關卡，而保留了珍貴的傳統與未來發展的一線生機，仍屬於不折不扣的成功」。〔註35〕

　　日本學者帆刈浩之在《中國傳統醫學的「近代」──民國初期中醫被禁止的情況》(『中国伝統医学の「近代」──民国初期における中国医学廃止をめぐって』)一文中指出，醫學問題不能單從醫學角度去研究，更應該從政治、社會，特別是文化角度進行歷史的考察。作者在回顧中國醫學發展史的同時，重點探討中國傳統醫學在「近代」新的土壤下如何重新獲得生機，從而形成了新的中醫學。文章結尾，作者對中醫學的發展前景提出了自己的看法，認爲目前中醫學作爲補充西方醫學的醫療體系，開始獲得世界性關注。中醫學運用了近代西醫的方法，配備了先進的儀器，使自身獲得了充分發展。清末以來，新的「中國傳統醫學」經過了一個世紀，最終將「科學」納入掌中，在全世界發展開來。〔註36〕

　　除上述成果外，另有一些論著或圍繞具體問題對「廢醫」做細化研究，或在研究其他醫學問題時對其有所涉及，在此一併簡要概述。

　　朱曉光《國民黨中央內部圍繞「中醫條例」的中醫廢存之爭》一文從「中醫條例」制定、公佈的內幕入手，探討了民國時期國民黨中央內部的中醫廢存之爭。〔註37〕文庠《試從中西醫論爭看近代知識界的價值取向》通過對中西醫論爭的歷史考察，分析比較中西醫論爭對立面兩個知識群體的文化教育背景、政治觀念及價值取向的差異。〔註38〕針對學術界普遍關注民國廢止中醫問題的狀況，路彩霞撰文《中醫存廢問題第一次大論爭──清末天津中醫與《大公報》筆戰事件考察》，對清末的中醫存廢問題做了考察。宣統末年，中醫與推崇西醫的新學派之間曾以《大公報》爲陣地，展開過一次大規模的

〔註35〕皮國立：《所謂「國醫」的內涵──略論中國醫學之近代轉型與再造》，《中山大學學報》(社會科學版) 2009 年第 1 期。

〔註36〕帆刈浩之：『中国伝統医学の「近代」──民国初期における中国医学廃止をめぐって』，『近きに在りて』2001 年 39 號。

〔註37〕朱曉光：《國民黨中央內部圍繞「中醫條例」的中醫廢存之爭》，《南京中醫藥大學學報》1995 年第 6 期。

〔註38〕文庠：《試從中西醫論爭看近代知識界的價值取向》，《南京中醫藥大學學報》(社會科學版) 2005 年第 3 期。

公開交鋒，作者認爲，這是近代中西醫第一次大爭論。〔註39〕文庠《移植與超越：民國中醫醫政》是學術界第一部全面系統研究民國時期中醫醫政的學術著作。「雖然民國中醫醫政取得了相當的成績，無論是當時人的觀感，還是後世人的評論，對於民國政府的中醫政策及其結果都有不同的評價：主張廢除中醫的激進者認爲政府是在『保護落後』，而反對中醫變革的保守者則批評政府是『摧殘國粹』。從表象上看，民國中醫醫政的形成始終與中醫界的抗爭緊密地結合在一起，民國的醫政體制與中醫事業發展是對立的；但從深層次看，這種對立是社會發展、制度轉型的必然。〔註40〕董澤宏《民國時期的北平中醫藥發展史研究（1912～1949）》以北平地區中醫發展歷程作爲考察重點，在論及「廢醫」運動時，作者認爲，北平地區的請願活動是全國抗擊廢止中醫案的一部分，經過抗爭，北平中醫藥得到較快發展，中醫藥隊伍不斷壯大，中醫藥得到了廣泛應用，中醫藥教育走向正規，多家中醫藥雜誌創刊，中醫藥團體增加。〔註41〕

　　中國醫學史的研究經歷了一個由簡入繁、由整體而細化的過程。20 世紀 80 年代，中國醫學史的研究尚關注於醫學通史、醫學交流史等，時至今日，醫學史的研究已呈現出多樣化、細緻化、深入化的態勢。目前學術界（尤其是海外地區）除對「廢醫」問題有所關注外，還將著眼點放在以下幾個方面：

1. 醫療社會史研究的理論與方法；〔註42〕
2. 疾病史研究；〔註43〕

〔註39〕 路彩霞：《中醫存廢問題第一次大論爭——清末天津中醫與《大公報》筆戰事件考察》，摘自余新忠主編：《清以來的疾病、醫療和衛生：以社會文化史爲視角的探索》，三聯書店 2009 年版，第 216 頁。

〔註40〕 文庠：《移植與超越：民國中醫醫政》，中國中醫藥出版社 2007 年版，代序第 3 頁、正文第 13 頁。

〔註41〕 董澤宏：《民國時期的北平中醫藥發展史研究（1912～1949）》，中國中醫研究院 2005 年博士論文，第 1 頁。

〔註42〕 如杜正勝：《醫療、社會與文化——另類醫療史的思考》，臺灣《新史學》1997 年第 4 期；余新忠：《中國疾病、醫療史探索的過去、現實與可能》，《歷史研究》2003 年第 4 期；李建民：《中國醫學史研究的新視野》，臺灣《新史學》2004 年第 3 期；梁其姿：《醫療史與中國「現代性」問題》，《中國社會歷史評論》2007 年等。

〔註43〕 如飯島涉：『ペストと近代中國——衛生の「制度化」と社會變容』，研文出版 2000 年；余新忠：《清代江南的瘟疫与社會：一項醫療社會史的研究》，中國人民大學出版社 2003 年版；梁其姿：《麻風隔離與近代中國》，《歷史研究》2003 年第 5 期；李尚仁：《十九世紀後期英國醫學界對中國麻瘋病情的調查研

3. 衛生機制與衛生觀念研究；〔註44〕

4. 殖民地醫學研究；〔註45〕

5. 教會醫學研究；〔註46〕

究》，臺灣《「中央」研究院歷史語言研究所集刊》2003 年 74（3）；福士由紀：『国際連盟保健機関と上海の衛生──1930 年代のコレラ預防』，『社會経済史學』2004 年 5 月 70-2 期；胡成：《現代性經濟擴張與烈性傳染病的跨區域流行──上海、東北爆發的鼠疫、霍亂爲中心的觀察（1902～1932），臺灣《「中央」研究院近代史研究所集刊》2006 年 3 月（第 51 期）；帆刈浩之：『中国人移民と帝国医療──近代香港における天然豆流行』，『史潮』2006 年 11 月新60 期等。

〔註44〕 如（美）羅芙芸著，向磊譯：《衛生的現代性：中國通商口岸衛生與疾病的含義》，江蘇人民出版社 2007 年版；何小蓮：《論中國公共衛生事業近代化之濫觴》，《學術月刊》2003 年第 2 期；福士由紀：『戰後上海における公眾衛生事業の再編──防疫設施の接収管理問題を中心に』，『一橋研究』2005 年 1 月29～4：周春燕：《〈上海工部局醫官造衛生清冊〉：一份研究近代上海公共衛生的重要史料》，臺灣《政大史粹》2006 年 12 月（第 11 期）；胡成：《「不衛生」的華人形象：中外間的不同講述──以上海公共衛生爲中心的觀察（1860～1911）》，臺灣《「中央」研究院近代史研究所集刊》2007 年 6 月（第 56 期）；周春燕：《走出禁忌──近代中國女性的經期衛生（1895～1949）》，臺灣《「國立」政治大學歷史學報》2007 年 11 月（第 28 期）等。

〔註45〕 如 Lo, Ming-cheng Miriam: *Doctors within Borders: Profession, Ethnicity, and Modernity in Colonial Taiwan*, University of California Press, 2002；范燕秋：《疫病、醫學與殖民現代性：日治臺灣醫學史》，臺灣稻鄉出版社 2005 年版；范燕秋：《醫學與殖民擴張──以日治時期臺灣瘧疾研究爲例》，臺灣《新史學》1996 年第 3 期；劉士永：《日治時期臺灣地區的疾病結構演變》，臺灣《新史學》2002 年第 4 期；顧雅文：《日治時期臺灣瘧疾防遏政策：「對人法」？「對蚊法」？》，臺灣《臺灣史研究》2004 年 12 月 11（2）；張淑卿：《日治時期臺灣的結核病防治政策與議論》，臺灣《臺灣史研究》2006 年 6 月 13（1）；鈴木哲造：《日治初年臺灣衛生政策之展開──以「公醫報告」之分析爲中心》，臺灣《臺灣師範大學歷史學報》2007 年 6 月（第 37 期）；王文基、王佩瑩：《隔離與調查──樂生院與日治臺灣的癩病醫學研究》，臺灣《新史學》2009 年第 1 期等。

〔註46〕 如李傳斌：《基督教在華醫療事業與近代中國社會（1835～1937》，蘇州大學2001 年博士論文；杜志章：《基督教在華醫藥事業與中國醫學早期現代化》，武漢大學 2007 年博士論文；高晞：《德貞傳：一個英國傳教士與晚清醫學近代化》，復旦大學出版社 2009 年版；G. H. Choa, *"Heal the Sick" Was Their Motto: The Protestant Medical Missionaries in China*, Shatin, N.T., Hong Kong: Chinese University Press, 1990；Cheung, Yuet-Wah: *Missionary Medicine in China: a Study of Two Canadian Protestant Missions in China before 1937*, University of America, 1998；Bliss Edward, *Beyond the Stone Arches: an American Missionary Doctor in China, 1892～1932,* New York: Wiley, 2001；

6. 疾病隱喻與身體史研究〔註47〕等等。

上述問題的相關研究成果在研討思路、角度與方法上對筆者很有啟發，因此，儘管這些成果與本文沒有直接關聯，但為本文的研究提供了諸多參考。

以上論著從不同角度涉及到「廢醫」問題，為本文的研究奠定了學術基礎。但從總體而言，目前學術界對「廢醫」思潮的研究仍略顯薄弱，有些問題尚未有人研究或研究不深入，仍有較大空間可供探討。

第一，研究角度略為單一，結論缺乏深度。首先，目前學術界多從政治、社會的角度入手，著眼於「廢醫」運動的研究，而缺乏對「廢醫」思潮的深度解讀。「廢醫」運動指民國時期，以西醫界為主體，以「廢止中醫」為目標的有組織的行動。「廢醫」思潮則指民國時期流行於西醫界乃至學術界的「廢止中醫」的思想潮流。「廢醫」思潮的出現早於「廢醫」運動，且並未隨著民國「廢醫」運動的暫告終結而完全消失。因此，僅僅敘述「廢醫」運動的過程、結果、代表人物等，不但難以把握「廢醫」思想的來源，更難以對「廢醫」問題獲得完整、深刻的認識。其次，在探討具體問題時，缺乏思想文化角度的解讀，從而影響結論的深度。如在考察中西醫文字論戰時，現有研究成果多敘述雙方言論，而很少做進一步分析。論戰雙方為取得優勢，紛紛選擇對自己有利的話語與論據，而這些話語、論據與當時的文化氛圍極其相稱。僅止步於敘述言論內容而不去深究其思想內涵與文化氛圍，這樣的研究略顯膚淺。因而，學術界還需加強對「廢醫」思潮的研究，並開拓角度，加強深度。

第二，缺乏整體觀念，研究視野不夠開闊。目前學術界的相關研究成果給人以這樣的觀感：中醫在「廢醫」派的抨擊之下毫無招架之力，處於

Wong, Man Kong Timothy: *Local Voluntarism: the Medical Mission of the London Missionary Society in Hong Kong, 1842～1923*, David C. Lam Institute for East-West Studies, Hong Kong Baptist University, 2004; Michelle Campbell Renshaw: *Accommodating the Chinese: The American Hospital in China, 1880～1920* Routledge, 2005 ; Kwong, Luke S. K.: *Dr Alexander Maclean Mackay: Profile of a China Medical Missionary, Modern Asian Studies*, Vol. 31, Part 2（1997）等。

〔註47〕 如黃金麟：《歷史、身體、國家——近代中國的身體形成》，新星出版社 2006年版；楊瑞松：《想像民族恥辱：近代中國思想文化史上的「東亞病夫」》，臺灣《「國立」政治大學歷史學報》2005 年 5 月（第 23 期）；王秀雲：《不就男醫：清末民初的傳道醫學中的性別身體政治》，臺灣《「中央」研究院近代史研究所集刊》2008 年 3 月（第 59 期）；楊彬彬：《由曾懿（1852～1927）的個案看晚清「疾病的隱喻」與才女身份》，臺灣《近代中國婦女史研究》2008年 12 月（第 16 期）等。

「失語」的狀態。但縱觀近代整個中國社會，中醫的數量不僅大大超過西醫，且信仰者眾多。不僅如此，中醫對西醫弱點的攻擊也十分尖銳、犀利。現有的研究成果多重視西醫界的強勢攻擊，卻忽視中醫界的有力反擊，對當時中國的整體醫學狀況（尤其是中小城市與農村地區）更是幾乎「無視」。若沒有全面考察民國時期中國社會的整體醫療狀況，得出的結論難免有失偏頗。

　　第三，問題意識不夠凸顯。一些涉及「廢醫」思潮的論著，存在泛泛而談的缺陷：一是時間拉得過長，二是內容上面面俱到。儘管這種研究方式能夠展現事件的全貌，但也使得對一些重要問題的分析僅停留在表面而不能深入。這也是筆者極力避免的地方。

　　總之，目前學術界對民國前期「廢醫」思潮的研究仍不深入，尚有問題需要解決，仍有領域亟待完善。筆者試圖在前人基礎上繼續深入發掘，以期有所補缺。

三、研究思路

（一）概念界定

　　時間界定：本文將時間界定在民國前期，即從 1912 年起至 1937 年。1912 年民國建立後不久，教育部公佈《大學規程》，確定了文、理、法、商、醫、農、工等七科，其中醫科又分爲醫學、藥學兩門，醫學計有解剖學等 51 門，藥學包括無機化學等 52 科；但二者均未將中醫藥學列入其中。這次「教育系統漏列中醫案」成爲近代「廢醫」之起點，此後圍繞「中醫是否應該廢止」這一主題，各界人士競相參議，引發了曠日持久的爭論。這場爭論直至 1936 年 1 月《中醫條例》頒佈後才暫告一段落。然而，思想總是有一定的前瞻性或滯後性，「廢醫」思潮的興起與衰落雖與政治事件密切聯繫，但卻不能完全以政治事件的發生時間爲界限，故筆者將根據研究需要適當延長時間上下限，以便窺其全貌。

　　中醫、西醫：「中醫」指的是起源和發展於中國的醫學體系，是對於在中國起源、經過幾千年發展所形成的整個醫學體系的抽象和概括；「西醫」指的是起源和發展於西方的醫學體系，是對於起源於古希臘、在西方發展幾千年所形成的整個醫學體系的抽象和概括。西方醫學傳入中國之前，中國人並不稱本土醫學爲「中醫」，隨著 19 世紀末「西醫」概念的普及，「中醫」逐步成

爲與「西醫」相對的概念而流行。〔註48〕文中所提及的「倡醫」、「廢醫」都是針對「中國傳統醫學」即「中醫」而言。「倡醫」論者與「廢醫」論者分別以中醫界與西醫界人士爲主體，故而他們之間的衝突可以看作是中西醫學界之間的衝突。

（二）研究思路

本文以民國前期的「廢醫」思潮爲主線，探討在社會大變動背景下，中醫由「廢」到「立」、中西醫學由「交鋒」走向「彙通」的過程，並揭示其中蘊含的思想文化內涵。本文的研究從問題著手，以分析、解決問題爲寫作思路，綜合運用各種研究方法，以期得出令人信服的結論。

第一，運用醫療社會史的方法對近代「廢醫」思潮的背景、過程做一系統梳理。近代首倡「廢醫」者爲晚清時期的俞樾與吳汝綸，本文將對二人的「廢醫」思想加以闡釋，並比較其間的異同。隨著西醫勢力的擴展與中醫的相對式微，中醫遭到越來越多的質疑。民國建立後，「漏列中醫案」、「廢止中醫案」等一次次將中醫推向廢止的邊緣。爲尋求生存，中醫界奮力自救，終於在醫學界贏得了一席之地。筆者將對上述內容加以梳理，勾勒出「廢醫」思潮之輪廓。

第二，探討「廢醫」思潮形成之主客觀因素。從主觀方面而言，一些「廢醫」論者或是出於對科學的忠實信仰而堅決牴觸「不科學」的中醫，或是因曾遭受中醫的誤診轉而失去對中醫的信任，他們的「廢醫」緣由都蘊含了較多的個人情感。這些「廢醫」論者多非醫學界出身，故而他們的言論往往避開醫理，以強烈的主觀情感與激烈的言辭影響他人。從客觀方面而言，中醫在某些重要醫事領域的確存在缺失，如公共衛生、助產及法醫學領域等。而與之相反，西醫不但能夠滲入其中，且取得了一定的成績。兩相對比之下，中西醫優劣顯而易見，於是，對中醫的懷疑也就不可避免地產生了。從根本上言，「廢醫」思潮的產生與民國時期的時代背景和社會思潮相關。

第三，對「廢醫」思潮中話語與論據的選擇做深層次分析。在中西醫論爭中，我們不難發現這樣一個事實：誰取得優勢話語權，誰便能在論爭中佔據優勢地位，故此中西醫雙方都在爲自己尋找合適的話語。中醫理論因無法用科學解釋而遭到人們的懷疑與摒棄，西醫則因合乎「科學」而受到肯定與

〔註48〕 參考祝世訥：《中西醫學差異與交融》，人民衛生出版社2000年版，第48～51頁。

推崇，於是，「科學」話語成為「廢醫」論者攻擊中醫的有力武器。中醫雖對此作出了積極回應，但其言論卻始終給人以牽強之感。為在論戰中佔據優勢，中醫也選擇了對自身有力的「民族」話語。在「民族」話語下，西醫的舶來性質使得中醫的反擊變得遊刃有餘。除話語外，對論據的選擇與運用也是論辯的技巧之一。名人的言論、行動與日本的政策、觀念都成為論辯雙方辯駁的依據。這些話語與論據都與彼時的社會背景緊密相關。「科學」、「民族」的選擇顯示了彼時「科學主義」與「民族主義」的微妙關係；以日本的政策、觀念作為依據，則表明了近代中國對日本的推崇與傚仿。但需要額外強調的是，經過這些話語、論據包裝過的中西醫學，儘管都在各自有利的區域佔據了一定優勢，但卻無法據此判斷西醫或是中醫的學理更有價值，唯一能夠說明的是話語、論據本身極具影響力。

第四，探討「廢醫」思潮的客觀結果：中醫科學化運動。近代中醫遭到了來自政治、文化領域的雙面夾擊：政府出臺的政策將中醫置於不利境地；「廢醫」論者又將中醫貼上「迷信」、「不科學」的標籤，雙重的打擊使中醫步履維艱。為擺脫困境，中醫界走上了革新之路，其中，中醫科學化運動是 20 世紀 30 年代中醫界興起的最有影響力的浪潮。支持者認為，中醫科學化運動十分必要，不僅適應時代潮流，且能夠向世界展現中醫之真價值。反對者則分兩方，一方認為，中醫合乎科學，無須科學化，且中醫科學化很有可能導致中醫的消失；另一方則認為，中醫舊有的理論只能摒棄而不可能實現科學化。儘管中醫科學化運動飽受爭議，但卻並不能抹殺其歷史作用。用科學整理中醫藥，使得中醫藥的一些成果得到了驗證，從而獲得了推廣與運用。同時，也正是中醫界堅持了「不徹底」的科學化，才使得中醫的傳統得以流傳至今。如今中醫界所提出的「中西醫結合」、「中醫現代化」等新口號，其實也是中醫科學化的延伸與發揮。

第五，反思民國前期的「廢醫」思潮。民國以來，「廢醫」派一方面運用政治手段強行廢止中醫，一方面運用媒體對中醫展開大肆抨擊，但卻未能將中醫廢止，非但如此，他們還必須面對一個事實，那就是中醫不僅在數量上遠遠超過西醫，且認同度也較高。不過，這並不能說明中醫在這場保衛戰中取得了不折不扣的勝利。在「廢醫」派的打壓下，中醫選擇了科學化的道路，這就意味著中醫需要傚仿「科學的西醫」的模式，增添西醫的理論，運用西醫的醫療器械等等，這未嘗不是一種妥協。可見，在對待以中醫學為代表的

中國傳統文化時，絕對的肯定或否定都不是解決問題的最好辦法。當今再次甚囂塵上的「廢醫」思潮，又一次引發了人們的討論；或許以歷史的眼光去看待中醫，我們會得出更為理智的結論。

第一章 「廢醫」思潮始末

　　中國傳統醫學，以其博大精深的理論與獨特的療效，至今依然在醫學領域中發揮著重要作用。然而，中醫從古至今的發展歷程並非一帆風順，其在近代中國遭遇了重大挫折。鴉片戰爭後，明清時期傳入中國的西方醫學在華勢力日益擴展，而與之相比，運轉數千年之久的中醫卻發展相對緩慢，同時弊端日益呈現，這種狀況的出現使得中醫牢固的地位發生了動搖。於是，中醫遭到了前所未有的質疑，而「廢醫」思潮的興起更是將中醫推向了「廢止」的邊緣。為爭取生存權，中醫界人士奔走呼號、奮力抗爭，中醫最終得以保留。

一、中醫地位的動搖

　　在西醫入華之前，中醫作為古代治病救人的唯一手段，甚少遭到人們的懷疑。即使出現醫治失敗的狀況，人們也多將此事歸於天命，至多感歎庸醫殺人，卻很少否定中醫的存在。但隨著西方醫學大規模地進入中國，兩種醫學體系並存的局面出現，人們對中醫的信仰逐漸發生了轉變。

（一）西醫東漸與其勢力的擴展〔註1〕

　　西方醫學是伴隨著傳教士的十字架進入中國的，這一進程開始於明清時

〔註 1〕目前學術界對西醫東漸這一問題給予了較多關注。如馬伯英等著：《中外醫學文化交流史》（文匯出版社 1993 年版）、李經緯主編的《中外醫學交流史》（湖南教育出版社 1998 年版）、何小蓮的《西醫東漸與文化調適》（上海古籍出版社 2006 年版）、董少新的《形神之間：早期西洋醫學入華史稿》（上海古籍出版社 2008 年版）及高晞《德貞傳：一個英國傳教士與晚清醫學近代化》（復旦大學出版社 2009 年版）等專著以及大量相關論文（不再一一列舉）都對明清或近代西醫入華問題做了詳細研究。筆者在此問題上難以超越前人，故而在相關問題上只做簡單概述，以便保證文章的完整性與邏輯性。

期。明朝後期，以利瑪竇（Mathieu Ricci）爲代表的西方傳教士陸續來到中國，爲了傳播天主教教義，他們著儒服，通儒經，在改變形象的同時採用了「醫學傳教」的方式，以贏得皇帝與民眾的支持。他們的努力的確取得了很大的成功，尤其爲康熙皇帝所認可。於是，在傳教士的傳教事業取得一定成功的同時，西方醫學也傳播到了中國，並對中國產生了一定的影響。然而，當時西方醫學的新成就與中國傳統醫學相比，並沒有明顯的優勢，因此，它並不能從根本上撼動中國傳統醫學，中國傳統醫學依然以其強大的生命力發揮著獨一無二的作用。

16、17 世紀，我們還很難看到西方醫學顯著的優越性，但到了 19 世紀後期，隨著西方解剖學、病理學等醫學理論的發展和醫療器械的進步，近代西方醫學取得了巨大成就。鴉片戰爭後，中國與西方所簽訂的不平等條約爲西方傳教士大規模入華提供了保障。來華傳教士通過創辦醫院、建立醫學團體、出版西醫藥刊物、培養西醫人才等方式，不斷擴大西方醫學的影響，從而爲西醫在中國的發展奠定了基礎。在傳教士醫學活動的示範下與一些先進人士的倡導與實踐下，國人也開始了自辦醫院、教育、刊物等的嘗試。以下從三個方面概述西醫在中國勢力的擴展。

1、醫療機構

中國古代的醫療機構主要分爲兩部分：一是在朝廷設立最高醫事機構，如太醫院之屬，二是在地方設立社會福利組織，如明代的惠民藥局、養濟院等，但這些福利組織大多有名無實，沒有發揮應有的作用。其實，在民間起實際作用的醫療組織多爲私家藥鋪，以解決平民治病抓藥之需。中國醫療機構的轉變正是從入華傳教士建立診所醫院開始的。

1807 年，第一位新教傳教士馬禮遜（Morrison Robert）入華。爲配合傳教，馬禮遜與醫生李文斯頓（Livingstone David）在澳門開設了一家眼科診所。幾個月內，「已經有 300 個治癒的病人向他致以衷心的感謝，其中一些病人是用西藥治好的」。〔註2〕1827 年，馬禮遜、李文斯頓和新入華的郭雷樞（Thomas R. Colledge）在澳門開設眼科醫院並取得了很大的成功，從 1827 年到 1832 年 10 月，5 年之中，眼科醫院共治癒 4000 餘人。〔註3〕馬禮遜、郭雷樞等人開

〔註 2〕（英）馬禮遜夫人編，顧長聲譯：《馬禮遜回憶錄》，廣西師範大學出版社 2004 年版，第 159 頁。
〔註 3〕何小蓮：《西醫東傳：晚清醫療制度變革的人文意義》，《史林》2002 年第 4 期。

傳教士在華創建醫療機構之先河，給後來入華之傳教士做了一個醫學傳教的「榜樣」。

1835 年，伯駕（Peter Parker）在廣州開辦眼科醫局，也稱新豆欄醫局。醫局因鴉片戰爭的爆發而暫時中止，1842 年恢復經營。1846 年，伯駕在他的醫局首次試用乙醚麻醉法，使醫院在實施外科手術方面取得了重大進展。醫局不僅能夠實施眼科手術，而且在腫瘤切除、膀胱切石、截肢術等方面都取得了成功。伯駕的眼科醫局在短時間內便贏得了人們的支持和信任。1855 年，美國傳教士嘉約翰（John Glasgow Kerr）繼任伯駕的醫務工作，創辦了博濟醫院，以外科手術聞名。

除廣州外，上海憑藉其日益凸顯的地位也成為傳教士關注的地區。1844 年，英國倫敦會的雒魏林（William Lockhart）關閉了舟山的診所後，轉移至滬創辦醫院，即後來的仁濟醫院。仁濟醫院最先採用了外科消毒法，其醫療水平在上海堪稱一流。仁濟醫院是上海第一個教會醫院，它的設立成為基督教傳教事業在上海興起的肇端。

第二次鴉片戰爭之後，雒魏林作為英國駐華使館的高級醫生來到北京。經過積極的籌備，北京第一所教會醫院建立。1864 年，倫敦會另一位傳教士德貞（John Dudgeon）接替雒魏林的工作，並取得極大的成就。據 1869 年底統計，這所醫院共診治過 55000 多人，172000 多次。〔註4〕

隨著中國門戶洞開，傳教士來華掀起高潮，教會醫院從通商口岸與沿海城市推進到內陸地區。而與此同時，不斷湧現的教會醫院也為我國提供了近代醫療機構的樣本，激發了一些有識之士創辦醫院的熱情，如 1870 年成立的東華醫院、1904 年創辦的上海醫院、1906 年清政府在京城建立的官醫院以及 1917 年的中央醫院等。

2、醫學教育

儘管中國早在魏晉時期就已出現官方的醫學教育機構，但師承與家傳仍然是中國傳統醫學的主要教育方式。因此可以說，中國近代醫學教育的發展也是以傳教士的教會醫學校為先導的。

中國近代最早的西醫學校是建於 1866 年的博濟醫校。博濟醫校由美國傳教士醫生嘉約翰主持興建，黃寬、關韜均在校任教。1879 年，博濟醫校開始

〔註4〕轉引自何小蓮：《西醫東漸與文化調適》，上海古籍出版社 2006 年版，第 91 頁。

招收女生，成爲中國第一所招收女生的醫學校。值得一提的是，孫中山先生曾就讀於這所醫校。以博濟醫校爲起點，傳教士興辦的醫學院校呈日益增長的態勢。1884 年，廣濟醫學校在杭州創建；1890 年，濟南醫學校成立；1894 年，蘇州醫學校建立；1903 年，大同醫學校在上海成立；1906 年，英美教會在北京聯合創辦協和醫學堂；1911 年青島成立德國醫學校；1914 年，長沙成立湘雅醫學專門學校……這些教會醫學校已初具規模，在教學內容、教學方式及教學質量上，也達到了一定的水準。在這些醫學院校中，最負盛名的是北京協和醫學院。

北京協和醫學院的前身即協和醫學堂，由教會與美國洛克菲勒財團聯合創辦，並得到了清政府的支持。醫學院仿照美國醫學教育模式，並聘請歐美有名的教授到中國講學。它每年接受醫師前來進修，同時選送中國的醫生赴美深造。據統計，1921～1933 年，共有 908 名醫師、護士和其他高級技術人員到協和進修；1935～1936 年，共接收 175 名進修生；1936 年，協和共畢業166 名醫師和 86 名護士。〔註5〕教會醫學校將西方先進的醫學理論、醫療技術及醫學教育理念與方法引入中國，加速了中國醫學人才的培養。

在教會醫學校的示範下，中國人也開始了興辦醫學教育的嘗試。1871 年，北京同文館設生理學和醫學講座，成爲近代中國人自辦醫學教育之濫觴。戊戌變法時期，光緒帝下詔：「醫學一門，關係至重，亟應另設醫學堂，考求中西醫理，歸大學堂兼轄，以期醫學精進。」〔註6〕但醫學堂並未馬上籌建，直到 1903 年，京師大學堂才增設醫學實業館，並於 5 月 11 日開館招生。醫館有教員 4 人，講授中西醫學。1907 年，醫館停辦，學生全部送往日本學習。此外，一些晚清重臣也相繼開設醫學堂，較爲著名的有李鴻章 1881 年設立的天津醫學館、袁世凱 1902 年開辦的北洋軍醫學堂以及 1908 年張之洞創辦的湖北醫學堂等。

3、醫學團體與刊物

我國最早的醫學團體是由明代徐春甫創辦的「一體堂宅仁醫會」，其宗旨是探討醫藥學術，講求醫德修養。〔註7〕除此之外，在相關醫學通史類著作中

〔註 5〕 參見胡傳揆：《北京協和醫學校的創辦概況》，《中國科技史雜誌》1983 年 03 期。

〔註 6〕 中國史學會主編：《戊戌變法》（第 2 冊），上海人民出版社、上海書店出版社 2000 年版，第 80 頁。

〔註 7〕 參考李經緯、林昭庚主編：《中國醫學通史》（古代卷），人民衛生出版社 2000 年版，第 486 頁。

很難再找到類似的醫學團體。傳教士來華後，在創辦醫院的同時發起組織醫學團體，以鞏固發展中的醫藥傳教事業。

1838 年，伯駕、裨治文（Elijah Coleman Bridgman）、郭雷樞等人在廣州發起成立了「中國醫務傳道會」，鼓勵醫護界人士來華，免費爲中國人治療疾病。隨著醫學傳教事業的日益擴展，中國醫務傳道會被 1886 年成立的「中華博醫會」所取代。博醫會不再局限於一處，而是分區設立上海分會、東北分會、武漢分會、廣州分會和臺灣分會等，成爲傳教士在華的第一個全國性醫學傳教團體。1890 年，博醫會成立醫學名詞委員會，1908 年，出版《英漢醫學辭典》和《醫學字典》，促進了醫學名詞統一和標準化的實現。此外，博醫會創辦《博醫會報》，翻譯出版西醫書籍，推動了西方醫學在中國的傳播。

在護理學方面，影響較大的醫學團體是中國護士會。1909 年，在美國護士信寶珠（Cora E Simpson）的倡議下，中國中部護士聯合會（後改名爲中國護士會）成立。該團體的活動主要是譯著教材，進行護士教育，辦理護士畢業會考等，並於 1920 年出版《中國護士季報》。

藥學方面，較爲著名的是留日學生 1907 年發起成立的「中華藥學會」。該學會提倡醫藥並重，並出版《中華藥學雜誌》。

近代由中國人成立的全國性西醫學術團體中，中華醫學會首屈一指。1915 年，伍連德、顏福慶、俞鳳賓等人在上海發起成立了「中華醫學會」，選舉顏福慶爲會長，伍連德爲書記。學會以「鞏固醫家交誼、尊重醫德醫權、普及醫學衛生、聯絡華洋醫界」爲宗旨，並於同年 11 月刊行《中華醫學雜誌》。1932 年，中華博醫會也併入中華醫學會。自 1915～1949 年，中華醫學會在全國共設分會 33 個，出版《中華內科雜誌》、《中華外科雜誌》、《中華婦產科雜誌》、《中華醫史雜誌》等系列雜誌。這些雜誌持續至今，是我國歷史最久，影響最爲深遠的醫學刊物。此外，中國紅十字會、中國生理學會、中國解剖學會、中華衛生教育會等都在各自的醫學領域裏發揮著積極的作用。

這些醫學團體多發行刊物，以加強學術交流，擴大學會的影響力。如前所述，中華博醫會出版《博醫會報》，中國護士會刊行《中國護士季報》，中華藥學會發行《中華藥學雜誌》，中華醫學會出版中華系列雜誌等。此外，1908 年創刊的《衛生白話報》、《醫學世界》、1910 年創刊的《上海醫報》等都較有影響力。這些刊物在普及醫學知識，介紹醫學最新進展，加強醫學交流等方面都起到了促進作用。

　　隨著出版機構的廣泛興起與出版制度的日臻完善，醫學書籍源源不斷地出版刊行。19 世紀 50 年代，英國的合信（Benjamin Hobson）和美國的嘉約翰開創了系統翻譯近代西醫學書籍的先河。合信編譯的醫學書籍有《全體新論》、《博物新編》、《西醫略論》、《婦嬰新說》及《內科新說》，後人將以上五種合稱《合信氏醫書五種》。嘉約翰所譯的西醫書籍多作教科書使用，其中《化學初階》、《西藥略釋》、《皮膚新篇》《內科闡微》、《花柳指迷》、《眼科撮要》等影響較大。1864 年來華的英國傳教醫師德貞，也譯著了大量西醫理論及臨床方面的書籍，如《西醫舉隅》、《續西醫舉隅》、《全體通考》、《全體功用》等。其中，《全體統考》共 18 卷，356 幅圖，是一部完整的解剖學巨著。英國著名傳教士傅蘭雅（John Fryer）與趙元益合作，翻譯出版《儒門醫學》、《西藥大成》、《西藥大成補編》、《眼科書》、《醫學總論》等 10 餘部醫學著作，系統地介紹了西方醫學知識。20 世紀以後，中國留學生成為譯著醫學書籍的又一支主要力量，其中代表人物是留日學生丁福保。1906 年，丁福保在無錫組織了譯書公會，1910 年又設「上海譯書局」，出版由其本人編著的書籍。至 1933 年，丁福保編著的醫書已達 160 餘種。其翻譯的醫書多選用西方著名醫家的最新成果，因而醫書內容新，學術水平高，為中國人瞭解西醫提供了豐富材料。

　　西醫在中國的發展無不彰顯著這一年輕的近代醫學的活力與朝氣。它在發展自身的同時，也為中國醫學體系的改進提供了樣本。不論是中醫醫院、學校的創建，還是中醫刊物的出版發行，無疑都是受到了西醫相關活動的影響。當然，西醫技術的發展在當時並不成熟，且西藥的價格昂貴，普通百姓難以承受，使得西醫並未覆蓋整個近代中國，而是集中於一些大中城市與通商口岸。但有著強勢勁頭的西醫對中國傳統醫學的衝擊之大，是毫無疑問的。

（二）中醫之相對式微及其弊端的日益呈現

1、中醫之相對式微

　　儘管中醫歷經數千年的發展，逐漸走向成熟，但與西醫日新月異的變化相比，中醫的發展速度相對遲緩。中醫的發展速度可以通過兩個方面來衡量：一是理論的更新；二是醫療機構、醫學教育、醫學團體等外在承載機構的創建。

　　西方醫學在文藝復興前，尚處於實驗醫學階段。然而，進入 17 世紀後，

物理、化學等自然科學的發展、生理學、解剖學的進步以及各種醫療器械的發明，終於使西方醫學實現了質的飛躍。相對而言，中醫卻沒有出現類似的突破性發展，它依然停留於對陰陽五行、臟腑運氣等學說的發揮與更新上。究其原因，主要有以下兩點：

其一，生產方式決定了醫學的發展、變革。17 世紀之後，西方開始逐步建立資本主義的生產方式，生產力不斷提高，在此基礎上，自然科學顯著發展，先進設備的發明不斷湧現，從而爲近代醫學的發展奠定了物質基礎。但相比較而言，中醫卻缺乏飛躍發展的物質土壤。

其二，中醫發展的緩慢與其本身的特點密切相關。中國傳統醫學是一門早熟的醫學，它與中國古代的自然哲學相融一體。道家的朦朧自然觀，封閉了人們的求知欲和創造力，儒家的「中庸之道」使中醫學思維方式含糊其辭，以不變應萬變。同時，中醫學通常是以整體的觀點解決問題，研究方法始終停留在綜合思辨的基礎上，因此，中醫理論幾乎無所不包，幾乎不存在不可解釋的空白，這個特點使醫學實踐和認識難以進一步深入到微觀角度。這也是中醫藥理論兩千多年來沒有根本性突破的重要原因之一。〔註8〕

所以，在外在條件和本質屬性的決定下，我們無法苛求中醫能夠實現如西醫一般的飛躍發展。而它緩慢的發展速度與近代的氛圍是格格不入的，因而顯得更加「陳舊」與「落後」。

從外在承載機構看，受西醫的帶動，中醫在醫療機構、醫學教育、醫學團體及刊物等方面也取得了一定的進展，但與西醫相比仍略遜一籌。以當時最爲活躍的醫學刊物的發行來看，中醫刊物的數量明顯少於西醫刊物。

下圖爲宋大仁等人對 1882～1935 年發行期刊之調查情況。53 年間，在中國境內，共計發行中西醫藥期刊 315 種。其中，西醫發行之醫藥期刊，共計有 178 種，占總數的 57%；中醫發行之期刊，共計有 137 種，占 43%。〔註9〕

〔註 8〕參考黃建平等著：《中西醫比較研究》，湖南科學技術出版社 1993 年版，第 260 頁。

〔註 9〕宋大仁、沈警凡：《全國醫藥期刊調查記》（下），《中西醫藥》1935 年第 1 卷第 3 期。

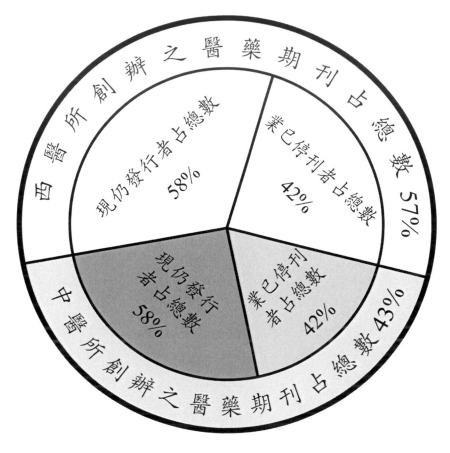

圖 1

　　除期刊外，中醫在醫療機構、醫學教育及團體等方面也較西醫為弱，且這些機構的建立多以傳教士的示範為先導。當然這並不是說，中醫的發展在走下坡路，而是與蓬勃發展的西醫相比，中醫的發展勢頭略顯不足。其實，中醫發展中最大的障礙不是西醫，而是其自身長久以來所形成的種種弊端。中醫界對此已有所認識：「中醫之道，式微久矣。其式微也，非徒因西醫之侵略壓迫，有以致之也。中醫之式微，孰令使之，乃自致之。」〔註10〕如上所說，中醫學術的式微已很久，且主要為其自身造成，但晚清時期，有此認識的為數尚少，直至民國，中醫所呈現的種種弊端才為人們所關注、批判。

──────────

〔註10〕 鄧鶴芝：《漢醫式微之原因及其今後之認識與努力》，《杏林醫學月報》1932
　　　　 年第 42 期。

2、弊端的日益呈現

顧亭林說過：「古之時，庸醫殺人。今之時，庸醫不殺人，亦不活人。使其人在不死不活之間，其病日深，而卒至於死。」〔註 11〕中醫醫學教育的不正規與開業市場的不規範，造成庸醫〔註 12〕誤人之事層出不窮。爲了錢財生計問題，一些不負責任的醫生常常避重就輕，故意延緩治病的進程。「在上海行醫看病，手段圓滑是少不得。明明這是兩貼藥可以治好，並且絕對有把握，你決不可誠實的去做，至少，要使他慢慢的好起來，多延宕幾天，多撈幾個錢。」〔註 13〕這種投機的方法，在中醫界並不鮮見。中醫人士張贊臣也曾發表專文揭露醫生之投機術。「治病本非易事，而識病更屬難能。一般醫家以病之不易辨別，於病家根究時，不能指出病名，及病原所在，乃以陽虛、陰虛、脾虛、腎虛等套語概之。用藥亦以溫補爲先，病邪補住，永不復出，重者殞命，輕者淹纏。此法固利多害少，然醫生於此，反足以沒世不敗，何哉？曰：投機術也，醫家之秘訣也。」〔註 14〕

正規開業的醫士尚且如此，更遑論街頭的江湖郎中與鄉村的草頭醫師了。曾有人發文描述街頭牙醫治病的情景：他「左手拿著一個鐵煙罐，右手拿著一個小勺，一勺一勺的香灰色的面子，放在一個小孩的牙上，兩個蘸過黑水的棉球，叫小孩咬著」，同時向小孩父親講解荒謬的理論：「小孩愛吃糖，都有蟲牙。上了這藥有蟲子就出來，牙窟窿亦就長平了。」〔註 15〕庸醫誤人的現象在鄉村更是屢見不鮮。鄉村民眾醫療知識匱乏，對自身的身體健康不重視，常常病重時才請人醫治，而醫生卻多爲草頭郎中，稍稍懂些開方抓藥，一旦遇到緊急情況便束手無策。「我個人觀察的結果，農村的醫生，多數是一知半解淺陋的中醫，不學無術者流。甚至有一般非驢非馬的醫生，在鄉間廝混。」〔註 16〕

庸醫的存在，使得醫療事故頻發。在北京檔案館所藏的公安局、警察局檔案中，關於庸醫騙財害人的事情數不勝數，這無疑加速了中醫地位的動搖。

〔註 11〕 顧炎武著、陳垣校注：《日知錄校注》，安徽大學出版社 2007 年版，第 258 頁。
〔註 12〕 此處庸醫專指中醫界的庸醫。
〔註 13〕 柳一萍：《上海行醫的幾種法門》，《光華醫藥雜誌》1933 年第 1 卷第 1 期。
〔註 14〕 張贊臣：《醫生之投機術》，《醫界春秋》1935 年第 101 期。
〔註 15〕 失名：《火鍋……天橋……執照……》，《醫學周刊集》1931 年第 4 卷。
〔註 16〕 朱殿：《如何救濟農村病夫》，《醫界春秋》1932 年第 71 期。

　　巫醫橫行是中醫醫療市場中又一常見的現象。在中國傳統醫學開始萌芽的原始社會，巫師往往兼任著醫師的角色；加之中醫理論本身的玄虛，也給中醫醫術蒙上了一層神秘的色彩。故而，在中醫產生與發展的過程中，巫術始終伴隨其左右。「病中的祈禱，固有很深遠的來歷，在上古人民未開化的時候，拿祈禱來代替醫藥，後來逐漸由聰明的人，發明針灸按摩，再進而發明醫藥。所以古醫字作毉，從巫。」〔註17〕巫醫這一職業已有很長的歷史，直至近代依然盛行於中國廣大醫療市場尤其是農村醫療市場中。

　　由於中國對開業醫師的要求並不嚴格，因而造成醫療市場混亂，巫醫之流暢通無阻。「尤其是妙不可言的似醫非醫，似巫非巫，什麼山人……樵子……居士……道人，挾其妖言邪術，欺詐民眾，居然也能在上海灘上，橫衝直撞。他們的身份，竟能同正式醫師，並駕齊驅。」〔註18〕巫醫能夠與正式醫師並駕齊驅，說明他們有著廣闊的市場。而在鄉村，「求籤方，問龜卜，扶乩，焚香膜拜，祈禱鬼神、迷信巫覡」〔註19〕等現象更是普遍存在。「鄉村人迷信觀念太深：鄉下人認患病是運氣不好，或水土不服，甚或以爲是行爲不檢，觸怒神罰；因爲這種緣故，所以他們一有了病，便求神問佛，燒香磕頭，甚或吞香灰，吃蠟頭，種種愚陋的舉動，都要實驗一過，若再不靈，即各處求單方，單方不中用，聽其自然，及病人死去，說是『命該如此』，前年霍亂大流行時，曾有不少的善男信女，遙向山頂叩拜，或於十字路口及老槐樹下，設供祝禱，明明醫院裏高喊著：『免費注射霍亂預防針』，而他們置若罔聞，偏要作此迷信的勾當，鄉民愚頑，可恨亦復可憐！」〔註20〕

　　在鄉村，民眾生病抑或是流行病來襲時，往往被認爲是鬼神作怪，所以民眾寧可相信巫醫，也不相信正規的中西醫。瘧疾流行之時，卻常常是巫醫發財之時：「最神氣的，便是和尚巫醫，仙方堂，他們眞是財源滾滾日進斗金，沒有一回是閒著，棺材鋪，藥鋪沒辦法都得賒賬，他們是絲毫不客氣的現洋交易，竟然他們搭架子，騙錢，偏偏大多數民眾們崇信，景仰，就如見到活神仙一樣。」〔註21〕

　　庸醫、巫醫的橫行，體現了當時中醫醫療市場魚龍混雜的狀況。有人對

〔註17〕 葉橘泉：《中國醫藥衛生常識》，《醫界春秋》1931 年第 60 期。
〔註18〕 朱森基：《可恥》，《醫藥評論》1930 年第 32 期。
〔註19〕 胡嵩山：《改進農村醫藥的管見》，《醫政周刊》1935 年第 26 期。
〔註20〕 蠢人：《一個鄉村醫師的自述》，《醫藥評論》1935 年第 2 期。
〔註21〕 五斗：《撲瘧回憶》，《醫政周刊》1937 年第 103 期。

醫療市場的混雜作了總結：「視其環境，則新舊之醫、針灸按摩、走方祝由，以及神佛乩壇、巫覡星卜，相與攘臂擴首，競奇炫異於病人之門。雲合霧集，魚鱗雜逮。欲病家之辨別是非，遴選黑白，亦戛戛難矣。」〔註22〕

　　與西醫不同，中醫的醫患關係是一一對應的，再加之患者對醫生的不信任，導致醫生間「自殘同業」的現象屢有發生。「舊時上海病人的習慣，病重時常常請兩三個醫生各處一方，來對症一下，但是醫生與醫生之間，往往甲醫說乙醫不對，乙醫說丙醫不對，相互譏評，已成習慣。」〔註23〕醫生爲了拉攏病人，攬得這份生意，常常通過詆毀其他醫生的方式證明自己的醫術更高一籌。有醫生對此發表評論：「俗云，同行爲敵國，我國醫界亦大多如是。對於同業，隱善揚惡，專以詆毀爲能事。一曰某醫不可，二曰某醫不良，惟獨自己是醫界萬能，事事以自己爲高，別醫一文不值。似此同業相殘，無非欲打倒同業眾人，以增進自己業務上之利益耳。」〔註24〕

　　「自殘同業」一方面表現了同行之間的非正規競爭問題，另一方面也曝露了中醫界普遍存在的自私自利現象。而中醫大夫的自私自利不僅體現於此，更體現在「秘而不宣」這一問題上。這一問題可以說是長久以來阻礙中醫學術發展的絆腳石。薛福成曾對中西醫學術傳承問題做過對比：「惟中國名醫，數世之後往往失其眞傳。外洋醫家得一良法，報明國家，考驗確實，給以憑照，即可傳授廣遠，一朝致富，斷無湮廢之虞，所以其醫學能漸推漸精，蒸蒸日上也。」〔註25〕

　　中醫的一些驗方之所以失傳，正是由於醫家保守秘密造成的。將良方「持爲私有，秘而不宣，作爲斂財之新利器，以滿一己之私囊。至於醫學前途，何嘗顧及？卒致年代深遠，難免斯文將喪。」〔註26〕長期以來，中醫界呈現一盤散沙的局面，醫生各自爲戰，分門別派，損人利己，置醫學前途於不顧，因而在中醫的學術傳承中，多有良方失傳的情況。「中醫自秘的習慣，已無可諱言了。歧分門戶，各成一見之偏。人自爲家，泛濫殊無統系。自古及今，已成了司空見慣，實爲我們中醫很大的弊病。而中醫歷代不振，愈流愈下，

〔註22〕　余雲岫：《〈新醫與社會〉發刊詞》，《余雲岫中醫研究與批判》，安徽大學出版
　　　　　社 2007 年版，第 392 頁。
〔註23〕　陳存仁：《我的醫務生涯》，廣西師範大學出版社 2007 年版，第 12 頁。
〔註24〕　方本慈：《中醫亟應革除劣根性》，《光華醫藥雜誌》1936 年第 4 卷第 1 期。
〔註25〕　薛福成：《出使英法義比四國日記》，嶽麓書社 1985 年版，第 161 頁。
〔註26〕　林朝宗：《國醫不進步之原因》，《廣東光漢醫藥月刊》1931 年第 4 期。

真義無傳的原因，也實基於此。」〔註27〕顯然，「自秘」也是造成近代中醫式微的一個重要原因。

不論是庸醫誤人、巫醫橫行，還是「自殘同業」、「秘而不宣」，歸根結底，這些問題的出現都與中醫理論的虛無、醫學教育與醫療市場的非正規等等密切相關。

中醫的理論基礎來源於陰陽五行等古代哲學思想，也與巫術有著千絲萬縷的聯繫，因此，中醫理論與其治病的過程都充滿了玄虛的色彩，而這種玄虛亦得到了人們的認可。缺乏醫德的庸醫和巫醫，正是利用了中醫這一特點，在治病時摻雜神秘因子，以展示自己的「通天醫術」，騙人斂財。

此外，醫學教育與醫療市場的非正規也為庸醫和巫醫提供了條件和場所。中醫的醫學教育以師承、家傳為主，自學、私淑、學堂講授為輔。這種醫學教育的非正規與多樣化，使得中醫的出身形形色色。「中醫品類之雜更為世界所僅有。讀書不成，學賈不就，去而為醫者有之；九流三教，假借鬼神，託而為醫者有之；偽造丹藥，妄採草木，鳴鑼持械，折骨捶胸，挾詐稱醫者又有之。故有所謂世醫、儒醫、神巫醫、江湖醫種種。名目百出，淆人聽聞。」〔註28〕1928年南京市政府公安局對南京地區中醫的出身做了調查，「有書前清通判、縣丞、貢生、舉人者，有書陸軍部學醫者，有書前清醫會會員者，有書醫務專門大學者，有書藥店學生者，有書儒業學界者，有書南京醫藥研究會或醫學聯合會會員者，有書世傳、祖傳、某某傳授者。」〔註29〕醫療市場准入體系的不健全，使得這些隨便讀過幾本醫書的人，就能夠開業接診，懸壺濟世。英國傳教士麥高溫曾形象地描述了中國近代的行醫方式：「無論男人還是女人，人人都可以不受任何限制地公開行醫。中國沒有大學考試，沒有醫院，沒有對醫藥學和解剖學的研究，行醫也不需要煩人的執照。只要那個人有一件長衫，一副有學識的面孔——就像在英國常見到的那種人一樣，以及對於湯藥和成藥的膚淺知識，他隨時都可以治療令西醫一流的內科醫生頭疼的疑難雜症。」〔註30〕當然，麥高溫的評價存在一定的偏見，但中醫醫療

〔註27〕劉鴻鈞：《廢止聲中我們應有的工作》，《醫界春秋》1931年第56期。
〔註28〕伍連德：《醫學現在之取緒及將來之挽救商榷書》，《中華醫學雜誌》1915年第1卷第1期。
〔註29〕謝筠壽：《南京舊醫出身之形形色色》，《醫藥評論》1929年發刊詞。
〔註30〕（英）麥高溫著，朱濤、倪靜譯：《中國人生活的明與暗》，中華書局2006年版，第162頁。

體系的落後的確是不容置疑的事實。良莠不齊的大夫，巫、醫並用的行醫方式，分散流動的藥鋪，都大大減弱了中醫的醫效和科學性。

西醫東漸後，中國的醫學體系發生了根本變化，由單一的中醫體系轉變為中西醫並存。與此同時，人們對醫學的信仰也發生了分化，一部分人開始從單純信仰中醫轉變為信仰西醫，中醫已不再是治病救人的唯一選擇。人們對西醫的接納經過了一個從懷疑到信服的過程〔註31〕，在此過程中，西醫不但在近代中國構建起了一整套的醫事制度，而且還擁有了一定的群眾基礎，形成了與中醫分庭抗禮的局面。西醫的存在，意味著中醫不得不接受人們的對比和評判，於是，對中醫有所懷疑的思想也在暗中滋生了。

二、「廢醫」思潮之濫觴

晚清時已出現排拒中醫思想的萌芽，其中，俞樾與吳汝綸是較早的兩位代表人物。他們一為樸學大師，一為桐城派名家，卻都對中醫頗有研究，且都質疑、排斥中醫。他們的觀點對當時的晚清社會並未造成重大影響，但卻為後來民國的「廢醫」論者所用，成為「廢醫」論者論證中醫應該廢止的依據。

（一）俞樾與中醫藥

俞樾（1821～1907），字蔭甫，號曲園居上，浙江德清人，晚清著名學者、文學家、經學家、古文字學家、書法家。他長於經學、小學、詩詞等的研究，一生著述不倦，後輯為 500 卷的《春在堂全書》。俞氏在治經之暇，考證《黃帝內經》，做「內經素問」篇四十八條，同時撰文《廢醫論》和《醫藥說》，闡釋其對中醫藥的看法。這些論述表達了俞樾「醫可廢，藥不可盡廢」的觀點，成為近代「廢醫存藥」說的濫觴。

〔註31〕 目前學術界已對晚清社會接納西醫的過程做了一定研究：在《西學東漸與晚清社會》一書中，熊月之先生認為，中國人接納西醫經過了五個環節：疑忌——接觸——試用——對比——信服。（參見熊月之：《西學東漸與晚清社會》，上海人民出版社 1994 年版，第 715 頁。）在郝先中的博士論文《近代中醫存廢之爭研究》中，作者分析了晚清中國對西洋醫學的社會認同問題，認為社會各個群體都經歷了複雜的心理轉折：統治階層：疑慮與接納；知識精英：推崇與倡行；中醫藥界：兼容與參合；社會民眾：畏疑與親和。（參見郝先中：《近代中醫廢存之爭研究》，華東師範大學 2005 年博士論文。）從上述研究成果可以看出，人們對西醫的態度經歷了從懷疑到信服的過程，但值得注意的是：信仰西醫者主要集中於官員、知識分子等小部分群體中；而對普通百姓而言，信仰中醫者仍居多數。

作爲樸學大師，考據辨僞是俞樾的專長，他將這一專長應用於考證醫書《黃帝內經》上，對全文及其注釋辨僞存眞，爲後人研讀醫書提供了幫助。如《四氣調神大論》「逆秋氣則太陰不收，肺氣焦滿」一句，原注認爲「焦」爲中醫術語「上焦」之意，並解釋：「太陰行氣，主化上焦，故肺氣不收，上焦滿也。」俞樾按：「此注非也。經言『焦』，不言『上』，安得臆決爲『上焦』乎？『焦』即『焦灼』之『焦』。《禮記‧問喪篇》『乾肝焦肺』是其義也。」〔註32〕俞樾認爲，如果「焦」作「上焦」解釋，那麼爲何文中不直接寫爲醫學名詞「上焦」？故而，此「焦」應爲「焦灼」之意，且能在《禮記‧問喪篇》中找到這一用法的典故。在重新釋義的同時，俞樾也對文中以訛傳訛的錯別字做出了修正，如《離合眞邪論》「不可掛以發者，待邪之至時而發針寫矣」中的「寫」一字乃「焉」之誤等等〔註33〕。類似謬誤之處，俞樾共指出四十八條。倘若不理解《黃帝內經》的全書內容、不熟悉相關醫學知識，那麼對該書的字詞、釋義辨僞存眞則是很難辦到的。因而，儘管這篇文章並非站在醫理角度剖析《黃帝內經》的理論基礎，但卻依然展現了俞樾一定的醫學素養。

除對《黃帝內經》考據辨僞外，俞樾又撰文《廢醫論》，從中醫醫理與發展歷史入手，質疑中醫中藥。《廢醫論》一文共分七篇，包括：《本義篇》、《原醫篇》、《醫巫篇》、《脈虛篇》、《藥虛篇》、《證古篇》、《去疾篇》等，分別從7個方面闡述「廢醫」的緣由。

在《本義篇》中，俞樾梳理了古代醫卜的發展歷程。「古者醫卜並重」，周公特設醫卜官職管理事務，而《史記》中除扁鵲、倉公有傳外，龜策也有列傳。東漢以後，卜日益衰落，「至唐李華遐叔遂有廢龜之論，此論出而卜竟廢」。唐宋以來，「醫猶盛行，卜則否矣」。俞樾指出古者「醫卜並重」，甚至「古之重卜甚於醫」，而與醫並重的卜已經廢止，那麼醫爲何不可廢止呢？「卜可廢，醫不可廢乎？」〔註34〕

與《本義篇》相類似，《醫巫篇》也以相同的方式論證了「巫可廢，而醫亦可廢」的觀點。作者首先指出了上古巫醫不分的狀況，「上古之醫不用藥石，

〔註32〕 俞樾：《讀書餘錄》，《第一樓叢書》，《春在堂全書》（第2冊），鳳凰出版傳媒集團、鳳凰出版社2010年版，第598頁。

〔註33〕 俞樾：《讀書餘錄》，《第一樓叢書》，《春在堂全書》（第2冊），第605～606頁。

〔註34〕 俞樾：《廢醫論》，《俞樓雜纂》，《春在堂全書》（第3冊），第750頁。

止以祝由治人之疾，是故古無醫也，巫而已矣。及乎湯液醪醴之用廣，而巫與醫始分」。現在的人「賤巫而貴醫」，是因為不知道古代巫醫不分。作者的最後一句話更是表達了對中醫的貶低之情，今天的巫醫同樣是一體的，「吾未見醫之勝於巫也」。〔註35〕

在《醫巫篇》中，俞樾指出了巫醫不分的狀況，隨後在《證古篇》中更是列舉周公、孔子重巫不重醫的事例。「周公不知醫也。使周公知醫，則武王有疾，自宜內治以湯液，外治以針石，何必植璧秉圭，請以身代也。」「孔子若重醫，則其疾病之時，門弟子必以求醫為急，子路不求醫而請禱，是孔氏之門不言醫也。」此外，俞樾還對彼時醫藥的效果予以否定：「今之世為醫者日益多，而醫之技則日以苟且。其藥之而愈者，乃其不藥而亦愈者也。其不藥不愈者，則藥之亦不愈。豈獨不愈而已，輕病以重，重病以死。」〔註36〕醫藥不但對治療疾病沒有效果，且會加重病情，甚至造成死亡。

《原醫篇》通過考據的方法，抹殺了神農嘗百草的神聖性與《黃帝內經》的權威性。據《漢書·藝文志》，農家、陰陽家、五行家、雜占家、經方家、神仙家雖有關於神農的記載，但都與本草無關。俞樾肯定了陸賈《新語·道基》篇所言，神農嘗百草是嘗可食之物，而非藥草，因而「本草之書，不出於神農」。同時，「《靈樞》、《素問》之書，亦不過與《榮成陰道》、《風后孤虛》、『長柳占夢』之方、『隨曲射匿』之法同類而視之矣。」俞樾「懼世人不察，以為醫道之傳由古先聖，未可議廢，故略具本末著於篇」。〔註37〕他打破了中醫學的神聖與權威性，從而為他的「廢醫」思想鋪路。

《脈虛篇》與《藥虛篇》則是從醫理、藥理及醫藥發展歷程入手，論證中醫須廢止。「醫之治病，其要在脈」，但古今之脈論卻發生了變化，「古法之變壞，蓋始於扁鵲」，「不知脈也，而言脈者，率由扁鵲，則扁鵲之功在一時，罪在萬事矣」。今天所謂的三部九候，已非古時脈診中的三部九候了，「吾不知其所以治病者何也」〔註38〕。至於藥，則有「上藥、中藥、下藥之分，養命、養性、治病之說」。然而，「上藥」、「中藥」的「養命」、「養性」之說，只是虛語罷了，既如此，「獨執區區下藥，欲以奪造化之權，操生死之柄，不

〔註35〕俞樾：《廢醫論》，《俞樓雜纂》，《春在堂全書》（第3冊），第751～752頁。
〔註36〕俞樾：《廢醫論》，《俞樓雜纂》，《春在堂全書》（第3冊），第754～755頁。
〔註37〕俞樾：《廢醫論》，《俞樓雜纂》，《春在堂全書》（第3冊），第750～751頁。
〔註38〕俞樾：《廢醫論》，《俞樓雜纂》，《春在堂全書》（第3冊），第752～753頁。

亦惑乎？」況且本草一書經過屢次增減，內容已有所損益。可見，脈理與藥草都不足以憑信，於是作者得出了這樣的結論：「醫之所以知病者，脈也，脈則久失其傳；醫之所以治病者，藥也，藥則又不可恃。脈虛，藥虛，斯醫亦虛矣。曲園先生所以憤然而議廢醫也。」〔註39〕

俞樾在前六篇中闡釋了「廢醫」的思想，然而，一旦廢止中醫，人之有疾則無可治之法，於是，在第七篇《去疾篇》中，俞樾「推疾之所由來，以知疾之所以去」。作者認爲，人體健康與否由善惡之心決定。「長善心而消惡心……不病，雖有病也不死」，反之，「病輕者以之重，病重者以之死。」因「醫之不足恃，藥石之無益」，所以「惟有長其善心消氣惡心」才能保證「壽命久長」。〔註40〕

在《廢醫論》一文中，俞樾認爲「醫不足恃，藥石無益」，否定了醫藥存在的合理性。但到晚年，俞氏卻因體弱多病，不得不求醫問藥。其詩《病起口占》中一句「不能堅執廢醫論，反自營求卻疾方」〔註41〕，將其無奈與矛盾的心態表露無遺。俞樾《醫藥說》一文即對《廢醫論》做了一些修正。從「藥石無益」變爲了「余不信醫而信藥」。但此處之藥，並非醫生切脈處方後，雜數十種草藥煮出的湯液，而是指丸散之類的成藥，因爲「醫不三世，不服其藥」。成藥來源於神明之醫，經過了歷史的驗證，所以值得信任。文末，他再次強調了成藥有效，而醫生不可信任的觀點：「醫可廢，而藥則不可盡廢。余每歲配合所謂普濟丸者數十料，又於京師、於廣東、於上海，買膏丹丸散，無慮數十種，有求者，問所患而與之，往往有神效。而世之延醫切脈處方，以治疾病者，則十而失之八九也。」醫生之良莠難以判斷，不如「廢之也」，「多購各處名藥以施人」。〔註42〕

俞樾爲何提出「廢醫」的思想，學術界已有所探討，且多傾向於家室不幸憤而廢醫之說。自1860年起，俞樾家中親人屢遭不幸：長女婚後不久丈夫病故；1866年次子染重病後幾近成廢；1872年長兄俞林病逝；1879年夫人姚氏病故；1881年長子英年早逝；1882年最疼愛的小女繡孫也突然病逝。一連串打擊使俞樾悲痛欲絕，幾近崩潰，痛苦失望之餘，將情緒發洩到醫藥之上，

〔註39〕 俞樾：《廢醫論》，《俞樓雜纂》，《春在堂全書》（第3冊），第753～754頁。

〔註40〕 俞樾：《廢醫論》，《俞樓雜纂》，《春在堂全書》（第3冊），第755頁。

〔註41〕 俞樾：《病起口占》，《春在堂詩編》，《春在堂全書》（第5冊），第115～116頁。

〔註42〕 俞樾：《醫藥說》，《賓萌集》，《春在堂全書》（第3冊），第856～857頁。

也是可以理解的。此外，學術界還有醫學不振說、洋務派同門影響說、日本學者影響說、甲午戰敗影響說等等。在此不一一贅述。〔註43〕

俞樾的「廢醫存藥」思想在彼時並未形成一股社會思潮，甚至未給當時人帶來較大影響。但民國之後，隨著「廢醫」思潮的興起，俞樾的「廢醫存藥」說卻得到了一些人的支持，於是，其關於醫藥的言論，也成為「廢醫」論者「廢止中醫」的論據。

（二）吳汝綸與中醫藥

吳汝綸（1840～1903），字摯甫，安徽桐城人，晚清文學家、教育家。他博學多才，對文學、詩詞、經學等都頗有研究，著作等身。在中醫學方面，與俞樾不同的是，他沒有專論醫學的論著，也未像俞樾一樣明確提出「廢醫」的觀點，但他崇尚、信服西醫西藥，反對、排拒中醫中藥，這些思想散見其日記、信箚中。

「吳汝綸以古文老師而信仰西醫最深，於中醫則極端詆斥不遺餘力。」〔註44〕這是民國學者徐一士在《吳汝綸論醫》一文中對吳汝綸的點評。這一點評恰如其分，的確概括出了吳汝綸在醫藥方面的態度與觀點。早在1891年，吳汝綸在致蕭敬甫的信中就表達了其崇西藥拒中藥的思想。得知蕭敬甫生病7個月仍未痊癒後，吳汝綸問到：「吾兄體素強健，何以如此？」在做出了「此殆為服藥所誤」的判斷後，吳汝綸提議道：「今西醫盛行，理精鑿而法簡捷，自非勞瘵痼疾，決無延久不瘥之事，而朋好間，至今仍多堅信中國含混醫術，安其所習，毀所不見，寧為中醫所誤，不肯一試西醫，殊可悼歎。執事久客上海，宜其耳目開拓，不迷所行，奈何顧久留病魔，不一往問西醫耶！豈至

〔註43〕 洋務派同門影響說、日本學者影響說、甲午戰敗影響說等等來源於劉澤生：《俞樾廢止中醫思想根源探索》一文（《中華醫史雜誌》2001年第3期），作者認為家庭不幸是俞樾提出「廢醫」的內因，而西學東漸、曾國藩、李鴻章幕府洋務派師友的影響、入室弟子的命運、日本學者帶來的信息及百日維新時光緒帝的諭旨等背景，都是他後來未改變廢中醫主張的不可忽視的外因。針對日本影響一說，郝先中考察了俞樾與日人的交遊，並未發現他們談論醫學的痕跡；至於甲午戰敗的時間，則晚於《廢醫論》的成稿時間，據此，郝先中認為日本學者影響說與甲午戰敗影響說都較牽強。參見郝先中：《俞樾「廢醫論」及其思想根源分析》，《中華醫史雜誌》2004年第3期。筆者通過閱讀對比，較為贊同郝先中的意見。洋務派同門影響說、日本學者影響說、甲午戰敗影響說等這些觀點並沒有明確的史料證明，只是作者經過主觀分析後得出的間接結論，故而有牽強附會之感。

〔註44〕 徐一士：《吳汝綸論醫》，《一士類稿》，中華書局2007年版，第302頁。

今不能化其故見耶？千金之軀，委之庸醫之手，通人豈宜如此？試俯納鄙說，後有微恙，一問西醫，方知吾言不謬。」〔註 45〕蕭敬甫疾病延宕數月，吳汝綸判斷是因服藥所誤，於是建議蕭氏一試西醫，並對中國人至今依然相信中國「含混醫術」，將身體「委之庸醫之手」十分憤慨。一面誇讚西醫「理精鑿而法簡捷」，一面批判中醫「含混」，充分反映了吳汝綸崇尚西醫否定中醫的態度。

在數篇信牘中，吳汝綸都表達了對陰陽五行等中醫基礎理論的懷疑：「平心察之，凡所謂陰陽五行之說，果有把握乎？用寸口脈候視五藏，果明確乎？本草藥性，果已考驗不妄乎？五行分配五藏，果不錯謬乎？人死生亦大矣，果可以遊移不自信之術嘗試否乎？」〔註 46〕幾個反問句，將吳汝綸對中醫的懷疑展露無遺。「中醫之不如西醫，若賁育之與童子。來書謂仲景所論三陽三陰，強分名目，最為卓識。六經之說，仲景前已有，仲景從舊而名之耳，其書見何病狀，與何方藥，全不以六經為重，不問可也。西人之譏仲景，則『五淋』中所謂『氣淋』者，實無此病；又所謂『氣行脈外』者，實無此理。而走於支飲、留飲等病，亦疑其未是，此殆亦仲景以前已有之常談，未必仲景創為之也。蓋自《史記·倉公扁鵲傳》已未盡得其實，況《千金》、《外臺》乎！又況宋以後道聽途說之書乎！故《河間》、《丹溪》、《東垣》、《景嶽》諸書，盡可以付之一炬，執事尚謂其各有獨到，竊以為過矣。」〔註 47〕吳汝綸在懷疑中醫基礎理論的同時，對中醫典籍也持否定態度。在《同仁會歡迎會答辭》中，他再次強調中醫一些理論之錯亂虛妄以及中醫典籍之不可信：「敝國古來醫書，列在《漢書·藝文志》者，皆已亡佚。今所傳《難經》、《素問》，大抵皆是偽書。其五藏部位，皆是錯亂。其所以錯亂之故，緣敝國漢朝有古文、今文兩家之學，古文家皆是名儒，今文則是利祿之事，古文家言五藏，合於今日西醫，今文家言五藏，則創為左肝右肺等邪說。及漢末鄭康成，本是古文家學，獨其論五藏乃反取今文，自此以後近二千年，盡用今文五藏之說，則鄭康成一言不慎，貽禍遂至無窮，其咎不小。敝國名醫，以張仲景、孫思邈為最善。仲景《傷寒》所稱十二經，今西醫解剖考驗，實無此十二經絡。蘇東坡論醫，專重孫思邈；今觀《千金方》所論五藏，亦皆之說。此敝

〔註45〕 吳汝綸：《答蕭敬甫》，《吳汝綸全集》（第 3 冊），黃山書社 2002 年版，第 54～55 頁。

〔註46〕 吳汝綸：《與吳季白》，《吳汝綸全集》（第 3 冊），第 69 頁。

〔註47〕 吳汝綸：《答王合之》，《吳汝綸全集》（第 3 冊），第 145～146 頁。

國醫道所以不振之由也。〔註 48〕既然作為中醫學經典典籍的《難經》、《素問》都很可能是偽書，那麼顯然，如今的中醫書籍更無法令人信服。而五臟部位顛倒，十二經絡未得到解剖驗證，中醫理論也同樣缺乏依據。

中醫理論因難以被證實而「含混不清」，那麼在臨床實踐中，中醫能否發揮一定的作用呢？在吳汝綸看來，答案依然是否定的。他不僅自己不信中醫，且建議身邊親朋好友不就中醫。吳汝綸弟子賀松坡患眼疾，吳汝綸聽說後，建議賀放棄中醫療法：「緣中醫所稱陰陽五行等說，絕於病家無關，此尚是公理，以目疾為肝、腎二經，則相去千里。吾料公今所服藥，大率皆治肝補腎之品，即令肝、腎皆治，要於目光不相涉也。況中藥所謂治肝補腎者，實亦不能損益於肝、腎也乎！」「中藥性質，言人人殊，彼其所云補者不補，其所云泄者不泄，乃別有偏弊，而《本草》家又不能知，特相率承用之，而幾幸其獲效，往往病未除而藥患又深，此不可不慎防者。」吳汝綸甚至認為採用中醫中藥治療眼疾，還不如自己安心靜養，即使不能好轉痊癒，但也不至於加重。「吾勸公時時閉目自養，雖不能望復舊，要可不再加重，則猶為能至之勢也。」〔註 49〕又如，廉惠卿四弟患肺疾，吳汝綸告誡其不可聽從中醫見解：「此病甚不易治，中醫不解，亦無徵傚之藥，其云可治，乃隔膜之談。」〔註 50〕再如，建議其孫的眼疾不用中藥：「大孫目疾，若中藥雖可見效，吾不主用。緣中藥難恃，恐貪其效而忽其敝。中醫不能深明藥力之長短。」〔註 51〕

從中醫理論、中醫典籍，到中藥本草，吳汝綸都一概給予了否定，但卻對西醫理論及藥品稱讚有加。「平日灼知中醫之不足恃，自《靈樞》、《素問》而已然，至『銅人圖』，則尤不足據，《本草》論藥，又皆不知而強言。不如西醫考覈臟腑血脈的有據；推論病形，絕無影響之談。其藥品，又多化學家所定，百用百效。」〔註 52〕

上述一段話，將吳汝綸崇尚西醫，排拒中醫的原因展露無遺。在他看來，西醫理論有理有據，藥品也經過鑒定，切實有效；而與之相反的是，中醫缺乏驗證，含混虛妄，不可信服。但吳汝綸也指出，如果將西方的化學鑒定方

〔註 48〕 吳汝綸：《同仁會歡迎會答辭》，《吳汝綸全集》（第 3 冊），第 447 頁。
〔註 49〕 吳汝綸：《與賀松坡》，《吳汝綸全集》（第 3 冊），第 226 頁。
〔註 50〕 吳汝綸：《與廉惠卿》，《吳汝綸全集》（第 3 冊），第 287 頁。
〔註 51〕 吳汝綸：《諭兒書》，《吳汝綸全集》（第 3 冊），第 586 頁。
〔註 52〕 吳汝綸：《答王合之》，《吳汝綸全集》（第 3 冊），第 141 頁。

法運用於中草藥成分、性質的鑒定中，那麼中藥藥品也能發揮作用：「邀能化學者，將《傷寒》、《金匱》中藥品，一一化分，考其性質，則爲功於中土甚大。」〔註53〕可見，吳汝綸並未徹底拋棄中醫中藥，如果中醫藥能夠通過鑒定，獲得論證，那麼還是有可利用的價值。

但吳汝綸不信中醫的態度是堅決的，至死也不肯一試中醫。「正月九日下午，突有先生兒子某，遣使送書，報先生病狀，且言先生不信漢醫，專望西醫之診視。」「先生於衛生醫術，生平注意」，「今茲之病，斥一切漢醫不用，辯漢醫之不足信。特由安慶奉迎西醫聞生等一行到宅，甚爲欣喜，豈料米醫毫無效驗……」〔註54〕吳汝綸在生命的最後關頭，依然沒有改變其排拒中醫的態度，實在是堅決而固執。

吳汝綸牴觸中醫的原因，學術界已有所研究，本文對此不再做過多分析。〔註55〕但俞樾與吳汝綸同爲晚清時期否定中醫之人，卻有明顯的差異。筆者擬對比俞樾和吳汝綸在否定中醫問題上的差異，並探討造成差異的原因。

與俞樾從私人感情出發牴觸中醫不同，吳汝綸對中醫的牴觸更多是出於比較中西醫之後做出的理智判斷。〔註56〕在俞樾的《廢醫論》與《醫藥說》兩篇提倡廢止中醫的文章中，俞樾僅僅攻擊中醫，不曾涉及西醫，更沒有表達出西醫優於中醫的觀點。而在吳汝綸的尺牘中，我們不難發現，幾乎所有涉及醫學問題的信件，吳汝綸都展現了信西醫不信中醫的態度，並建議親朋好友就西醫不就中醫。可見，俞樾提倡廢止中醫，僅僅就中醫而言中醫；而

〔註53〕 吳汝綸：《與蕭敬甫》，《吳汝綸全集》（第3冊），第53頁。

〔註54〕 （日）早川新次：《在安慶寄邦人書》，《吳汝綸全集》（第4冊），第1166頁。

〔註55〕 關於吳汝綸否定中醫的原因，可參見以下幾篇文章：董叢林：《吳汝綸醫藥觀的文化表現及成因簡論》，《安徽史學》2005年第4期；汪維眞：《棄中擇西：清人吳汝綸醫學觀的轉變及原因分析》，《安徽史學》2006年第2期；周寧：《吳汝綸與中西醫》，《唐都學刊》2006年第4期；馮爾康：《晚清學者吳汝綸的西醫觀——兼論文化反思的方法論》，《天津社會科學》2007年第3期；章茂森、樊巧玲、顧嚴嚴：《西學東漸視野下吳汝綸的醫學觀》，《南京中醫藥大學學報》（社會科學版）2007年第4期等。

〔註56〕 在《吳汝綸與中西醫》一文中，作者認爲吳汝綸對中醫的牴觸也與其家庭因素有關。吳汝綸認爲他兩個弟弟的死與中醫誤診有莫大關係，故而他對中醫持否定態度。作者借鑒了學術界對俞樾「廢醫」原因的分析，也從家庭角度探析吳汝綸排拒中醫的因素。這一結論有一定道理，但是否如文中所說，這是誘發吳氏日後詆斥中醫的最重要原因還有待商榷。詳見周寧：《吳汝綸與中西醫》，《唐都學刊》2006年第4期。

吳汝綸對中醫的否定，則是建構於對比中西醫優劣基礎之上的。之所以出現這樣的差別，與他們二人身處的環境以及對西學的瞭解、吸收大有關係。

俞樾曾經歷 8 年的仕宦生涯，因遭人彈劾被革職回鄉，此後便以教書著述爲業。這樣單純的生活方式使他難以與西學產生十分密切的關聯。而吳汝綸則不同，他先後入曾國藩、李鴻章幕府，並深得二人賞識，「時中外大政常決於國藩、鴻章二人，其奏疏多出汝綸手」〔註 57〕。在這樣的環境下，吳汝綸難免受到洋務派提倡西學的影響。不同的環境造就了不同的人才。俞樾致力於國學的研究，卻從不積極主動地吸收西學。「在他的著作中，除介紹過熊拔三〔註 58〕的《西洋水法》和合信所著《博物新編》外，於西學僅有幾處零星涉及。」〔註 59〕與其相反，吳汝綸則是一位積極吸收、推廣西學知識的人物。他廣泛涉獵哲學、史學、法律、地理、植物、生物、醫學等各種西學書籍，喜與外國人交友，出國考察，通過各種途徑獲取西學知識，被日人早川新次稱讚爲：「方今中國儒林中最有開化之思想者。」〔註 60〕

因而，俞樾「廢醫」思想的提出僅從抨擊中醫角度入手，而吳汝綸否定中醫的觀點卻是中西醫對比的結果。「醫學，西人精絕，讀過西書，乃知吾國醫家，殆自古妄說。」〔註 61〕在對中西醫有所瞭解的基礎上，吳汝綸認爲西醫理論精確、診斷方法可信，而中醫理論卻含混虛妄，難以驗證，故而否定了中醫的功效。但與此同時，吳汝綸也提出，若能用西法鑒定藥品成分，「則爲功於中土甚大」。可見，儘管吳汝綸崇尚西醫，不信中醫，但依然對中醫藥存有一些希望。而飽受打擊的俞樾，對西醫的瞭解十分淺薄，只能就中醫而言中醫，似乎只有將中醫「廢止」才能泄恨，但爲解決治療疾病問題，又折中地提出「廢醫不廢藥」之說。

總之，俞樾和吳汝綸都爲晚清時期排拒中醫的代表人物，但因爲二人對西醫的瞭解程度有差異，所以俞樾僅針對中醫提出了「廢醫存藥」的觀點，而吳汝綸則在對比中西醫之後排拒中醫，崇尚西醫。但他們二人否定中醫的理由，卻都爲日後的「廢醫」論者所運用，並掀起了一場中西醫的大爭論。

〔註 57〕趙爾巽：《清史稿·吳汝綸傳》（第 44 冊），中華書局 1977 年版，第 13443 頁。

〔註 58〕筆者按：應爲熊三拔。

〔註 59〕羅雄飛：《論俞樾學術思想的幾點局限》，《首都師範大學學報》（社會科學版），2005 年第 4 期。

〔註 60〕（日）早川新次：《在安慶寄邦人書》，《吳汝綸全集》（第 4 冊），第 1167 頁。

〔註 61〕吳汝綸：《答何豹丞》，《吳汝綸全集》（第 3 冊），第 164 頁。

三、民國「廢醫」思潮始末及中醫界的抗爭

　　不論是俞樾的「廢醫存藥」，還是吳汝綸的崇尚西醫排拒中醫，這些觀點都未在晚清中國產生重大影響，彼時的中醫依然佔據著醫療市場的主導地位。進入民國之後，「中醫應被廢止」這一觀點被重新提起，而這一次的重提，很快彙聚成了一股思潮。這股「廢醫」思潮與政府的中醫政策互相影響，於是，一場「廢醫」運動開展起來，將中醫推向了「廢止」的邊緣。爲扭轉不利的局面，中醫界一方面集會、請願，爭取合法地位；一方面與「廢醫」論者打起筆墨官司，爭奪話語權。

（一）思潮緣起：「漏列中醫案」

　　民國「廢醫」思潮肇始於北洋政府時期的「教育系統漏列中醫案」。民國建立後，百廢待興，北洋政府爲除舊布新，各類政策紛紛出臺，反映在醫學上，便是制定新的醫學規程。1912 年 7 月，教育部在北京召開教育會議。其後，在 1912～1913 年間，教育部陸續頒佈了小學、中學、專門學校及大學等一系列法令規程，構成了《壬子癸丑學制》。由於《壬子癸丑學制》仿傚日本，而日本此時早已廢止中醫，因而 1912 年 11 月北洋政府教育部頒佈的《醫學專門學校規程》完全沒有中醫的內容。〔註62〕1913 年 1 月，教育部又公佈《大學規程》，確定了文、理、法、商、醫、農、工等七科，其中醫科分爲醫學、藥學兩門，醫學科目 51 科，藥學科目 52 科，其中依然沒有中醫藥學方面的相關規定。兩次對中醫藥教育的有意忽視，成爲近代史上的「教育系統漏列中醫案」。

　　「漏列中醫案」一經頒佈，中醫藥界一片譁然。儘管北洋政府沒有採取激烈措施廢止中醫藥，但禁止中醫藥教育的舉措等同於放任中醫藥慢慢萎縮，直至其最後消失。所以法規的出臺引發了中醫藥界的抗議，上海地區成爲首發地。上海神州醫藥總會會長余伯陶等聯合其他省市的中醫藥同業，組織「醫藥救亡請願團」，攜請願書赴京請願，懇請政府：「提倡中醫中藥，准予另設中學醫藥專門學校，以重民命而順輿情事。」〔註63〕請願書從 5 個方面闡釋提倡中醫之理由。其一，從學理上講，西醫重形質，中醫重精神，中西醫學互有短長，不可偏廢。其二，從體質上講，中西方體質強弱不同，稟

〔註62〕 參見鄧鐵濤、程之範主編：《中國醫學通史》（近代卷），人民衛生出版社 2000
　　　　年版，第 146 頁。
〔註63〕 《神州醫藥總會請願書》，《醫學雜誌》1922 年第 8 期。

賦懸殊。其三，在社會心理方面，民眾信仰中醫者遠遠多於西醫，「夫政府之舉措，當視民心之向背以爲衡」。其四，以中國現勢而論，「專重西醫，非有十萬人不足以供全國之用，此項培植之費，暨藥學化驗之需，合計非數萬萬元不可。」其五，從財政角度考慮，中國藥產豐富，外銷獲利豐厚。〔註64〕除開列提倡中醫之理由以外，書中還提出設立中國醫藥書編輯社、開設中西並重的醫院、建立藥品化驗所、編輯醫學報等 8 項具體措施。這篇請願書有理有據，具體詳實，但時任教育總長的汪大燮卻拒不接納，無奈之下，代表們只得將其呈遞至國務院。期間，全國各地的醫學團體也紛紛舉行各種形式的抗議活動。

1913 年 12 月，汪大燮在接見北京醫學會代表時，斷然否定代表爲學會立案的請求，並表示：「余決意今後廢去中醫，不用中藥。所謂立案一節，難以照准。」〔註65〕此番話無疑激起了中醫界更大的憤慨，於是中醫界人士紛紛發文攻擊汪大燮之言論。終於，北洋政府教育部在輿論壓力下，於 1914 年 1 月 8 日對請願書予以批覆，肯定了中醫在歷史上的作用，指出若能溝通中西，以科學方法對其研究整理，中醫將能發揮更大作用，同時否認對中醫有所歧視。1 月 16 日，國務院也下發覆文：「查中國醫學，肇自上古，傳人代起，統系昭然。在學術上固已蔚爲專科，即民生亦資其利賴。前此部定醫學課程，專取西法，良以岐行不至，疑事無功，先其所急，致難兼采，初非有廢棄中醫之意也。來呈陳述理由五點，尚屬持之有故，擬辦各事，亦具有條理，除釐定中醫學校科程一節，暫從緩議外，其餘各節，准予分別籌辦。仍仰隨時呈明地方行政長官立案，俾資查考而便維持。此批。」〔註66〕

教育部與國務院的覆文肯定了中醫的歷史地位，並表示其非有歧視中醫或「廢棄中醫」之意。關於中醫學校課程一案，北洋政府雖未給出明確答覆，但准予中醫學校在當地立案，這就給中醫的發展提供了一個相對寬鬆的環境。

1915 年，丁甘仁籌設上海中醫專門學校，上書申請立案，獲得批示：「今丁澤周等欲振餘緒於將湮，設學堂而造士，兼附設醫院，兼聘西醫，具融會中西之願，殊足嘉許。」〔註67〕丁甘仁的提案獲得了「嘉許」，得以備案，標

〔註64〕 《神州醫藥總會請願書》，《醫學雜誌》1922 年第 8 期。
〔註65〕 《緊要新聞》，《神州醫藥學報》1914 年第二年第二冊，轉引自鄧鐵濤、程之範主編：《中國醫學通史》（近代卷），第 148 頁。
〔註66〕 《國務院批答神州醫藥總會批詞》，《醫學雜誌》1922 年第 8 期。
〔註67〕 《內務部批》，《中醫教育專號》，《中西醫藥》1937 年第 6 期。

誌著中醫界的抗爭取得了一定的成果。但中醫的教育並非一帆風順地發展起來，而是隨著「廢醫」思潮的湧動，越發受到「廢醫」論者的打壓和攻擊。

「廢醫」思潮的湧動與余雲岫的大力推動密切相關。余雲岫（1879～1954），名岩，號百之，浙江鎮海人，1908 年赴大阪醫科大學學習醫學，回國後以倡導醫學革命為己任，成為近代廢止中醫論的重要代表人物。1916 年，余雲岫發表《靈素商兌》，徹底否定《內經》，顛覆中醫學說的理論基礎。全文共分為 10 個部分，分別批判陰陽五行、五臟六腑、經脈絡脈、病原、切脈等中醫基礎理論。《靈素商兌》發表後，廢止中醫思潮逐漸成為近代中醫史上的主要思潮之一，給近代中醫的發展帶來了深刻影響。

1925 年 7 月，中華教育改進社在山西召開會議，以江蘇中醫聯合會為代表的團體提議將中醫加入教育系統，9 月，在長沙召開的全國教育聯合會上，中醫界團體再次提出類似提案。然而這一要求卻遭到了「廢醫」論者的攻擊和反駁。余雲岫發表文章《舊醫學校系統案駁議》，針對江蘇中醫聯合會的提案，逐條駁斥，其間更是引用俞樾《廢醫論》原文攻擊中醫治病是「貪天之功」。此案若成，是「背進化之公例，違自然之法則，昧學術之沿革，逆世界之潮流」。〔註68〕隨後余雲岫又以中華民國醫藥學會、中華醫學會、上海醫師公會的名義發文《致全國各省教育會書》，再次極力反對中醫加入教育系統。「廢醫」論者的反對之聲對政府產生了一定影響，1925 年 11 月，在教育部的部務會議上，中醫界申請加入教育系統的提案再次被束之高閣。

北洋政府的「漏列中醫案」是「廢醫」思潮興起的一個導火索，而隨著「廢醫」思潮的聲勢越發壯大，政府的政策也在一定程度上受到了它的影響。可見，政府的「廢醫」決策和「廢醫」思潮之間是相互影響、相互促進的關係，他們的互相作用引發了 1929 年「廢止中醫案」的出臺。

（二）衝突迭生：「廢止中醫案」

由於中醫的學堂教育是從近代以來才開始興起的，家傳或師授依然是傳統中醫的主要培養模式，故而「教育系統漏列中醫案」這一舉措並不能完全切斷中醫人才的輸送，從而達到迅速消滅中醫的目的。因而，為從根本上直接徹底地消滅中醫，在余雲岫等人的推動下，1929 年，南京國民政府出臺了「廢止中醫案」。

〔註68〕余雲岫：《舊醫學校系統案駁議》，《余雲岫中醫研究與批判》，第 219 頁。

　　1929 年 2 月 23 至 26 日，南京國民政府衛生部召開第一屆中央衛生委員會，由衛生部次長劉瑞恒主持。會議討論了 4 項關於廢止中醫的提案：《廢止舊醫以掃除醫事衛生之障礙案》、《統一醫士登錄方法》、《制定中醫登記年限》、《擬請規定限制中醫生及中藥材之辦法案》，後將 4 個提案合併為《規定舊醫登記案原則》。

　　時任中華民國醫藥學會上海分會會長的余雲岫所提出的《廢止舊醫以掃除醫事衛生之障礙案》基本包括了另外三個提案的內容。在提案中，余氏闡明了廢止中醫的 4 項理由：其一，「今日之衛生行政，乃純粹以科學新醫為基礎，而加以近代政治之意義者也。今舊醫所用者，陰陽、五行、六氣、臟腑、經脈，皆憑空結撰，全非事實。」其二，「其臨證獨持橈動脈，妄分一部份之血管，為寸關尺三部，以支配臟腑，穿鑿附會，自欺欺人，其源出於緯候之學，與天文分野，同一無稽。」其三，「根本不明，診斷無法，舉凡調查死因，勘定病類，豫防疫癘，無一能勝其任。強種優生之道，更無聞焉。是其對民族民主之根本大計完全不能為行政上之利用。」其四，舊醫「日持其巫祝讖緯之道，以惑民眾」，「日持其冬傷於寒，春必病溫，夏傷於暑，秋為痎瘧等說，以教病家，提倡地天通，阻遏科學化」。因而，「舊醫一日不除，民眾思想一日不變，新醫事業一日不能向上，衛生行政一日不能進展。」「為民族進化計，為民生改善計，不可不取斷然手段。」〔註69〕

　　余雲岫從否定陰陽五行等中醫基礎理論開始，一步步深化對中醫的批判，直至認為中醫阻礙科學化、民族進化和民生改善。這樣的批判方式顯然是經過悉心考慮的，似乎中醫不被廢除，中國的醫學、衛生都將無法進展，民族也得不到進化。在對中醫展開全面批判的同時，余雲岫還提出了廢止中醫藥的具體步驟：

　　一、由衛生部施行舊醫登記，給予執照，許其營業。

　　二、政府設立醫事衛生訓練處，凡登記之舊醫，必須受訓練處之補充教育，授以衛生行政上必要之智識。訓練終結後，給以證書，得永遠享受營業之權利。至訓練證書發給終了之年，無此項證書者，即應停止其營業。

　　三、舊醫登記法，限至民國十九年底為止。

〔註69〕《中央衛生委員會議議決「廢止中醫案」原文》，《醫界春秋》1929 年第 34 期。

四、舊醫之補充教育，限五年為止，在民國二十二年取消之，是為訓練
證書登記終了之年，以後不再訓練。

五、舊醫研究會等，任其自由集會，並宜由政府獎勵。惟此係純粹學術
研究性質，其會員不得藉此營業。

六、自民國十八年為止，舊醫滿五十歲以上，且在國內營業至二十年以
上者，得免受補充以教育，給特種營業執照。但不准診治法定傳染
病，及發給死亡診斷書等。且此項特種營業執照，其有效期間，以
整十五年為限，滿期即不能適用。〔註70〕

余雲岫認為，由於當時中醫人數較多，故而廢止中醫的政策不能過於急
驟，因而，他所提出的具體方案是一個緩慢「消滅」中醫的辦法。余雲岫不
僅提議逐步取消中醫診治疾病的實踐活動，而且希望進一步取締中醫界闡
發、宣傳中醫藥的權利，即「取締反對宣傳」。具體措施如下：一、禁止登報
介紹舊醫；二、檢查新聞雜誌，禁止非科學醫學之宣傳；三、禁止舊醫學校。
〔註71〕一方面從實踐上控制中醫的應用，另一方面從言論上禁止中醫的宣
傳，真可謂是「雙管齊下」、「用心良苦」。

上述的「廢止中醫案」最早由《新聞報》於1929年2月26日披露，3月
2日，余雲岫主編的《社會醫報》予以正式公佈。這項明令廢止中醫的提案引
發了軒然大波，全國各地的中醫藥團體、商會等紛紛通電發文，表示強烈的
抗議。全國商會聯合會發文，指出「為中華民族性之學術計，為中華本有之
藥物計，為中華之民生計，中醫中藥，均不應廢棄」〔註72〕。廣東中醫公會
電文：「閱報驚悉西藥商受帝國主義運動，在中央衛生委員會議決，取締國醫，
意欲打倒中藥，推銷西藥，喪心病狂，販賣中國，莫此為甚。我廣東中醫界，
誓死力爭，尤請各省工商各界一致援助，以救危亡而塞漏巵。」〔註73〕武漢
市飲片藥業商會電文：「少數西藥提議廢止中醫，關係全國民生，急應一致挽
救。」〔註74〕福建建寧醫士公會電文：「中央衛生委員會甘為帝國主義奴隸，
施其侵略慣技，妄議國醫，摧殘國粹，敝會一致否認。」〔註75〕

〔註70〕《請明令廢止舊學校案原文》，《醫界春秋》1929年第34期。
〔註71〕《請明令廢止舊學校案原文》，《醫界春秋》1929年第34期。
〔註72〕《全國商會聯合會電請保存國醫》，《醫界春秋》1929年第34期。
〔註73〕《各地反對取締國醫之函電》，《醫界春秋》1929年第34期。
〔註74〕《各地反對取締國醫之函電》，《醫界春秋》1929年第34期。
〔註75〕《各地反對取締國醫之函電》，《醫界春秋》1929年第34期。

在全國各地中醫藥團體、商會通電發文的同時，中醫界決定聯合起來有所行動。在上海中醫協會的召集下，神州醫藥總會、中華醫藥聯合會、中醫學會、商民協會藥業分會、中醫專門學校、醫界春秋社等四十餘團體召開了全滬中醫藥團體聯合會議。會議通過了3月17日召開全國中醫中藥團體代表大會的提議，隨後將提議刊登於《申報》和《新聞報》上，並以快郵代電的方式，通知各地的同業團體。各地中醫藥界廣泛響應，積極參與。

1929年3月17日，規模盛大的全國醫藥團體代表大會在上海總商會大禮堂舉行。會議歷時三天，代表們發言踴躍，討論了組織全國醫藥永久機關、請願等問題，並推舉了請願代表；會後，依照會議的議題，請願團於3月20日赴南京請願。代表們提交了兩份請願書：「呈為請求排除中國醫藥發展之障礙，以提高國際上文化地位事」與「呈為請求明令卻回廢止中醫之議案，並於下屆衛生委員會加入中醫，以維國本而定民心事」〔註76〕，希望政府收回廢止中醫的議案，要求中醫加入教育系統。

根據請願團成員陳存仁的回憶，3月22日，請願團達到南京車站，「人聲鼎沸，有一千多醫藥界中人等候著歡迎我們⋯⋯當時有很多新聞記者，爭先訪問」。〔註77〕隨後，按照計劃，代表們先後拜謁了譚延闓、于右任、林森、戴季陶、胡漢民、葉楚傖、李石曾、張靜江、薛篤弼等國民黨要員，並爭得了他們的支持。譚延闓說：「中醫決不能廢止，我做一天行政院院長，非但不廢止，還要加以提倡。」薛篤弼也表態：「我當一天部長，絕不容許這個提案獲得實行。」〔註78〕雜誌《醫界春秋》登載了薛篤弼的詳言：「部長諄諄相告，謂中衛會之議案，衛生部須經核奪，並不執行。中衛會議案實為不妥，如第三條取締障礙西醫發展至報紙刊物一項而論，斷無采擇之可能。蓋出版自由，載諸黨綱，苟非反革命刊特（筆者按：物），何能取締。本部長對於行政方針，以中國國情為左右，對於中西醫並無歧視，並深信中醫之限制，非政治勢力所能收效，當本良心主張，對於中西醫學，斷不有所偏袒。」〔註79〕

在請願團的努力下，在全國同業人士的支持下，南京政府終於做出了讓步。數日後，衛生部覆函《醫界春秋》社：「查中藥一項，本部力主提倡。惟

〔註76〕《全國醫藥代表昨晚晉京請願》，《醫界春秋》1929年第34期。
〔註77〕陳存仁：《銀元時代生活史》，廣西師範大學出版社2007年版，第122頁。
〔註78〕陳存仁：《銀元時代生活史》，第126～128頁。
〔註79〕《全國醫藥團體請願團之報告》，《醫界春秋》1929年第34期。

中醫擬設法改進，以期其科學化。中央衛生委員會議決案，並無廢止中醫中藥之說。」〔註80〕3 月 28 日，國民政府文官處也覆函《醫界春秋》社：「中醫中藥不應廢棄，請撤銷衛生會議廢止中醫議案一節，查中央衛生委員會，並無廢止中醫中藥等決議案。」〔註81〕中醫界的抗爭使中醫暫得保留，但其受排擠的局面卻未有效地緩解。

　　1929 年 4 月 28 日，教育部頒發佈告，要求中醫學校一律改稱爲傳習所：「惟醫業關係人民生命，至爲重要。各國醫士之培養，年限較長，必須畢業於大學或專科，兼在醫院經過相當時期之實習者，方准開業。查現有之中醫學校，其講授與實驗，既不以科學爲基礎，學習者之資格與程度，亦未經定有標準，自未便沿用學制系統內之名稱，應一律改爲傳習所，以符明實。此項傳習所，不在學制系統之內，即無庸呈報教育機關立案。其考覈辦法，應候內政、衛生兩部商訂，通令遵照。」〔註82〕除此之外，教育部與衛生部接連出臺其他相關政策，禁止中醫設立學校，禁止中醫參用西法、西藥等，繼續向中醫界施加壓力。爲擺脫困境，12 月 1 日，全國醫藥團體總聯合會第一次臨時代表大會在上海舉行，7 日，請願團再次入京請願。隨後，蔣介石下令將教育部和衛生部壓制中醫的政策予以撤銷。然而在實際操作中，教衛兩部卻陽奉陰違，依然變相地執行著此前的政策，因而中醫藥界的根本目的沒有達到。此後，中醫藥界越發團結起來，爲維護自身利益而進行著持續不斷的抗爭。而經歷了 1929 年的「廢止中醫案」之後，中醫界與西醫界一度成爲了水火不相容的兩大對立面，雙方的矛盾日益激化。

（三）風波暫息：中央國醫館成立與《中醫條例》出臺

　　中醫界經歷了兩次大規模的請願，暫時達到了目的，但並未擺脫危機四伏的局面，於是希望模仿國術館而設立國醫館，以整理中醫學術，統一管理全國的中醫藥事宜。1930 年 1 月，全國醫藥總會將設立國醫館的提案呈遞國民政府：「呈爲籌設國醫館，懇請備案，並賜提倡事。……現擬自籌經費，仿照國術館辦法，籌設國醫館，延攬通才，共同研究，並由國醫館分股籌辦，及督促中醫學校醫院，以期培植人才，發揚學術。伏念國醫中藥，遠超國術，

〔註80〕　《衛生部覆〈醫界春秋〉社電》，《醫界春秋》1929 年第 34 期。
〔註81〕　《國民政府文官處覆〈醫界春秋〉社函》，《醫界春秋》1929 年第 34 期。
〔註82〕　《教育部中醫學校改稱傳習所布告》，《杏林醫學月報》1929 年第 5 期。

而茲事體大，非仰政府提倡，難收事半功倍之效。爲敢備文呈請鈞府院俯賜備案，並乞明令提倡，以資觀感，而利進行，實爲德便。」〔註83〕

隨後醫藥總會又續呈《國醫館簡章》，請予備案。但衛生部以章程須經修正爲由將其擱置。5月7日，在國民黨中央執行委員會第226次政治會議上，譚延闓、胡漢民、陳立夫、焦易堂等人重提此議案，終獲批准。1931年3月17日，經過多方努力，中央國醫館終於宣告成立。國醫館以「採用科學方式整理中國醫藥，改善療病及製藥方法爲宗旨」〔註84〕，下設秘書處、醫學處、藥學處及推行處等4處，並在全國設立支館。

中央國醫館自申辦之日起便遭到了「廢醫」論者的強烈抵制和攻擊，故其工作的開展並不是十分順利。然而，作爲統領全國中醫藥界的組織，國醫館在整理中醫藥學術、維護中醫藥合法權益、發展中醫藥教育，尤其是在爭取中西醫平等地位上，做出了很大的努力，並取得了一定的成績。

1930年，國民政府曾頒佈了《西醫條例》，而允諾的「國醫條例」卻始終未見制定。「過去只有《西醫條例》而沒有《中醫條例》，按之實際情形，中國醫事屬於中醫的占取百分之九十以上，反之屬於西醫的不過百分之一還不足。權衡輕重，自應先有中醫條例，後有西醫條例。乃事實，恰恰相反，先有西醫條例，而中醫條例反付缺如。」〔註85〕中醫界認爲此種情形極其不公，補充中醫條例十分必要。中醫十幾年來「在法律上的地位，無形地受了摒棄。長此下去，畢竟站不住。那麼學術上的研究，也就成爲空談。我們認爲法律上的地位，比什麼都重要。爲要建設法律上的地位，而有《中醫條例》的擬訂。」〔註86〕在中醫界看來，只有保證享有西醫同樣的法律地位，中醫才能確保自身的合法地位，免遭摒棄的命運。因而頒行國醫條例，便成爲開展其他工作的前提條件。於是國醫館成立後，開始著手於國醫條例的制定與頒行。

1932年，國醫館函呈行政院，要求派員參加審定國醫條例的會議，未獲批准。1933年6月7日，石瑛、焦易堂聯合了陳立夫、邵力子等中央委員，在國民黨中央政治會議上，提交了草擬的國醫條例。然而行政院認爲「國醫館係學術團體，並非行政機關，似無擬定條例之必要。將石瑛等原提案及行

〔註83〕　《呈請中央准設國醫館》，《醫林一諤》1931年第1卷第4期。
〔註84〕　《中央國醫館組織章程》，《杏林醫學月報》1931年第33期。
〔註85〕　《中央國醫館成立到現在：中華醫藥發刊詞》，《中華醫藥》1937年創刊號。
〔註86〕　《中央國醫館成立到現在：中華醫藥發刊詞》，《中華醫藥》1937年創刊號。

政院意見，交立法院審議」〔註87〕。7 月 14 日，立法院舉行 26 次會議，決定將提案交付法制委員會審查。1933 年，立法院召開第三屆第 43 次會議，《中醫條例》終獲通過，但卻遭到了汪精衛等人的阻撓，始終未得公佈。1934 年 1 月 22 日，國民黨四中全會開幕，全國醫藥兩界代表方富健、丁仲英等五十四人，赴京請願，「各省市醫藥界，並於是日停業一天，表示決心。當日京市醫藥兩業，二千六百餘人參加，由代表團率領至四中會場請願，並至國民政府、行政院、立法院等處，分別陳詞。」要求「平等中西醫待遇」；速宣佈立法院所通過之《中醫條例》；取消不准「中醫設立學校之命令」。〔註 88〕但請願依然沒有結果。存廢兩派圍繞著《中醫條例》的公佈問題進行著持續的鬥爭。這一鬥爭直至 1935 年 11 月國民黨第五次全國代表大會時才暫告一段落。會上馮玉祥、石瑛等中委提出了「政府對中西醫應平等待遇以宏學術而利民生案」，陳述了中西醫應平等待遇的理由與辦法：「岐黃行中國上下數千年，治效昭著。自西醫東漸，政府銳意維新，舉凡衛生行政一卑西醫，而國醫不興焉，似不免失之偏執。……倘舉數千年無數先賢先哲體驗研究所結晶之國醫，一旦委之溝壑，不惟數典忘祖，即於民生上、實業上、學術上，亦均蒙不良影響。爲拯救斯弊，謹擬辦法如左：

　　一、前經立法院議決通過之『國醫條例』，迅予公佈實施。

　　二、政府於醫藥衛生等機關應添設中醫。

　　三、應准國醫設立學校。」〔註 89〕

提案呈報之後，全國各地的中醫界又開始醞釀新的請願風潮，迫於壓力，國民政府終於明令《中醫條例》修正通過。1936 年 1 月 22 日，幾經波折的《中醫條例》終於得以公佈。

《中醫條例》中儘管還有若干限制中醫的內容，但畢竟從法律方面承認了中醫的地位，因而受到中醫界的歡迎與擁護。此後圍繞著中醫存廢的其他問題，中西醫界的爭論依然沒有停止，只是隨著《中醫條例》的公佈而有所緩和。1937 年抗日戰爭全面爆發後，中西醫界的這場拉鋸戰在民族危亡之時暫時休止。

〔註87〕　《關於國醫條例審議之經過》，《醫界春秋》1933 年第 81 期。

〔註88〕　周柳亭：《全國各省市國醫國藥兩界代表向「四中全會」請願感言》，《杏林醫學月報》1934 年第 61 期。

〔註89〕　《政府對中西醫應平等待遇以宏學術而利民生案》，《醫界春秋》1935 年第 106 期。

小　結

明清時期隨傳教士進入中國的西方醫學，憑藉自身獨特的優勢在中國確立了地位。近代以來，醫療機構的建立、醫學教育的發展以及醫學團體與刊物的大量湧現無不彰顯著西方醫學的實力與水平。在傳教士的示範效應下，中國人也開始了創建醫學機構、醫學教育等的嘗試。與迅速發展的西醫相對應的，是發展相對緩慢的中國傳統醫學。運行了幾千年之久的中醫難免存在一些弊病，如庸醫誤人、巫醫橫行、自殘同業、秘而不宣等。歸根結底，這些問題的出現都與中醫理論的虛無、醫學教育與醫療市場的非正規密切相關。一方是新鮮獨特、飛速發展的西方醫學，一方是流傳千年、穩步前進的中國傳統醫學，中國醫療市場出現了互相競爭的兩種醫學體系。中醫不但不再是治病救人的唯一手段，且不得不接受人們的對比、取捨，甚至質疑。

「廢醫」思潮之濫觴可以追溯至晚清時期。俞樾、吳汝綸二人都提出了「廢止中醫」的觀點，但原因卻不盡相同。俞樾身邊的至親相繼離世，使他對中醫充滿憤恨，因而他的「廢醫存藥」思想帶有強烈的個人情感。而吳汝綸對中醫的摒棄更多是對比中西醫之後作出的理智判斷。俞樾的言論僅僅針對中醫而言，吳汝綸則多次表達西醫優於中醫的觀點。這一差別與他們二人所處的環境及對西學的瞭解大有關係。

民國建立後，百廢待興，北洋政府教育部頒佈了《壬子癸丑學制》，然而，在關於醫學教育的規程中，中醫卻未能列入其中。此「教育系統漏列中醫案」僅僅是民國時期「廢醫」思潮的開端而已。以余雲岫為首的「廢醫」派一方面借用國家政治權力打壓中醫，另一方面利用報刊媒體頻頻發文攻擊中醫，使得「廢醫」思潮的聲勢日益壯大。中醫雖遭遇了重大挫折，但中醫界始終奮力抗爭，通過各種方式表達訴求，終於促成了中央國醫館的成立與《中醫條例》的出臺，為自身贏得了生存的權利。

第二章 「廢醫」思潮形成的主客觀因素

　　伴隨著西醫勢力的日益擴展與中醫發展勁頭的相對式微，「廢止」中醫的思想從點逐漸擴展成面，最終竟成為近代醫學思潮中波及最廣、影響最大的思潮。如果單從時代背景考察「廢醫」思潮的成因，固然全面而合理，但卻難以凸顯「廢醫」思潮形成因素的獨特性。畢竟，近代洶湧而至的各種思潮，沒有哪一個能與彼時的時代背景脫離干係。故而，筆者希冀在結合時代背景的前提下，探討促使「廢醫」思潮形成的那些特別因素。從主觀上講，儘管「廢醫」派都提議要求廢止中醫，但他們的「廢醫」緣由卻不盡相同；從客觀上講，中醫的確無法自如地應對近代一些重要的醫事問題。儘管這兩方面的因素並非「廢醫」思潮的根源，但也在「廢醫」思潮的產生與發展中起到了甚為關鍵的作用。

一、「廢醫」思潮形成的主觀因素

　　通過對「廢醫」思潮的歷史考察，我們不難發現一個獨特的現象。那就是，中西醫的論爭並不局限於醫學領域，「廢醫」論者也並非僅僅是西醫醫師。這些「廢醫」論者的醫學修養參差不齊，卻都對中醫持抵制態度。但他們的出發點卻有一定的差異：西醫界的醫師對中醫的批判多從學理角度出發，較為理智；而學術界的人士對中醫的認識卻往往夾雜了個人的主觀因素，好惡十分明確。然而，雜糅了主觀情感的言論卻並未削弱對中醫攻擊的力度，激情的語言加之學術界人士本身的影響力，使得他們對中醫的批判變得更具說服力。因而，在本文中，筆者有必要對「廢醫」思潮中的主觀因素做一探討。

（一）出於對科學的信仰

鴉片戰爭後，先進的中國人開始探索救亡圖存之路。從那時起，西方的科學技術、科學知識、科學思想便逐漸傳入中國。1915 年，新文化運動興起，陳獨秀等領導者大力推崇「科學」，並將其作爲新文化運動的口號之一而振臂高呼，於是「科學」便以不可遏止之勢，迅速在中國蔓延開來。科學不僅成爲醫治國人愚昧的良藥，同時也成爲衡量事物合理與否的標準。正如胡適所說，「科學」一詞「在國內幾乎做到了無上尊嚴的地位；無論懂與不懂的人，無論守舊和維新的人，都不敢公然對他表示輕視或戲侮的態度」。〔註1〕中醫，作爲中國固有的事物之一，也接受了科學的檢驗。然而，陰陽五行等中醫基礎理論很難用科學知識加以解釋，於是中醫被劃歸爲「不科學」的一方，從而飽受質疑。「吾中醫之頻遭壓迫，亦未始非科學二字之賜也。」〔註2〕

在「五四」塑造的「科學」語境下，陳獨秀、胡適、丁文江等先進的知識分子不僅篤信、推崇科學，而且也在行動中踐行著他們的科學宣言。出於對「科學」的信仰，他們對於「不科學」的事物，都表現出了極大的抵制之情，而中醫正是其中之一。

陳獨秀在《新青年》創刊號上發表《敬告青年》一文，說道：「（中）醫不知科學，既不解人身之構造，復不事藥性之分析，菌毒傳染，更無聞焉；惟知附會五行生剋寒熱陰陽之說，襲古方已投藥餌，其術殆與矢人同科；其想像之最神奇者，莫如『氣』之一說；其說且通於力士羽流之術；試遍索宇宙間，誠不知此『氣』之果爲何物也！」〔註3〕可見，陳獨秀認爲，瞭解人體結構，從事藥性分析才是科學的方法，而中醫只知附會陰陽學說，顯然是「不知科學」。在《今日中國之政治問題》一文中，他再次表達了自己對醫學的態度：「若相信科學是發明眞理的指南針，像那和科學相反的鬼神，靈魂，煉丹，符咒，算命，卜卦，扶乩，風水，陰陽五行，都是一派妖言胡說，萬萬不足相信的。因爲新舊兩種法子，好像水火冰炭，斷然不能相容；要想兩樣並行，心（筆者按：必）至弄得非牛非馬，一樣不成。中國目下一方面既採用立憲共和政體，一方面又採倡尊君的孔教，夢想大權政治，反對民權；一方面設立科學的教育，一方面又提倡非科學的祀天，信鬼，修仙，扶乩的邪說；一

〔註1〕 胡適：《科學與人生觀序二》，張君勱等：《科學與人生觀》，黃山書社 2008 年版，第 9 頁。

〔註2〕 奚可階：《科學之認識》，《中西醫藥》，1936 年第 2 卷第 2 期。

〔註3〕 陳獨秀：《敬告青年》，《獨秀文存》，安徽人民出版社 1987 年版，第 9 頁。

方面提倡西洋實驗的醫學，一方面又相信三焦，丹田，靜坐，運氣的衛生；我國民的神經顛倒錯亂，怎樣到了這等地步！」〔註4〕科學與陰陽五行、西洋醫學與傳統衛生，完全是水火不容的對立面，既然中醫「不知科學」，那麼它理應被廢除，根本不能與西洋實驗的醫學並存。陳的語氣之強硬，絲毫不給「非科學」的中醫以繼續存在的理由。

胡適雖未發文直接抨擊中醫，但在其所作的《人與醫學》之序言中，依然可以強烈地感覺到胡適對中醫的反感與排斥。他認為，醫學的產生與文化背景密切相關，而「東方人根本就不曾有過一個自然科學的文化背景」。〔註5〕言外之意，中國缺乏自然科學的文化背景，故無法產生科學的醫學。他強烈推薦大家閱讀這本《人與醫學》，更強調中國人尤需一讀，因為中國「太缺乏新醫學的常識了」，有病時中國人甚至會相信「巫術」，甚至會反對「科學的醫學」。〔註6〕最後，胡適還將中西醫學做了對比，要大家讀完這本書之後「回頭想想我們家裏的陰陽五行的『國醫學』在這個科學的醫學史上能夠占一個什麼地位」，「我們現在尊為『國醫』的知識與技術究竟可比人家第幾世紀的進步。」〔註7〕在這篇序言中，胡適自始至終沒有直言中醫如何落後，如何不科學，但話裏話外所蘊含的那種不屑隱藏其中。將「國醫」一詞特意加了引號，更是對尊崇中醫之人的一種譏諷。

相比胡適的委婉，篤信科學的丁文江則表現得直接而激進。陳伯莊在《紀念丁在君先生》一文中說道：「有一次論到中醫，我堅持中藥具有實驗效用，在君極不耐煩。我說：『假如你到窮鄉僻壤考探地質，忽然病了，當地無一西醫，更無西藥，你會讓中醫診治你嗎？』他斷言回答說：『不！不！科學家不得毀其信仰的節操，寧死不吃中藥不看中醫。』」〔註8〕果然如此，胡適在追憶丁文江的文章中講述了一件丁氏寧死不吃中藥不看中醫的往事。丁文江有一次去貴州旅行，到了一處地方，他和同去的人都病倒了，而當地沒有西醫，

〔註4〕 陳獨秀：《今日中國之政治問題》，《獨秀文存》，第 152～153 頁。

〔註5〕 胡適：《人與醫學的中譯本序》，Henry S. Sigerist 著、顧謙吉譯：《人與醫學》，商務印書館民國 25 年（1936 年）版，第 3 頁。

〔註6〕 胡適：《人與醫學的中譯本序》，Henry S. Sigerist 著、顧謙吉譯：《人與醫學》，第 5～6 頁。

〔註7〕 胡適：《人與醫學的中譯本序》，Henry S. Sigerist 著、顧謙吉譯：《人與醫學》，第 4～6 頁。

〔註8〕 陳伯莊：《紀念丁在君先生》，雷啓立編：《丁文江印象》，學林出版社 1997 年版，第 66～67 頁。

丁文江無論如何不信中醫，不服中藥，哪怕同去的人有病死的也決不妥協，直到貴陽的西醫趕到。「我知道他終身不曾請教過中醫，正如他終身不肯拿政府乾薪，終身不肯因私事旅行借用免票坐火車一樣的堅決。」〔註9〕作為一名科學家，丁文江保持著信仰科學的節操，即便是在極其特殊的條件下，也不請「非科學」的中醫診治疾病，以此表明自己堅決的態度。

傅斯年在《所謂「國醫」》一文中對相信中醫的國人持恨鐵不成鋼的態度：「受了新式教育的人，還在那裡聽中醫的五行、六氣等等胡說！自命為提倡近代化的人，還在那裡以政治的或社會的力量作中醫的護法者！」〔註10〕隨後作者分析中國人相信中醫的原因，其一便是「教育不好的結果」。「中國的教育中沒有給人安置一個堅實的科學常識訓練，故受此教育者後來糊塗如此。」〔註11〕最後其表態：「我是寧死不請教中醫的，因為我覺得若不如此便對不住我所受的教育。盼望一切不甘居混沌的人，有是非之心的人，在這個地方不取模棱的態度。」〔註12〕傅斯年之所以「寧死不請教中醫」，是因為不如此便對不住「所受的教育」。結合前文可知，傅斯年所說的教育就是「堅實的科學常識訓練」。這些受過「科學」薰陶的知識分子，為表明自己對科學的崇信，是不願意牽連進「不科學」的事物中去的。

崇信科學而堅信西醫的典型案例莫過於梁啟超被誤診一案了。梁啟超患血尿數年，始終未能治癒。經友人勸說，他先入德國醫院，未能確診，於是改入協和醫院。經協和檢驗，斷定右腎是小便出血之原因，可實施手術切除。期間，友人勸其「別延中醫，謂有某人亦同患此病，曾服某中醫之藥而見痊者」，但「任公向來篤信科學，其治學之道，亦無不以科學方法從事研究，故對西洋醫學向極篤信，毅然一任協和處置」。〔註13〕然而，據陳西瀅的《盡信醫不如無醫》一文，在手術實施過程中，梁的「腹部剖開之後，醫生們在左腎〔註14〕上並沒有發現腫物或何種毛病」〔註15〕。梁仲策也記載：「取出之腎，

〔註9〕 胡適：《丁文江這個人》，雷啟立編：《丁文江印象》，第3頁。
〔註10〕 傅斯年：《所謂「國醫」》，《傅斯年全集》（第5卷），湖南教育出版社2003年版，第431頁。
〔註11〕 傅斯年：《所謂「國醫」》，《傅斯年全集》（第5卷），第432頁。
〔註12〕 傅斯年：《所謂「國醫」》，《傅斯年全集》（第5卷），第434頁。
〔註13〕 梁啟勳：《病床日記》，夏曉紅編：《追憶梁啟超》，中國廣播電視出版社1997年版，第428頁。
〔註14〕 應為右腎，《追憶梁啟超》一書已對此做了訂正。
〔註15〕 陳西瀅：《盡信醫不如無醫》，夏曉紅編：《追憶梁啟超》，第366～367頁。

顏色與形狀，一如常人，絕無怪異可知。繼乃將此腎中剖之，則見中有一黑點，大如櫻桃，即從照片上所見，疑以為瘤者，即此物也。」〔註16〕手術後，梁的尿血症仍未見好，於是，醫生又採取了拔牙、節食的方式加以診治，卻最終加劇了梁啟超的病情。陳西瀅、梁仲策的文章使社會輿論一片譁然，眾人紛紛指責西醫誤診，於是西醫成為眾矢之的。但提倡科學，支持西醫的梁啟超，擔心西醫因其誤診之事受到質疑，於是發文《我的病與協和醫院》，公開為協和醫院，為西醫、科學辯護，以免「社會上或者因為這件事對於醫學或其他科學生出不良的反動觀念」〔註17〕。「我們不能因為現代人科學智識還幼稚，便根本懷疑到科學這樣東西。即如我這點小小的病，雖然診查的結果，不如醫生所預期，也許不過偶然例外。至於診病應該用這種嚴密的檢查，不能像中國舊醫那些『陰陽五行』的瞎猜，這是毫無比較的餘地的。我盼望社會上，別要借我這回病為口實，生出一種反動的怪論，為中國醫學前途進步之障礙。──這是我發表這篇短文章的微意。」〔註18〕

儘管被西醫誤診，梁啟超依然為西醫辯護，認為診病應該用西醫那種嚴密的檢查方式，而不能像中醫那樣「瞎猜」。儘管梁氏並沒有明確提出要廢止中醫，但他不信中醫，崇信西醫的態度卻十分明瞭。堅決選擇西醫，在失誤時又為其辯護，梁啟超所做的這一切正是出於他對科學的信仰和愛護。

在「五四」所塑造的「科學」語境下，中醫因其難以用科學去解釋，從而被貼上了「非科學」的標籤。而這些先進的知識分子，出於對科學的信仰與崇敬，對「不科學」的中醫不予採用，甚至發文攻擊。他們的特殊身份和地位使得他們的言論更具影響力，於是，這些思想、言論對「廢醫」思潮的發展可謂是起了推波助瀾的作用。

（二）出於情感因素

如第一章所述，俞樾遭受了親人相繼離世的痛楚，憤而作《廢醫論》和《醫藥說》，以表達自己對中醫無力挽救生命的憤懣。疾病來襲，中醫束手，親人離世或自己飽受折磨，繼而遷怒於中醫，這的確是一個合理的過程。所以，一些人擯棄中醫的原因就在於此。民國時期，因私人感情而反對中醫的最典型人物非魯迅莫屬。

〔註16〕 梁仲策：《病院筆記》，夏曉紅編：《追憶梁啟超》，第362頁。
〔註17〕 梁啟超：《我的病與協和醫院》，《晨報副鐫》，1926年第57期。
〔註18〕 梁啟超：《我的病與協和醫院》，《晨報副鐫》，1926年第57期。

　　在《父親的病》一文中，魯迅詳述了其父患病，中醫未能治癒的情景，言語中蘊含著對中醫的不滿。其父的水腫病經一位「名醫」兩年的治療後，卻愈加嚴重，將要不能起床，於是，這位「名醫」爲脫離干係，推薦了另一位醫生「陳蓮河」。陳蓮河的藥方上總有一種特別的丸散和一種奇特的藥引。「最平常的是『蟋蟀一對』，旁注小字道：『要原配，即本在一窠中者。』」魯迅挖苦道：「似乎昆蟲也要貞節，續弦或再醮，連做藥資格也喪失了。」「還有一種特別的丸藥：敗鼓皮丸。這『敗鼓皮丸』就是用打破的舊鼓皮做成；水腫一名鼓脹；一用打破的鼓皮自然就可以克伏他。」用藥依舊無效後，醫生又想到了他法：「我想，可以請人看一看，可有什麼怨懟……。醫能醫病，不能醫命，對不對？自然，這也許是前世的事……。」〔註 19〕

　　魯迅在文中形象的描述其實已經將其對中醫的質疑表露無遺。藥引所用的蟋蟀必須要原配；丸藥用打破的鼓皮是取了相剋之意；治療未能見效，又以「不能醫命」爲由，求助於巫術。整個治療過程都顯得荒唐可笑，顯然，這樣的治療是沒有效果的。最終，魯迅的父親還是日重一日的亡故了。正值少年的魯迅就經歷了親人離世的悲苦，家庭狀況也從「小康人家而墜入困頓」。〔註 20〕這樣苦痛的經歷難免不在魯迅心中留下陰影，所以他最初的願望便是學醫，從而「救治像他父親似的被誤的病人的疾苦」〔註 21〕。

　　文章《父親的病》並沒有明確展示魯迅對中醫的懷疑，只是其中略帶挖苦的句子能夠讓我們細品出魯迅的用意。《〈吶喊〉自序》一文則不同，在提及其父的病時，魯迅直言：「我還記得先前的醫生的議論和方藥，和現在所知道的比較起來，便漸漸地悟得中醫不過是一種有意的或無意的騙子，同時又很起了對於被騙的病人和他的家族的同情。」〔註 22〕在這篇發表於其父親病逝若干年後的文章裏，魯迅在描寫其父病情時，依然不忘批判中醫，可見，魯迅否定中醫多半是出於私人感情。這在他的另一篇文章《從鬍鬚說到牙齒》中也得到了驗證。

　　在《從鬍鬚說到牙齒》一文中，魯迅說到，他從小就是牙痛黨之一，試盡各種「驗方」都不靈驗，還曾使用一個「善士」傳給他的一個秘方：擇日

〔註 19〕魯迅：《父親的病》，《魯迅全集》（第 2 卷），人民文學出版社 2005 年版，第296～297 頁。

〔註 20〕魯迅：《〈吶喊〉自序》，《魯迅全集》（第 1 卷），第 437 頁。

〔註 21〕魯迅：《〈吶喊〉自序》，《魯迅全集》（第 1 卷），第 438 頁。

〔註 22〕魯迅：《〈吶喊〉自序》，《魯迅全集》（第 1 卷），第 438 頁。

將栗子風乾，日日食之，但終究沒有效果。「自此之後，我才正式看中醫，服湯藥，可惜中醫彷彿也束手了，據說這是叫『牙損』，難治得很呢。還記得有一天一個長輩斥責我，說，因為不自愛，所以會生這病的；醫生能有什麼法？我不解，但從此不再向人提起牙齒的事了，似乎這病是我的一件恥辱。如此者久而久之，直至我到日本的長崎，再去尋牙醫，他給我刮去了牙後面的所謂『齒垽』，這才不再出血了，化去的醫費是兩元，時間是約一小時以內。」〔註23〕魯迅特意將中西醫醫治牙齒的方法和時間羅列出來，加以對比，從而突出西醫的效果和中醫的無能。之後，魯迅在翻看中醫書籍時，才明白為何遭受長輩的斥責：「我後來也看看中國的醫藥書，忽而發見觸目驚心的學說了。它說，齒是屬於腎的，『牙損』的原因是『陰虧』。我這才頓然悟出先前的所以得到申斥的原因來，原來是它們在這裡這樣誣陷我。」最後，魯迅再次表達了對中醫的不信任：「到現在，即使有人說中醫怎樣可靠，單方怎樣靈，我還都不信。自然，其中大半是因為他們耽誤了我的父親的病的緣故罷，但怕也挾帶些切膚之痛的自己的私怨。」〔註24〕這句話顯然揭示了魯迅不信任中醫的主要原因，一是耽誤了其父的病情，二是自己的私怨，但總而言之，都與私人感情相關。

　　魯迅對中醫的否定處處體現在他的文字中，如「中醫，雖然有人說是玄妙無窮，內科尤為獨步，我可總是不相信」〔註25〕最能體現魯迅反對中醫的，是梁啟超被西醫誤診一事引發轟動之時，魯迅所寫的《馬上日記》。現摘錄相關部分：「自從西醫割掉了梁啟超的一個腰子以後，責難之聲就風起雲湧了，連對於腰子不很有研究的文學家也都『仗義執言』。同時，『中醫了不得論』也就應運而起；腰子有病，何不服黃蓍歟？什麼有病，何不吃鹿茸歟？但西醫的病院裏確也常有死屍擡出。我曾經忠告過 G 先生：你要開醫院，萬不可收留些看來無法挽回的病人；治好了走出，沒有人知道，死掉了擡出，就鬨動一時了，尤其是死掉的如果是『名流』。」〔註26〕

〔註23〕 魯迅：《從鬍鬚說到牙齒》，《魯迅全集》（第 1 卷），第 263～264 頁。
〔註24〕 當然，作為一位新文化運動的領軍人物，魯迅也善於吸收新鮮事物，信仰科學。尤需注意的是，魯迅曾留學日本學習西醫，對西醫的瞭解與信賴顯然勝過中醫。所以，他對中醫的否定並非僅僅出於私人感情，但根據他的文章，感情因素確實佔了較大比重。到了後期，魯迅對中醫也有了些許的肯定。
〔註25〕 魯迅：《馬上日記》，《魯迅全集》（第 3 卷），第 327 頁。
〔註26〕 魯迅：《馬上日記》，《魯迅全集》（第 3 卷），第 327 頁。

　　魯迅以其特有的語氣，將那些因梁氏誤診而懷疑西醫的人諷刺挖苦一番，言語中表達了他對中醫的反對和西醫的肯定。

　　與魯迅的情況相類似，西醫刊物《醫政周刊》也曾登載一文，描述了中醫的無能與作者對中醫的質疑。作者患病後，曾吃了十幾劑中藥，也未能見效。「這個中醫說是『濕熱』，那個中醫又說是『濕寒』」。〔註 27〕中醫的不確定性令作者十分不滿，「我究竟不知道『濕熱』與『濕寒』是什麼病症？」〔註 28〕而巫醫不分的特性又使得中醫在無傚之時助於巫醫，更凸顯了中醫的「不科學性」。「在『病重亂投醫』的當兒，母親又找了許多巫婆來家『唱』，『念』，『下神』，是什麼山上仙家附在我父親身上了，又是祖宗來要錢用了，總是這一套鬼怪的把戲。」〔註 29〕經歷了中醫的百般折騰卻未見效，在此狀況下，如何還能讓人繼續對中醫充滿信任呢？所以，最終作者還是「摒除了一切非科學的治療，用『安靜』『飽食』（行滋養灌腸）的辦法，略略投一點『對症治療』的藥劑。」〔註 30〕

　　自從中西醫並存的局面出現以後，選擇中醫還是西醫常常以療效作為判斷標準。中醫不能治癒疾病，且對病人造成了傷害，那麼此時，病人自身或其親屬很難做出理智的選擇。於是，人們在經歷了中醫對其造成的傷痛之後，常常會生出對中醫的懷疑或否定，轉而信任西醫。因而，從個人角度看，某些人提出了「廢醫」的觀點，與他個人的感情因素也是密不可分的。

　　以上兩點均從主觀角度總結了「廢醫」思潮的形成原因。出於對科學的信仰，在一些科學論者眼中，中醫因「不科學」而不具有合理性；出於自身的情感取向，一些人因中醫沒有療效而對中醫充滿了反感。但這些因素並不因其主觀就不重要，在西醫尋找種種話語攻擊對方時，「科學」便成為了對中醫最具威脅的武器。因而，這些主觀因素對「廢醫」思潮的形成與發展起到了十分重要的作用。通過對其的分析，「廢醫」思潮的特殊性也更為明顯地體現了出來。

二、「廢醫」思潮形成的客觀因素

　　「廢醫」思潮的形成與發展不僅與主觀因素有關，同時也與客觀因素緊

〔註 27〕 蔡存舉：《曝露農村醫藥的實況》，《醫政周刊》1936 年第 48 期。
〔註 28〕 蔡存舉：《曝露農村醫藥的實況》，《醫政周刊》1936 年第 48 期。
〔註 29〕 蔡存舉：《曝露農村醫藥的實況》，《醫政周刊》1936 年第 48 期。
〔註 30〕 蔡存舉：《曝露農村醫藥的實況》，《醫政周刊》1936 年第 48 期。

密相連。在中國醫事的某些重要領域，的確存在著中醫難以解決的問題，而西醫不僅能夠滲入這些薄弱區域，且取得了一定的成績。兩相對比之下，西醫的優勢與中醫的劣勢顯而易見。於是，對中醫的質疑也就自然而然地產生了。

（一）中醫在公共衛生領域的缺失

近代以前，我國對公共衛生問題缺乏一定的關注，但「我國民間之一切風俗習慣，頗多含有衛生的意義」。如對屍體之處置，「我國習俗，凡死者之屍身，必用風化石灰含殮。及至安葬以後，必將屋內各處，作一度之清潔，或將死者之衣履，並生前日常服用之物，悉數焚化，以行燒卻消毒法。」再如風俗之防疫，「廢曆五月五日，俗稱端陽節。我國民間習慣，咸於是日灑雄黃酒，燃艾虎，懸蒲劍，焚蒼術，白芷等物。又九月九日，俗稱重陽節。古有佩茱萸，飲菊花酒之俗例。均所以辟邪除疫，殺蟲解臭」〔註31〕。上述兩種風俗，恰合現代防疫方法，對疾病之預防，都有莫大裨益。然而，民眾對於上述方法卻是知其然而不知其所以然，並不理解其中所蘊含的公共衛生的道理。故而，公共衛生雖然體現在一些風俗習慣中，但並未引起人們足夠的重視。

1910 至 1911 年，我國東北和華北地區流行肺鼠疫，6 萬多人因此而喪命。傳統的中醫療法對撲滅這種急性傳染病無能無力，於是清政府將這項工作委託給受過現代醫學訓練的醫生們，伍連德被派往東北主持防治工作。防治工作很快取得了成效，不到半年，這場震驚中外的大瘟疫便得到了有效控制。正是這場瘟疫揭開了近代中國最早的科學防疫工作的序幕，成為中國公共衛生事業的開端。而西醫在這場瘟疫戰中發揮了關鍵作用。

大規模的瘟疫過後，公共衛生問題日益引起人們的注意。很多醫務工作者指出，公共衛生關係著民族的強弱和國家的盛衰，而彼時我國公共衛生事業的發展卻與西方歐美等國家差距懸殊。以死亡率為例，我國「每千人中約占百分之二十至三十，而英美各國死亡率，僅及千分之十二之（筆者按：至）十五。」一歲以下嬰孩之死亡率，「更為驚人，每千分中約占二百至四百」。〔註32〕幾組數據反映了我國死亡率尤其是嬰兒死亡率過高的事實。然而，「根據現代治療及預防醫學之學識，與世界各國近五十年來公共

〔註31〕 耿鑒庭：《風俗習慣與醫藥衛生》，《明日醫藥》1936 年第 3 期。
〔註32〕 劉鶴濂：《公共衛生與民族健康》，《康健雜誌》，1935 年第 3 卷第 10 期。

衛生進展之經過，吾人可知有許多病症是可以預防的，有許多不幸的死是可以免除的」。〔註33〕可見，我國死亡率偏高與公共衛生事業的不發達有著密切的關係。

除人口消長外，民族壽命、國家生產、社會經濟等問題也都與公共衛生息息相關。「可以斷然的說，吾國所以這樣貧弱，人民生活所以這樣困苦，原因雖有多端，衛生程度幼稚，實為其中主因之一。因為吾國人民大多數不衛生，不獨整個民族趨於衰微，而全國生產能力，必至薄弱。所以衛生問題，實際上便是經濟問題，關係全國家全民族的強弱盛衰。」〔註34〕「英美的強盛，我們當前大敵日本的強盛，親眼去見過，書本間接看過，均可明白他們人民所以強，國所以興，未始不是從講求衛生而得來的。掉過臉來看一看中國，滿處糞便狼籍臭氣四溢，怪不得我們會有『東亞病夫』的稱呼。」〔註35〕總之，國家貧弱，人民被冠以「東亞病夫」稱號的一個重要原因就是公共衛生事業的不發達。然而，在如此關鍵的公共衛生事業方面，近代的中醫卻難以擔當促其發展的重任。這並非是對中醫的偏見。

中醫在公共衛生領域的缺失，很大程度上是由中醫的自身特點所決定的。傳統的中醫治病方式，是病人延請醫生至家中看病，即一對一的診治方式，而西醫對病人，則採取一對多的方式。在群體爆發傳染病的情況下，西醫模式更便於統一管理患者，研究病情。在西醫看來，傳染病的病因多為細菌作祟，找出致病的細菌，自然能夠制定相應的醫療方案，治療過程明確而有效。與西醫不同，近代的中醫沒有「細菌」概念，在治療細菌感染的疾病方面，療效相對緩慢，難以快速抑制病情的擴散。此外，在預防方面，西醫也具有中醫無法比擬的優勢。正如楊念群在《再造「病人」》一書中所說的，「中醫在近代受到攻擊的最核心原因是醫療行政能力的闕如，特別是在預防功能上與西醫的最終差別。這就決定了中醫只具備個人救護的資格，而無法轉化為集體的保健行動。」〔註36〕總之，在「科學主義」盛行的中國，中醫不知「細菌」，不懂預防醫學，更沒能在防疫工作上做出矚目的成績，顯然，

〔註33〕 劉鶴濂：《公共衛生與民族健康》，《康健雜誌》，1935 年第 3 卷第 10 期。

〔註34〕 褚民誼：《衛生重要之意義及其關係》，《醫藥評論》1930 年第 25 期。

〔註35〕 夏美馴：《江蘇省有實行「政」「教」「衛」合一之自治區的必要》，《醫政周刊》1936 年第 62 期。

〔註36〕 楊念群：《再造「病人」——中西醫衝突下的空間政治（1832～1985）》，中國人民大學出版社 2006 年版，《導言》第 9 頁。

中醫很難勝任公共衛生工作。「中醫不善療治傳染病，似乎眾所共曉。那麼一遇該病發生時，西醫自然首當其衝。」〔註 37〕因而，在公共衛生領域，西醫已無視於中醫的存在。《中國公共衛生行政之癥結》一文便反映了這一點。作者在文中指出了阻礙公共衛生行政發展的幾個癥結，其中之一便是人才的缺乏：「據最近統計，全國新醫約五千七百餘人，助產士不滿三千人，平均約每八萬人中僅有新醫一人，每二十萬人僅有助產士一人。以視英國每八二二人，德國每一三四四人，法國每一五〇九人，蘇聯每二一八八人，美國每七〇〇人，奧國每九〇〇人有醫師一人，相差極遠。且新醫和助產士之分配，偏於都市，而鄉村則寥寥無幾。」〔註 38〕作者指出了新醫人才的匱乏，是衛生行政發展的一大癥結，然而卻隻字未提龐大的中醫群體，完全無視中醫的存在，實際上等於否定了中醫在公共衛生行政中的作用。

不僅如此，中醫在公共衛生領域的無能為力也成為「廢醫」派攻擊中醫的依據：「我國今日醫事，新舊之爭未已，而衛生行政，又非舊醫所能為力，則舊醫之必須淘汰，固已無待贅言。」〔註 39〕因中醫在衛生行政上無能為力，所以中醫必須淘汰已無需多說。余雲岫在《時疫》一文中，將瞽巫、中醫比喻為時疫中的「漢奸」：「瞽巫及非科學之醫，即時疫之漢奸也。彼輩之遇時疫，在巫則曰鬼神之崇，在醫則曰濕熱之災；不曰微生物為之病原也，不曰細菌之所傳染也。盜賊在前，縱而不誅；敵人窺境，匿而不告，又詭言天災鬼禍，以隳國民敵愾之心，誤社會禦侮之策，是陰助疫菌之蔓延，惟恐其不得乘機以大肆屠戮也。」〔註 40〕余雲岫否定了中醫在時疫中的作用，同時又認為能夠與時疫戰鬥的，「獨科學之新醫耳」〔註 41〕。

還有文章對中醫在公共衛生領域的無力做了具體剖析。從醫理而言，「舊醫不知細菌學，連帶不信任消毒與注射免疫素。霍亂傳染，曰寒入心包；喉痧流行，曰燥熱侵肺；腦膜炎流行，曰寒邪循督脈上犯於腦。凡所云云，莫非捕風捉影，阻遏新知，毫無根據，混淆民眾之正確信仰。」〔註 42〕因為中醫認定「溫疫的病因，是傷暑傷寒傷風，所以飲水的污穢，可以不管，食物

〔註 37〕 毛咸：《我們應怎樣救濟傳染病的流行》，《醫藥學》1929 年第 6 卷第 6 期。
〔註 38〕 林竟成：《中國公共衛生行政之癥結》，《中華醫學雜誌》1936 年第 22 卷第 10 期。
〔註 39〕 龐京周：《拉西曼來華以後》，《醫藥評論》1930 年第 25 期。
〔註 40〕 余雲岫：《時疫——社會應有之覺悟》，《余雲岫中醫研究與批判》，第 349 頁。
〔註 41〕 余雲岫：《時疫——社會應有之覺悟》，《余雲岫中醫研究與批判》，第 349 頁。
〔註 42〕 蔣紹宋：《醫政統一感言》，《社會醫報》1931 年第 133 期。

的腐敗，可以不禁，溝渠垃圾大小便的媒介病毒，可以說內經不載。一切都是叛經離道的胡說」〔註43〕。中醫醫理與具有強烈西醫色彩的公共衛生事業顯然是格格不入的。

此外，「防疫保健的事項，雖有種種不一，如驅污、驗水、除蚊蚤、檢食品等，範圍其廣。但是第一緊要條件，在乎發現有疫時，立即報告衛生官」。「今若認舊醫是正式醫生，這種醫生，既不知道疫的病名，何能報告？而認定以後，醫生當然要看病人，病人當然要請教醫生。發生一個熱性病，醫生說是中暑受寒，陰虛陽虧，當然無報告的義務。……關於統計，更是窒礙難行。舊醫的多溫、春溫、溫熱的名詞，包括肺炎、腸熱症、疫性感冒等種種熱性病而言；陰虛一症，包括肺癆、癌腫等種種慢性病而言，他們何從確定病名，何從知道萬國的死因分類法？」〔註44〕余雲岫對中醫不明診斷而無法統計上報這一缺失也給予了批判：「衛生行政之根本意義，在於調查統計，故診斷不可不確。以肺癆言之，何者為進行型，何者為靜止型，何者為治癒型；男女何者最多，職業何者易染；死亡多在何月，輕瘥果是何因，種種事項得正確調查之、會合而統計之，可以知社會現狀對於肺癆之影響，而所當改革，所當拔除之事，先後緩急，昭然若揭。於是乎衛生行政之進展，乃有途可循矣。然統計之正確與否，根本因子在於診斷。今舊醫之於肺癆，不知檢痰，不知叩聽，不知用愛克司光線，不能灼知病態，妄謂之虛損，謂之勞極，謂之情志，紛紜錯雜，不能分別，更何能細別病型乎？」〔註45〕大規模傳染病來襲時，統計、上報是防止疫病擴散的有效措施之一，而中醫難以判斷疾病是否是傳染病，更無法用西醫名稱準確彙報疫病，因而這一缺失成為「廢醫」派攻擊中醫的口實。

最後，「廢醫」論者得出定論：「中醫不但不能算做醫生，並且大有妨礙於衛生行政。」〔註46〕「舊醫一日不去，調查一日不確，舊醫之散佈於社會者愈多，調查統計之役愈不可能。由斯以談，舊醫對於衛生行政為害之大，又可想而知矣。」〔註47〕在「廢醫」派看來，中醫不但不能解決衛生行政問

〔註43〕 冠群：《世上所謂中西醫問題》，《醫藥評論》1929 年第 3 期。

〔註44〕 冠群：《世上所謂中西醫問題》，《醫藥評論》1929 年第 3 期。

〔註45〕 余雲岫：《再致〈時事新報〉滄波先生書》，《余雲岫中醫研究與批判》，第 231 頁。

〔註46〕 冠群：《世上所謂中西醫問題》，《醫藥評論》1929 年第 3 期。

〔註47〕 余雲岫：《再致〈時事新報〉滄波先生書》，《余雲岫中醫研究與批判》，第 231 頁。

題，且成為發展衛生行政的障礙。而為了掃除衛生行政的障礙，必須要廢止中醫。「廢醫」派對中醫的批判十分有力，將中醫在衛生行政方面的缺失揭露無遺。

針對「廢醫」派的抨擊，中醫界也做了反駁，但從總體而言，反駁的聲音並不是很有力。其實，中醫界對此缺失已有所認識。曾有中醫人士在列出中醫勝於西醫的種種優勢之後，卻又不得不承認：「惟至衛生防疫，是其所長而已。」〔註48〕這句話中的「其」即指西醫。在這位中醫人士看來，衛生防疫是西醫的唯一優勢。

為改變在公共衛生方面弱勢的局面，中醫界也開始有所行動。1937 年 3 月，在衛生署中醫委員會成立大會上，主委陳郁提出議案：「請籌設中醫衛生訓練班，使補充衛生常識，完習必修學科，以為將來參加衛生行政之準備，請公決案。」 提案的具體內容如下：

「查衛生事業，關係民族存亡，至為切要，現今屬行新生活運動，方謀推擴，對於一般社會清潔風尚之養成，亦屬不容忽視。各地衛生行政，本署極為重視。然人才方面，供不應求，自屬無可諱言，勢非速行多方集中造就，不足適應刷新之環境。擬請由本會籌設中醫衛生訓練班，定期招考全國青年中醫，授以衛生常識，及必修學科，使於基本學術之外，兼具現代消毒、防疫，種種最新知能，以便將來參加地方衛生行政，廣收利群效果。」〔註49〕

中醫界不但對公共衛生的缺失有所認識，而且為改變這種狀況做出了積極努力，因而開辦中醫衛生訓練班，使學有所成的中醫能夠承擔起公共衛生事業的重任成為中醫界的目標之一。中醫界希望通過培訓的手段，有效進駐公共衛生領域，改變在這一領域的被動地位，從而獲得一定的話語權。

公共衛生伴隨著傳教士的入華進入中國，成為近代醫學的一個重要領域。在這個重要領域，西醫擁有強大的優勢，而缺乏微生物學、解剖學、防疫學知識的中醫卻很難涉足於其中。無法解決群體疾病問題，使中醫在近代大規模傳染病爆發時束手無策。如果說「廢醫」派對中醫某些方面的攻擊帶有明顯的感情色彩，但在公共衛生方面，中醫確實存在缺失，很難發揮同西醫一樣的作用。因而有人說，近代醫學在中國的確立更多應歸功於公共衛生

〔註48〕 《顧序一》，《醫界春秋》1928 年第 25 期。
〔註49〕 《衛生署中醫委員會成立紀略》，《中華醫藥》1937 年創刊號。

事業的引入和創立。〔註 50〕正是中醫在這一領域的缺失，凸顯了西醫的優勢，從而爲西醫在中國的確立減少了阻礙。

（二）中醫在助產領域的缺失

早在商周時期，我國對婦產科已有一定的認識，至民國時期，已積累了系統的理論知識和豐富的臨床經驗。但在婦產科領域，中醫的優勢在於內在調理，對於需要臨床操作的助產科，中醫大夫儘管有豐富的理論知識，卻因性別問題很少實踐操作。在中醫不便介入的情況下，這一領域長久以來被稱作「穩婆」的接生人員所佔據。於是，中國婦產科領域出現了一個分水嶺，孕產前後的調理、疾病的診治、分娩之時的理論指導等工作由中醫來完成，而臨床接生卻歸「穩婆」所管。中醫在最爲關鍵的分娩時刻，無法起到重要作用。

「穩婆」多由生育過的中老年婦女擔任，文化程度較低，但具備豐富的生產臨床經驗。在民眾觀念相對保守的時代，產婦寧可選擇富有經驗的「穩婆」前來接生，也不願去陌生的醫院，因而這一職業延續了數千年之久，爲我國人民的繁衍做出了一定貢獻。然而，「穩婆」雖有豐富的助產經驗，但卻因醫學知識的缺乏而屢屢釀造悲劇。有資料對我國近代產婦、嬰兒死亡率做出了統計：「我國產婦死亡率，每千人中有十七個半人，即二千人中有三十五人。嬰兒死亡率，在十二個月以內者，每千嬰兒有二百四十二。」〔註 51〕這一組數字相當驚人，充分暴露了我國近代助產領域的落後。

有文章對「穩婆」接生所造成的危害做了總結，其分 10 點：「不知消毒之爲害一也」、「早期破水之爲害二也」、「不知保護會陰之爲害三也」、「不明內臟位置之爲害四也」、「扭於舊習慣之爲害五也」、「不諳合理蘇生術之爲害六也」、「不知臍帶切斷術之爲害七也」、「忽視臍帶之爲害八也」、「不知合理手術之爲害九也」、「產婆墨守舊法之爲害十也」。〔註 52〕據統計，我國「產期母嬰之死亡率，高超於歐美文明各邦」，之所以如此，「皆因普通人士之信舊式接生婆所致」。〔註 53〕中醫人士雖具備較多的理論知識，卻難以介入臨床操作，造成了中醫在助產領域出現缺失。

〔註 50〕 參見鄧鐵濤、程之範：《中國醫學通史》（近代卷），第 473 頁。
〔註 51〕 楊崇瑞：《論助產職業之重要》，《醫藥學》1932 年第 9 卷第 10 期。
〔註 52〕 顧宗文：《舊式產婆之爲害與各地亟宜創設女子產科學校之必要》，《醫藥學》1931 年第 8 卷第 9 期。
〔註 53〕 楊崇瑞：《論助產職業之重要》，《醫藥學》1932 年第 9 卷第 10 期。

不僅如此，當近代西醫產科知識傳入中國之後，中醫舊有的產科理論也顯得陳舊而落後了。因而西醫人士批判中醫「保產保育之見解幼稚」：「舊醫對於保產保育之見解幼稚，悉本於解剖生理細菌學之不明了，其錯誤處殆難枚舉。」「內外診、尿檢查、測量骨盆線、預測難產之於產婦科，與夫沽量體重、分析事物、計算『客魯利』之於兒科，其知識之懸殊，難以道里計。」〔註54〕余雲岫對中醫在產科領域的落後做了進一步批判：「胎兒位置之順逆，已固定於七八個月之交，此可診而得也。而舊醫謂臨盆之時方始轉身，於是橫生倒產，不知預防；臨時發現，惶遽失措，母子夭枉，慘何可言！新產血暈，急性腦貧血也，法宜平臥。而強之起坐，促其昏厥，落井下石，危險極矣！臨產之時，最宜清潔，清潔所重，在於消毒。而舊式產醫，不知消毒為何事，衣被留污，爪甲藏垢，以之摩挲玉門，撫弄臍帶，遂致產婦生敗血之證，嬰兒發臍風之疾；喪厥生命，漫不加察。」而「溯其僨事之源，則荒謬不根之學說，階之厲也。而《達生編》〔註55〕者，舊醫產科乘疑襲非之本也，謬種流傳久矣」。〔註56〕余雲岫認為中醫產科名著《達生編》是荒謬不實學說的來源，其中所講解的落後理論與給予的錯誤指導極易導致產婦、嬰兒發生悲劇。

不得不承認，中醫缺乏解剖學、生理學、細菌學等理論，而這些理論確實在產科領域至關重要。瞭解這些理論有助於明晰產婦的生理構造、特性及規律，預測難產，避免分娩過程中的細菌感染等等。西醫對這些理論的掌握和應用為降低產婦、嬰兒患病風險、減少死亡率做出了很大貢獻。此外，西醫長於外科手術，在產婦難產時，無菌消毒的剖腹產手術刀遠比「穩婆」污穢不堪的「鐵鉤」更為安全。在近代西醫助產領域，上述「穩婆」接生所造成的危害是完全可以避免的。

因而，在近代中國，一面是缺乏智識的「穩婆」長期佔據助產領域，難以介入的中醫也未能提出先進的理論；另一面則是西醫在助產領域擁有科學的理論和先進的助產方法。西醫的優勢顯而易見。

「穩婆」接生所帶來的問題引起了人們的關注，因而，為更好地解決婦女孕產問題，培養具有近代西醫學知識的助產士被提上日程。1928 年，楊崇

〔註54〕蔣紹宗：《醫政統一感言》，《社會醫報》1931 年第 133 期。
〔註55〕編者注：《達生編》：清代亟齋居士所撰的有關婦產的醫書。
〔註56〕余雲岫：《〈科學達生編〉序》，《余雲岫中醫研究與批判》，第 415 頁。

瑞在中華醫學會第七次大會上報告「我國助產教育」，講述了助產科的必要性，擬每省設國立產科學校及附屬醫院供實習。1929 年，國立第一助產學校在北平正式成立。

與舊時「穩婆」僅有經驗沒有知識不同，新生的職業助產士必須具備多方面的素養，具體而言，有以下幾個方面：

一、必須深知普通生產之進行。

甲、須知婦女生殖器之構造及其生理。

乙、須知妊娠之診斷法、妊娠生理、及妊熱病理。至於小產之預防及治療，尤應熟悉。

丙、病理生產之診斷及其治療之方法，各種產位之識別，以定需要醫師之助力與否。

丁、手術接生回轉、人工脫離胎盤、止血及用鎮痛藥物與產鉗之法及其適應症等知識。

二、衛生及無菌狀態學。

三、看護病人之訓練。如量體溫、數脈搏、普通觀察、及助其飲食與大小便等。

四、普通解剖與生理、病理學。〔註 57〕

職業助產士所需具備的素養涉及了近代的解剖學、生理學、病理學、衛生學等西醫知識及量體溫等西醫臨床實踐，可見，新式的助產士是在西醫醫學理論基礎之上所產生的一個專門職業。與舊式「穩婆」不同，助產士具備較為豐富的醫學理論修養，科學性更強。值得注意的是，由於當時的助產士人數較少，出於現實考慮，我國沒有將舊式「穩婆」完全禁絕，而是對其加以科學常識之訓練，並密切監管。最終，舊式的「穩婆」也被納入近代產科領域當中。

與未經訓練的舊式「穩婆」相比，新式接生法大大降低了新生嬰兒的死亡率。以上海市高橋區嬰兒死亡率為例，1932 年 10 月至 1934 年 1 月間，嬰兒死亡數為 444 個，死亡率為 199.4‰，其中由醫師或助產士接生之嬰兒的死亡率為 40.3‰，而由舊式產婆或親鄰代接的死亡率則高達 210.8‰。〔註 58〕又

〔註 57〕伏洛年：《改良中國產醫之建議》，《醫藥學》1930 年第 7 卷第 2 期。

〔註 58〕張志聖、賴斗岩、朱席儒：《上海市高橋區嬰兒出生與死亡的調查》，《中華醫學雜誌》1936 年第 22 卷第 2 期。

據中央衛生實驗院婦嬰衛生組對戰前北平、戰時成都、蘭州、福建、璧山等地的調查，新生兒活產數共計 17478 名，其中醫師或助產士接生的活產數為 6915 名，本人生產、舊式產婆或其他途徑接產的嬰兒活產數為 10563 名。二周內嬰兒的死亡數為 820 名，其中經醫師或助產士接生而死亡者 105 名，經舊式產婆或其他途徑接產的死亡數為 715 名。舊法接生者，計 499 名死於「臍風」（即新生兒破傷風，通常由於消毒措施不嚴密，臍部被破傷風桿菌侵入引起），占其死因之 70%，新法接生者，僅死 105 名，無臍風症；這充分說明消毒接生，為預防臍風，減少新生兒死亡率之上策（詳見下表）。〔註59〕以上統計數據表明，新式接生相對「穩婆」接生而言，更為安全可靠。隨著民眾觀念的解放，新式接生法逐漸得到了人們的認可，西醫在助產領域的優勢也展露了出來。

表1 兩周內新生兒死亡數及其百分數：按死因及接生者分類

死　因	接生人員			
	嬰兒死亡數		百分數	
	醫師與助產士	舊式產婆及其他	醫師與助產士	舊式產婆及其他
初生兒破傷風	0	499	0	69.8
早產	38	60	36.2	8.4
先天梅毒	23	31	21.9	4.3
臨產損傷	11	52	10.5	7.3
窒息	8	23	7.6	3.2
營養不良	4	6	3.8	0.8
肺炎	2	6	1.9	0.8
腹瀉	0	5	0	0.7
畸形	2	4	1.9	0.6
其他	13	17	12.4	2.4
不明	4	12	3.8	1.7
合計	105	715	100.0	100.0

〔註59〕 程美玉：《我國嬰兒死亡率及死因之檢討》，《中華醫學雜誌》1948 年第 34 卷第 2 期。

隨著助產學校的建立和助產士一職的出現，新式接生方法被逐漸推廣開來，幾千年將母嬰兩條生命交給愚陋無知接生婆的陋俗被逐漸淘汰。這是我國婦嬰保健史上一項劃時代的巨大改革與進展。〔註60〕

在近代中國，助產領域長期以來被「穩婆」所佔據，中醫僅僅提供理論的指導，而這些理論相對於近代西醫產科知識而言，也顯得過於陳舊和落後。正如余雲岫所言：「舊醫之乘疑襲非，數千年於茲矣。其謬誤之最名著者，莫若產科。世人之認識科學新醫，需要科學新醫者，亦莫若產科。」〔註61〕西方產科知識的引入使我國助產領域發生了極大的變化。受過專業訓練的助產士逐漸取代了醫學智識匱乏的接生婆，新式接生法也被推廣開來。因而，不得不說，缺乏解剖學、細菌學等知識的中醫在助產領域存在著缺失，而西醫卻恰恰能夠發揮優勢，推動中國近代助產事業的發展。中醫的劣勢和西醫的優勢在助產領域裏再次得以呈現。

（三）中醫在法醫學領域的缺失

我國的法醫鑒定起源較早，秦漢時期已出現與法醫相關的若干文獻；至宋代，法醫學日趨成熟，最具代表性的當首推南宋宋慈所作的《洗冤集錄》一書。此書系統地總結了屍體外表檢驗經驗，集宋以前屍體檢驗經驗之大成，是我國古代法醫學屍體檢驗的指導性書籍，直至近代仍有一定的影響。由於中國古代不倡屍體解剖，法醫對屍體的檢驗僅僅通過外表觀察所得，故而謬誤百出。隨著西方法醫學的引進，《洗冤集錄》一書遭到了近代醫學人士的質疑與批判。

余雲岫認爲《洗冤集錄》「謬誤背戾之處，指不勝屈」。舉例而言：「謂人身骨節有三百六十五節；謂男子骨白，婦人骨黑；謂心骨一片，狀如錢大；謂髑髏骨男子八片，婦人六片；謂左右肋骨男子各二十條，婦人各十四條，謂尾骶骨男子九竅，婦人六竅，又大小便處各一竅。按之實在，皆不相符。夫骨之爲物，朗朗可數，而謬誤若此，其他可知矣！」〔註62〕

汪於岡也指出了《洗冤集錄》中的謬誤之處：「《洗冤錄》〔註63〕各篇所述，均繫檢驗術式而不及學理，已屬非是。既就其術式所得檢驗結果而論，

〔註60〕 參見：鄧鐵濤、程之範：《中國醫學通史》（近代卷），第418頁。
〔註61〕 余雲岫：《〈科學達生編〉序》，《余雲岫中醫研究與批判》，第415頁。
〔註62〕 余雲岫：《與陳律師論法醫剖驗書》，《余雲岫中醫研究與批判》，第369頁。
〔註63〕 即《洗冤集錄》。

若朗朗可數之骨格，經有宋迄今，尚未能核實糾正，則其他關於生理、醫化、藥物、血清等奧博宏深之學理及實驗，更非其夢想所能及。……血液篇之滴血，中毒篇之銀針試毒等，尤爲拙漏粗疏，幼稚可笑。」〔註64〕

然而，含有諸多謬誤的《洗冤集錄》一書「至有清乾隆朝，經律例館校正，頒爲官書，而刑名家奉若欽旨，不敢持異」〔註65〕。儘管此書在中國古代法醫學領域發揮了重要作用，但我們不能否認的是，中國法醫學的進展十分緩慢，直至清代，成書於南宋時期的《洗冤集錄》依然是權威的法醫鑒定書籍。在這樣一個與醫學密切相關的領域，中醫卻因自身醫理所限，未能給法醫學的發展提供強有力的支持。

與產科領域負責接生的「穩婆」相類似，在中國古代的法醫領域，也有專人負責屍體的檢驗，從五代起，專司此職之人就被稱爲「仵作」。中醫大夫在法醫領域並不佔據主導，但也起到了一定的作用，其工作主要集中在活體檢驗及與醫學有關的方面。如在元代的《儒吏考試程序》中，常常見到喑啞、腰背低垂、中風、瘻腫、癲狂、麻風病等中醫學名詞，說明當時醫生對法醫檢驗的參與還是較爲廣泛的。在物證檢驗方面，中醫於毒藥部分有所參與。「將某人原使毒藥，勒醫工某驗得係行某藥爲末。照本草所載，其性大熱有毒，依方炮製可以入藥，若人生食，可以損人。」〔註66〕然而，從整體上說，中醫爲法醫學提供的理論是不夠的。

法醫學不僅需要觀察活體，還需要對屍體進行檢驗，但仕不倡屍體解剖的古代社會，法醫對屍體的檢驗僅僅停留在對體表的觀察上。而缺乏解剖學、生理學理論及相關器械的中醫，顯然也是無法爲法醫學提供確切的相關知識的。「醫學爲黑暗的醫學，檢驗的學術之爲黑暗自無足怪；無科學的藥理學，檢驗的書籍自不能談眞正的藥理；無科學的解剖學，檢驗的書籍自不能談眞正的解剖；無科學的病理學，檢驗的書籍自不能談眞正的病理。因此，雖有《平冤》、《洗冤》、《無冤》〔註67〕諸錄，合血、滴骨、檢地諸法，然均停頓於陳腐因襲的範圍之中，而不進於科學化之境。故其中雖有不少經驗之談，

〔註64〕汪於岡：《法院檢驗法應科學化及其人才之栽培》，《醫藥評論》1929年第20期。
〔註65〕余雲岫：《與陳律師論法醫剖驗書》，《余雲岫中醫研究與批判》，第369頁。
〔註66〕參見黃玉環：《中國古代法醫學發展史及相關文獻研究》，貴陽中醫學院2007級碩士論文。
〔註67〕《平冤》即《平冤錄》，無名氏撰，宋代趙逸齋訂；《洗冤》即南宋宋慈所撰《洗冤集錄》；《無冤》即《無冤錄》，元代王與撰寫。《平冤錄》、《洗冤錄》與《無冤錄》並稱爲「法家檢驗三錄」。

可用之方，但終不能發展，不能改進，不能發揮廣大，而成為科學的法醫學。時至今日，遂不得不讓西方文明的科學的法醫學所壓倒，殊可歎也！」〔註68〕

上述言論清晰地闡述了醫學與法醫學之間的關係。中國醫學不發達，沒有科學的藥理學、解剖學與病理學，導致中國的法醫學依然停留於經驗之談，檢驗方法因襲守舊。與中醫不同，西醫恰恰擅長於人體的解剖學、生理學與藥理學，且善於運用各種器械進行化學實驗，故而，近代西醫在自身發展的同時，也為法醫學領域提供了諸多的理論支持。

古代的「仵作」與中國醫學相關聯，近代的「法醫師」則與西方醫學相關聯，那麼「仵作」和「法醫師」之間究竟有怎樣的不同呢？有人將二者做了對比：以二者的基礎而言，「有非科學的《洗冤錄》乃產生非科學的仵作；有科學的法醫學，乃產生科學的法醫師」。以二者身份而言，仵作「多為祖傳的老吏或竟為僅能記誦檢驗歌訣之徒」，而法醫師「則為受過高等的醫學教育並進而受過專門的法醫訓練的醫師」。以使用的工具而言，「前者所用的工具不外烈火（舊法驗血斑用火煨）、沸水（舊法驗屍體以沸水蒸骨）、銀針（舊法驗毒用銀針）等物，後者所用的工具則為顯微鏡、X光線、紫外線以及其他各種科學儀器」。以所依據的理論而言，仵作「不外前人或真或偽的經驗」，法醫師根據的理論，「則為各種醫學、毒物學、化學、血清學、藥物學、工業化學、心理學、精神病學、偵察學、兵工學、法學以及其他自然科學」。〔註69〕孰為先進孰為落後，十分明晰。

由於舊式的法醫僅憑經驗裁決而缺乏科學的依據，因而，在諸多時刻難以做出客觀準確的判斷。「舊時法醫，多憑少部份理學的檢驗，因無化學的知識，驗屍體之有毒與否，即以銀質針刺入屍體，出針變黑色，以皂甲洗濯不退者，即斷為中毒證據。我固知其瞢然無所識也。夫銀針刺入肌肉，所以變黑者，實因人體有硫磺成分，即成硫磺銀。試以英洋放在內衣袋內，隔日取出，即能變黑，亦一證矣。皂夾之不能退其黑者，因皂夾之力量薄弱也。假以稀鹽酸退之，則濯白如新矣。此其無化學知識也可知矣。……刑事偽傷，往往裝以雞犬之血，不知人獸之血，血輪形狀有核無核，大有分別。顯微鏡下，燭照靡遺，何容混淆。諸如此類，更僕難數。」〔註70〕

〔註68〕 明仲祺：《我國法醫前途的展望》，《東方雜誌》1936年第33卷第7號。
〔註69〕 明仲祺：《我國法醫前途的展望》，《東方雜誌》1936年第33卷第7號。
〔註70〕 王中時：《論舊法醫應如何改善》，《醫藥學》1929年第6卷第7期。

　　與上述材料所反映的舊時法醫的無力相對比，《醫藥評論》則刊登了一則運用近代法醫學鑒定案件的實例，充分展現了近代法醫學的優勢。江蘇宜興縣一個廟內發生一宗鬼哭事件，一保衛團的營長，尋到哭聲的地方，在泥土中掘出了不少骨殖血迹和僧人的衣物。於是社會上便都認定是廟僧有謀害人命之事，而哭聲便是冤鬼求伸的靈異了。幸而，政府將物證送往法醫研究所，依照醫學上之科學方法一一鑒定，得知所有骨殖皆不是人骨，血迹亦是染料所染。這一案件採用了科學的鑒定方法：

　　一、人骨之真偽，係先用動物形態解剖學來檢查，次用顯微鏡及化學試
　　　　驗來檢定。

　　二、血液之真偽，除先用香檳氏亞得兒氏之血液預備檢查，再用黑民結
　　　　晶法及還原血紅質結晶法之血液，實性檢查。

　　三、衣褲桀刀等證物入土之久暫，除用化學及顯微紫外線光分析檢查，
　　　　及抗人血之清沉澱反應檢查。

　　凡上各取方法，皆係科學的醫學上所必具的常識與手術，於解決人群社會上所發生類似此等有涉迷信之異案，已是毫無遺漏，措置餘裕的了。至若再遇了有其他情由較為複雜，或須經過多方偵查手續的時候，那引用醫學上之科學方法也還有較為完密的辦法來解決他，比較起用理想來推擇，或是根據證人的口頭報告，要高明可靠得多呵。」〔註71〕

　　上述案件中對物證的鑒定運用了「科學的醫學」，很快便得出了令人信服的結論，從而避免了一起冤案的發生。可見，依靠西醫學、化學常識及顯微鏡等儀器的新式法醫，對一些案件的判斷自然簡單明瞭，而缺乏相關知識與器械的舊法醫卻常常難以得出準確的結論。因而許多醫學人士都主張改革中國的法醫學領域，培養新式的法醫師。而改革的關鍵是對法醫學的基礎——醫學進行改革。「無可諱言的，我國醫學視東西各國實大有遜色，法醫既以醫學為主要的基礎科學，醫學如不甚發達，自不易得有精神的法醫學識與經驗的法醫專家，可用以主持法醫行政，可用以擔任法醫檢驗工作，或用以充當法醫師資。……極力扶植醫學。醫學一達到水平線以上，自易培養法醫的專門人才。」〔註72〕在此材料中，作者認為，法醫學以醫學為基礎。與其他國家相比，中國的醫學較為落後，因而中國缺乏富

〔註71〕褚民誼：《唯有科學的醫可以破除迷信》，《醫藥評論》1933 年第 5 卷第 5 期。
〔註72〕明仲祺：《我國法醫前途的展望》，《東方雜誌》1936 年第 33 卷第 7 號。

有學識與經驗的法醫專家。爲改變這一局面，國家必須大力扶植醫學，顯然，此處所說的醫學是指以解剖學、生理學等知識爲基礎的近代醫學。當醫學達到發達水平時，法醫人才的培養自然容易，法醫學也將得到相應的發展。作者還以圖表的方式，描述了近代法醫學所應包含的內容，詳見圖 2。〔註 73〕

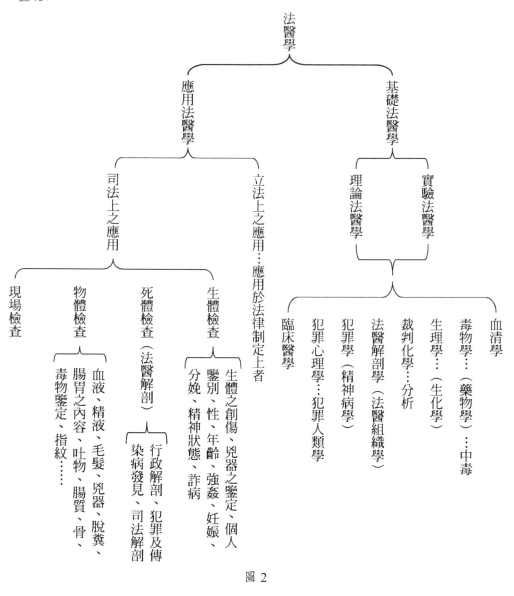

圖 2

〔註 73〕 明仲祺：《我國法醫前途的展望》，《東方雜誌》1936 年第 33 卷第 7 號。

　　由上圖可知，無論是基礎法醫學還是應用法醫學，所應包含的知識除部分涉及法律類外，其他都為醫學知識，且多為近代西醫學知識。可見，在近代法醫學領域，近代西醫起到了十分關鍵的作用，而中醫卻難以滲入其中。

　　在中國古代法醫學領域，中醫多在活體檢驗或與醫學有關的方面（如毒藥的鑒定）有所參與，對屍體的鑒定多由「仵作」完成。但「仵作」大多僅僅具備日積月累的經驗，卻缺乏應有的醫學常識和試驗器械，且對屍體的鑒定是體表觀察，因而難免會造成誤判的情況。以西醫學為基礎的近代法醫學則不同。近代法醫學充分吸收了西醫學中的解剖學、病理學等理論，並運用顯微鏡、X光等醫學器材進行判案，其結論更為準確。總之，作為法醫學的基礎，中醫在法醫學領域並未充分發揮作用，而西醫卻為法醫學領域提供了充分的理論與先進的器材，有效地促進了近代法醫學的發展。因而，從舊式「仵作」轉變為新式的法醫師，近代西醫學起到了至關重要的作用，而中醫學卻在此領域無能為力。無怪乎余雲岫的「廢醫」理由中有一項是：「舉凡調查死因，勘定病類……無一能勝其任。」〔註74〕

　　除前文所述的三個領域外，中醫在護理、檢驗、藥物分析等領域也都或多或少地存在著缺失，而這些缺失也就成為了「廢醫」論者攻擊中醫的口實。

小　結

　　為凸顯「廢醫」思潮的獨特性，本章通過對主客觀兩方面因素具體分析揭示「廢醫」思潮的成因。

　　「廢醫」派之所以提出了「廢醫」的思想，與他們的主觀因素有著很大的關聯。一些經歷了「五四」洗禮的知識分子崇尚科學，視科學為衡量事物的惟一標準，因而，在他們看來，若信任「不科學」的中醫，便是褻瀆了自身對科學的信仰，而「廢止中醫」才是崇信科學的最好證明。有的「廢醫」論者提出廢止中醫的觀點，則帶有私人感情的因素。自己或親人因受到中醫的誤診而耽誤了治療，於是，對中醫的不滿引發了「廢醫」觀念的產生。

　　「廢醫」派對中醫的批判帶有一定的主觀因素，但並不能就此說明這些批判是偏激而無理的。近代以來，中醫確實在某些領域存在缺失，甚至弊病，而與之相反的是，西醫恰恰能夠在此領域取得很好的成績，如公共衛生、助

―――――――

〔註74〕　《中央衛生委員會議議決「廢止中醫案」原文》，《醫界春秋》1929年第34期。

產與法醫學領域等。在這些領域裏，中醫甚少滲入，即使涉及，也難以取得明顯的效果，而西醫卻發揮了最大的優勢。孰優孰劣，對比即可知曉。因而，「廢醫」派指出了中醫的缺陷，並對中醫提出了質疑與批判，也是具有一定合理性的。

以上主客觀兩方面因素促成了「廢醫」思潮的形成，但毋庸置疑的是，若離開民國這個社會大背景，「廢醫」的觀點想必僅僅散見於文人墨客的牢騷之中，未必能夠彙成一股潮流。晚清時期的俞樾與吳汝綸便是如此，他們雖提出了「廢醫」的觀點，但並未在當時的醫學界、學術界產生影響，更不可能獲得他人的支持與響應了。

其一，在主觀因素中，崇信科學是十分重要的一點，這無疑與彼時的科學主義潮流相連。若沒有「五四」時期「科學」權威的樹立，醫學「科學與否」便不能成為其「存在與否」的判斷標準。即便「中醫不合科學」，那也不能說明中醫就失去了存在的合理性。正是「科學至上」已經成為了社會潮流，故而，人們尤其是那些激進的知識分子們很難允許不科學的事物繼續存留。也正因為此，「中醫不合科學，因而須被廢止」這樣的觀點才能獲得人們的認可。「廢醫」思潮中主觀因素之「對科學的信仰」，正是此時社會潮流作用於主觀的結果。

其二，在客觀因素中，中醫在公共衛生、助產及法醫鑒定等領域都存在缺失，因而遭受了人們的質疑。那麼，中醫這些缺失並非進入民國之後才得以呈現，為何此時才引起人們的注意呢？這與民國時期的社會背景相關。民國之後，中外交流日益頻繁，人們對國外的瞭解已不再是坐井觀天。歐美等國醫療事業的發展，遠遠超出中國之上，從各國死亡率、婦嬰死亡率等數值的對比中就可以看出這一點。外國人所起的「東亞病夫」這一屈辱的稱呼正反映了此時中國貧弱、醫事落後的事實。若沒有民國之後中外的交流與醫療事業的對比，中醫在某些領域的缺失依然為人們所熟視無睹，更不可能因此而遭受質疑。

歸根結底，「廢醫」思潮的主客觀因素依然擺脫不了民國時代背景與社會思潮的影響。正是因為時代背景的推動與社會思潮的作用，「廢醫」的觀點才彙集成一股潮流，獲得了廣泛的關注。

此外，通過對「廢醫」思潮主客觀因素的考察，我們還能發現這樣一個特點：出於主觀因素提出「廢醫」思想的人士多為學術界的知名人士，而質

疑中醫醫事領域缺失的卻多爲醫學界人士。這說明，中醫應被廢止的原因並未在整個「廢醫」派中達成一致。在最初對中醫的質疑中，以余雲岫爲代表的「廢醫」論者多從學理角度抨擊中醫，如《靈素商兌》一文就是對中醫理論基礎——《黃帝內經》的顛覆。其後，隨著「五四」學人的參與，「廢醫」思潮從醫學領域擴展至學術領域。一些激進的知識分子並不能從學理上提出中醫的弱點、缺陷，只能站在時代的高度抨擊中醫落後、保守、不合科學。類似的言論使論爭的雙方變得不再冷靜與理智，也爲後來中西醫間的爭論定下了基調。於是，此後「廢醫」論者無論是否爲醫學出身，他們對中醫的抨擊不再以醫理爲主，而是選擇了對自身有利的話語攻擊對方；中醫界的反擊也是如此。而雙方在論戰中更是常常選用偏激的言辭，甚至不惜惡語中傷、人身攻擊。如此一來，雙方很難在同一層面上冷靜的對話，中西醫學間的分歧也就難以得到眞正的解決。

第三章 「廢醫」思潮中話語、論據的選擇與運用

　　以西醫爲代表的「廢醫」派提出了廢止中醫的思想後，中西醫界之間爆發了激烈的爭論。爲增加論爭中言語的力度，論辯雙方都選擇了對自身有利的話語與論據，互相攻擊、駁斥。中西醫論爭的內容不僅僅圍繞著醫理展開，而且上昇到了國家、民族的高度。

一、「廢醫」思潮中話語的選擇與運用

　　從 1912 年「教育系統漏列中醫案」起，廢止中醫的呼聲越來越高，漸漸彙成一股潮流。潮流聲中，「廢醫」派一面向政府提交議案，一面利用報刊等媒體連篇累牘地發文攻擊中醫。爲了在論爭中獲得主動權，「廢醫」派與中醫界都在尋找著對己方有利對他方不利的話語做武器，「科學」、「民族」等等都是極爲恰當的選擇。他們運用這些話語攻擊對方，論證自身的合理性，掀起了中西醫論爭的高潮。而對「科學」、「民族」等這些話語的選擇也恰恰反映了彼時的社會思潮與人們的普遍心理。

（一）「科學」話語的選擇與運用

　　西方的聲、光、化、電等自然科學知識傳入中國後，被中國人稱之爲「格致之學」。甲午戰後，隨著國人對近代科學認識的深入，「格致」一詞逐漸被「科學」所取代，科學的涵義也從最初單純的科學技術擴展至科學方法、科學思想及科學精神等一切科學範圍。1915 年，新文化運動興起後，在先進知識分子的倡導下，科學得到了大力推崇。陳獨秀在《新青年》發刊詞《敬告

青年》一文中說：「國人而欲脫蒙昧時代，羞爲淺化之民也，則急起直追，當以科學與人權並重。」〔註1〕隨後又發文宣稱：「西洋人因爲擁護德、賽兩先生，鬧了多少事，流了多少血，德、賽兩先生才漸漸從黑暗中把他們救出，引到光明世界。我們現在認定只有這兩位先生，可以救治中國政治上道德學術上思想上一切的黑暗。」〔註2〕經過這些「五四」學人的提倡，科學被推到了救國救民的重要位置上。

20世紀20年代，圍繞著「科學能否解決人生觀問題」，「科玄論戰」一時成爲國人關注的焦點。「科玄論戰」的結果使更多的人接受了科學觀念，科學的影響更爲深遠。人們不僅將科學視爲挽救中國、建設中國的重要武器，而且還將其當作了評判事物合理與否的標準：「凡是之得科學證明者，則蒸蒸日上，人亦從而信之，以其信而有徵也；若未經科學證明，則雖事實俱在，而亦未能使人深信者也。」〔註3〕既然如此，醫學也必須經過科學的檢驗。但中醫理論虛玄模糊，難以用「科學」驗證，因而被冠以「不科學」之名。中醫不科學，便喪失了存在的合理性，於是廢止中醫便成爲順理成章之事。在「科學」話語下，這一邏輯顯得合乎情理，因而「廢醫」派抓住了「科學」這一殺手鐧，對「非科學」的中醫展開了猛烈抨擊。

1、以「科學」攻擊中醫藥——「廢醫」派的話語選擇

作爲「廢醫」派的領袖，余雲岫於1916年撰寫《靈素商兌》一文，將矛頭直指中醫的理論基礎——《黃帝內經》，以「墮其首都」、「棄其本源」〔註4〕。文章從科學的角度對陰陽五行、五臟六腑、臟腑生理、經脈絡脈、十二經脈、手脈、病之進行、原病、切脈等中醫理論與實踐操作逐條分析，認爲中醫理論荒謬，缺乏實驗。「彼舊醫之所陳述，骨度、脈度、筋度、內景皆模糊影響、似是而非，質以實物，關口奪氣，無餘地可以置辯也。稱道陰陽，陳說五行，下與視（筆者按：祝）卜星相瞽巫爲伍，故古多以巫醫並稱。」中醫「無精確之理論實驗，不能悉疾病之眞態，不知藥物入於體內，作如何化學物理學之影響也」。〔註5〕在余雲岫看來，以陰陽五行爲基礎的中醫，沒有經過精確的科學實驗，無法知曉藥物在人體中的物理、化學反應，實際上等同於巫醫、迷信。

〔註1〕陳獨秀：《敬告青年》，《獨秀文存》（卷一），第9頁。
〔註2〕陳獨秀：《〈新青年〉罪案之答辯書》，《獨秀文存》（卷一），第243頁。
〔註3〕周伯祐：《中國醫學科學整理的必要》，《中醫科學》1936年第1～2期。
〔註4〕余雲岫：《靈素商兌》，《余雲岫中醫研究與批判》，第26頁。
〔註5〕余雲岫：《靈素商兌》，《余雲岫中醫研究與批判》，第26頁。

　　1920 年，余雲岫又在《學藝》上發表文章《科學的國產藥物研究之第一步》，進一步否定中醫的基礎理論——陰陽五行學說：「那陰陽五行的話，是古代哲學家的一種概想。到了今日科學的時代，還有立腳的地方麼？」他認為「解剖和生理、病理是醫學的根本」，但「中醫的學問對於這幾件大事，都沒有靠得住的學說，譬如那無根的草木，還能夠長大繁盛起來麼」？〔註6〕對於中醫而言，基礎理論不科學，那麼中醫本身也是很難發展的。

　　針對中醫界「中醫合乎科學」的辯解，余雲岫在《對於國醫館的我見》一文中再次強調中醫的不科學性：「舊醫的根本綱要哪一件是合於科學？舊醫不曉得人體構造組織，瞎說五臟六腑十二經脈，和自然界的實物不能符合。科學是有確固的基礎，它們的基礎在什麼地方？舊醫不曉得生理，瞎說營衛血氣、十二營五十周，和自然界的實物不能肖像。舊醫不曉得病理，瞎說五運六氣、陰陽表裏，和自然界的實物不能印證。舊醫不曉得藥理，瞎說昇降浮沉、寒熱溫涼，和自然界的實物不能貼切。科學是有確固的根基，它們的根基在什麼地方？這解剖、生理、病理、藥理四種基礎是醫學的根本立腳點，舊醫卻一點兒都靠不住，閉著眼、橫著心、尖著嘴硬說是科學。」〔註7〕在余雲岫看來，解剖學、生理學、病理學、藥學是醫學的基礎，但中醫卻沒有絲毫涉及，因而中醫不合於科學。

　　上述論辯從醫學基礎的角度論證中醫不科學，再進一步說，從醫學本質而言，中醫學說也非科學之說。「醫學者，應用科學也，其本質則自然科學也。自然科學之基本因子為數學、數理學、化學、生物學四者。由此四者而出者，始可謂之科學醫，不由此四者而出者，科其所科，學其所學，醫其所醫，非今之所謂科學醫也。數不知幾何、代數、微積分為何物，物理不知聲、光、磁、電為何物，化學不知原素分合為何物，生物不知細胞、組織、免疫反應為何物，囂囂然號於眾曰：吾之說，科學之說也。自非狂妄，豈能出諸口哉！」〔註8〕醫學本質是自然科學，即數學、數理學、化學、生物等四項。依據於此四項的醫學才可稱為是「科學醫」，反之，則不能稱之為「科學醫」。依照這一標準，中醫被歸入了後者的行列。

〔註 6〕余雲岫：《科學的國產藥物研究之第一步》，《余雲岫中醫研究與批判》，第 244 ～245 頁。
〔註 7〕余雲岫：《對於國醫館的我見》，《余雲岫中醫研究與批判》，第 170 頁。
〔註 8〕余雲岫：《感想》，《余雲岫中醫研究與批判》，第 242 頁。

　　既然中醫學說不科學，違背了時代的潮流，那麼「此巫祝讖緯之學，必亡無疑也」〔註9〕。這一邏輯推斷顯然代表了「廢醫」派對中醫的基本態度。「試問過去五千年的中國醫學，受得起科學檢討的可有多少？真正有科學價值的可有多少？若是經不起科學的檢討，沒有什麼科學的價值，那我們中國的五千年來的醫學，有什麼用？縱使它再展到萬年以至兆年，在本質上，也不會增加它的價值。那麼，我們何必苦苦去留戀過去的骸骨，做進化的障礙？」〔註10〕

　　鑒於此，余雲岫等人在1929年國民政府第一屆中央衛生委員會議上，提出了「廢止舊醫以掃除醫事衛生之障礙案」，明確指出，「今日之衛生行政，乃純粹以科學新醫為基礎」，「舊醫一日不除，民眾思想一日不變，新醫事業一日不向上，衛生行政一日不能進展」。〔註11〕在科學時代，中醫不但不再成為醫學事業的基礎，且變成了醫學進步的阻礙，其原有的地位逐漸被科學的新醫所取代。

　　「廢止中醫案」的提出，使得中西醫間的矛盾激化，醫學爭議也逐漸從醫學界擴展到整個學術界。在醫學界，雙方學者的探討還基本局限於醫理層面，而當論戰升級後，學術界一些受過「五四」洗禮的西化知識分子們往往避開醫理，按照各自的理解，表達對中醫的態度。陳獨秀、胡適、丁文江、傅斯年等人都曾發文抨擊中醫不合科學，使得中醫在這場論戰中更為被動。〔註12〕

　　在科學話語下，中醫因不合科學而被廢止已成為合乎邏輯之事，但「廢醫」派依然需要面對一個事實，那就是中醫的療效問題。既然中醫有療效，從實用角度考慮，似乎將中醫廢止也是不合情理的。對於這一棘手的問題，「廢醫」派顯然也有方法回應，那就是將療效的判斷標準也納入科學的範疇之中。

　　「沒有科學的根底，就不能作為證明有效『無效』的根據。無論個別的事理，固然值得注意，但是不用科學方法去鑒別，單憑個人經驗，在自然科學上，永久不成為學術，也永久不會推行遐邇。假如學者們，崇拜舊醫者，都墨守個別的事例，不顧近代科學方法的應用，那是無話可說。惟無論如何，舊醫永遠不能成為世界公認的醫術，可以逆料。其實此種現象在歐美各邦也

〔註9〕余雲岫：《舊醫必亡》，《余雲岫中醫研究與批判》，第240頁。

〔註10〕朱恒璧：《一年來的經過和今後之展望》，《中西醫藥》1936年第2卷第1期。

〔註11〕《中央衛生委員會議議決「廢止中醫案」原文》，《醫界春秋》1929年第34期。

〔註12〕詳見第二章第一節內容，此不贅述。

屬常有。所謂民間藥，至今博得許多人相信，但這些民間療法，只好視為偏方秘劑，未經科學方法檢定前，不能公認為有效或無效。」〔註13〕

作者認為，中醫療法究竟有效還是無效，不能單憑個人經驗做出判斷，應由科學方法去鑒別。因而，即使中醫或者民間藥博得了人們的肯定，但未經科學方法鑒定，那麼其療效也是不被承認的。這樣一來，中醫最有說服力的療效問題，也被納入科學範疇，必須由科學來驗證了。

對此問題，傅斯年也持類似的觀點：「我以為『治癒』一事，不是一件簡單的事實，如引『治癒』為自己作支持，必須先分析所謂『治癒』究是如何情態。人體是一個極複雜的機器，而且他的機能又時時刻刻在變化中，故雖一件萬分可靠的對症藥，其能治癒某一人的對症否，也並無百分之百的把握。近代醫學的『治癒』一概念是個統計學的名詞。所謂治癒者，第一要問受治者在受此藥治療時已入於此病之第幾階段。第二要問自受此藥治療後治療的過程如何，用藥之繼續如何增減，效果之表現如何形態。第三要問全愈在何時，愈後是否過些時日又出現。如是治不愈的例子，更要分析此等治不愈人之身體情形。至於在易生枝節的大病，應統計的事實更複雜。以上還單就病治療之本身論，其實一個受治療人之一般的身體情形，及其家庭的社會的經濟的關係，尤與一病之治癒與否有關係。有如此之複雜情形，『治癒』兩個字不是簡單容易說的，而醫院對於治療的效驗不是可以不分析作報告的。所以現在大規模的醫院在醫學組織，每每有統計專家在內，至於中央及地方的衛生衙署之必作精密統計，更是一個不待說的事實。『治癒』兩個字，在科學的分解之下，說來甚難；在妄人，說來卻極容易。」〔註14〕

傅斯年有意將「治癒」一詞的概念擴展，並用「科學」將其分解，最終認為很難對「治癒」與否的情形做出判斷。「治癒」是一個統計學名詞，醫院在對治療的效驗做出分析報告後，才可得出相應結論，顯然，中醫是沒有這樣的科學統計方法的。既然沒有科學的方法判定中醫是否能夠「治癒」疾病，那麼人們所說的中醫的「療效」也是不可信的。「這樣，傅斯年將一個硬技術問題化解在話語的分解中，從而在話語層面而不是在技術層面取消了中醫惟一立足的依據。」〔註15〕

〔註13〕莫季丞：《對於中西醫平等待遇的管見》，《新醫藥刊》1937年第57～58期。
〔註14〕傅斯年：《再論所謂「國醫」》，《傅斯年全集》（第5卷），第443～444頁。
〔註15〕鄧文初：《失語的中醫》，《讀書》2004年第3期。

在那個科學精神盛行的年代，科學成為評判事物的標準：「凡百事情，合於科學原理的提倡之，不合科學原理的廢棄之。這是應當走的路。」〔註 16〕不科學的，舊的東西理所應當地要打破，似乎惟有「破」才能「立」。而「難以為近代科學所證明的中醫，同樣難以在科學上找到依據，因而也就不具備合法性。學理上不具有科學性，自然在現實中就缺乏生存合法性。於是乎廢止中醫，便成為合乎邏輯、合乎時代潮流之事」〔註 17〕。西醫正是充分運用了這一邏輯與時代潮流，使得中醫在「科學」面前喪失了話語優勢權。

2、中醫界的反駁

在科學語境下，中醫因不合科學而喪失了合理性，對於這一邏輯，中醫界非常了然：「二十世紀科學爭鳴時代，凡百學術，皆得科學依歸……是故洋醫今日以科學立場，解剖、注射、藥療、器械、手術等等，無一不由科學產生……是以攻擊中醫，謂無科學證明之必要。」〔註 18〕在百受攻擊的狀況下，中醫如何轉變被動的局面，是中醫界必須面對的問題。中醫因不科學而遭受摒棄，於是在支持中醫的人看來，只要沿此邏輯，證明中醫是科學的，便能使其免遭廢棄的命運。因而中醫界紛紛發文，從各個角度論證中醫的科學性。

有人從「科學」的定義入手，圍繞「科學」的定義做文章，分析中醫理論的科學性。其中，最有代表性的當推陶樂勤《勿為科學面具嚇退》一文。文章引用韋氏大學字典中「科學」一詞之詳細解釋，逐條論證中醫合於科學。

據字典解釋：「科學」分五層含義：「（一）知識，如原理或事實之知識；（二）科學（累積而公認的知識，其於真理之發現或定律之實施係有系統而成公式）分類的知識；（三）尤指是種知識之關於物質世界者——亦稱自然科學；（四）任何有系統之學識；（五）藝術或技能認為原理知識之結果者。」〔註 19〕

在列出「科學」的幾層定義後，作者逐條分析：「（一）國醫所應用的，當然是知識，當然是有原理有事實之知識。（二）國醫之知識，當然是由累積而公認的。對於真理之發現與定律之實施，當然有系統而成公式。並且也是分類的知識。（三）且其對象為人體與其生活現象及博物，都關於物質世界者，

〔註 16〕周夢白：《告中藥家》，《醫藥評論》1929 年第 11 期。
〔註 17〕左玉河：《學理討論，還是生存抗爭——1929 年中醫存廢之爭評析》，《民國研究》，2004 年第 5 期。
〔註 18〕李榮：《論中醫學術有切合科學之要義》，《杏林醫學月報》1934 年第 62 期。
〔註 19〕陶樂勤：《勿為科學面具嚇退》，《醫界春秋》1933 年 85 期。

當然也是自然科學。（四）國醫所應用的，當然也是有系統之學識。（五）國醫的藝術與技能當然也是認爲原理知識之結果者。」〔註20〕

作者將韋氏大學字典中關於「科學」的定義一一列出，其後逐條比對，認爲科學的五層含義，中醫都完全符合，故而，「中醫是否科學」的答案已十分明確。

奚可階同樣從分析「科學」的含義入手，爲中醫辯護。他認爲科學包含的範圍極廣，其中既有精神的部分，也有物質的部分。「中醫得科學精神之一部份，西醫得科學物質之一部份，均非完全科學，蓋一同醫也。」既然如此，「西醫稱科學，中醫當亦可稱爲科學；西醫是，則中醫亦是；西醫非，則中醫亦非。是則皆是，非則皆非，方得謂事理之平。」〔註21〕作者認爲中醫與西醫都是科學的一部分，分別代表了科學精神與科學物質，若否定中醫的科學性，則西醫也不得稱之爲科學。

中央國醫館館長焦易堂也認爲科學分爲廣義與狹義兩種。「廣義的科學，哲學亦包括在內，而中國醫學，許多是哲學上的見解」，如果說西醫是「演繹的」，那麼中醫就應該是「歸納的」，「中醫之哲學上的見解，仍然不失其爲科學」，因而，有人用科學與非科學來區別中西醫，「容易陷於錯誤」。〔註22〕

除重新定義「科學」的含義外，極力論證中醫理論的科學性也是反駁「中醫不科學」的方法之一。在「廢醫」論者看來，中醫陰陽五行七情六氣等基礎理論，全都不合科學，因而，爲保持這些基礎理論不被廢棄，中醫界想方設法證明陰陽五行、七情六氣等理論同樣合乎科學。

李榮提出了一個比較新穎的觀點：「中醫無科學之頭銜，有科學之性質。」〔註23〕中醫認爲，疾病源自七情六氣。七情指喜、怒、憂、思、悲、恐、驚，六氣則指風、寒、暑、濕、燥、火。「七情爲病，是內因之病；六氣爲病，外因病也。今日科學醫者，謂七情內因，是心理病因，神經係病之一端；六氣外因，乃物理病因，即腦膜炎病之一種。故二者，無論中西，義同一貫。何必西醫有科學之證據，中醫無科學之可言。」〔註24〕作者將中醫理論中的七

〔註20〕 陶樂勤：《勿爲科學面具嚇退》，《醫界春秋》1933 年 85 期。

〔註21〕 奚可階：《科學之認識》，《中西醫藥》1936 年 2 卷 2 期。

〔註22〕 《中央國醫館館長焦易堂君在江蘇省立醫政學院開學演詞》，《國醫正言》1934 年第 6 期。

〔註23〕 李榮：《論中醫學術有切合科學之要義》，《杏林醫學月報》1934 年第 62 期。

〔註24〕 李榮：《論中醫學術有切合科學之要義》，《杏林醫學月報》1934 年第 62 期。

情病因等同於西醫理論中的心理病因，神經係病類，六氣外因等同於物理病因，腦膜炎病類，以此推出西醫科學，則中醫也是科學的。

　　作爲中醫理論基礎的陰陽學說，早已被「廢醫」論者批駁得體無完膚。爲維護中醫的根基，一些支持中醫的人士發文論證陰陽合於科學，以維護中醫基礎學說的合理性。

　　在《國醫治病以辨明陰陽爲最要究竟陰陽二字在科學上之根據爲何試詳論之》一文中，作者首先指出：「養氣爲萬物生活之根，在空間占大多量，是陽之用；窒素爲氮，不適生活之用，爲陰之用」，繼而推至人體病理，「凡病亢進之勢，皆爲氧化之亢進，即陽病也；陰病爲氧化之不及」。爲增強說服力，作者還以實驗來證明內經中的「陰靜陽躁」學理：「以純養氣瓶置動物於內，而證明狂越亢進之現象，以純氮氣瓶置動物，則可見其沉靜之象」。換言之，「氧」爲陽，「氮」爲陰，「陽躁陰靜」，因而「陽病」就是氧化之亢進，「陰病」就是氧化之不及。〔註25〕文章將中醫的陰陽學說與西學名詞雜糅在一起，得出了令人茫然的結論，但作者尋求陰陽的科學依據的用意已是不言自明。

　　《東方雜誌》的主編杜亞泉既不支持附會陰陽五行的庸醫，但也並不認同余雲岫將陰陽五行等理論一棒子打死的態度。他說：「若是高明的醫生，所談陰陽五行六氣三候之類，決不能說他全無道理。不過他們沒有學過西洋醫學，不能用科學的名詞和術語來解釋他。若是有科學知識的人，肯把中國醫學的理論，細心研究，必定有許多地方，與西洋醫學相合，恐怕還有許多地方，比西洋醫學高些呢！」〔註26〕持如上觀點的杜亞泉也做出了以科學術語解釋中醫理論的嘗試。他認爲中醫理論的出發點，就是「血氣」兩字。「血」指「血液」，「氣」指「神經作用」。「人類的生活，一是靠血液營養，一是靠神經作用」，「古人說『氣以行血，血以攝氣』，這兩句話，把循環系統和神經系統的關係說得很明確。西洋生理學把人體的機官，分爲九系統；但不論何種系統，終不能離了血液的營養和神經的作用。」「中國醫學上，對於疾病二字的解釋，總是說陰陽不和，或是血氣不和，若用西洋病理學上的術語來解釋，就是『循環障礙』的意思。」〔註27〕

〔註25〕楊善：《國醫治病以辨明陰陽爲最要究竟陰陽二字在科學上之根據爲何試詳論之》，《廣西省立梧州區醫藥研究所彙刊》1936年第3期。
〔註26〕杜亞泉：《中國醫學的研究方法》，《杜亞泉文存》，上海教育出版社2003年版，第424～425頁。
〔註27〕杜亞泉：《中國醫學的研究方法》，《杜亞泉文存》，第425～426頁。

杜亞泉還用西學的名詞解釋了中醫理論「六淫」的意義：神經奮興，動脈血流速疾時，叫做熱；神經沉滯，動脈血流行緩慢時，叫做寒；神經沉滯，靜脈血流行緩慢時，叫做濕；燥是熱的繼續發生的現象，因為內熱或表熱，以致血液中的漿液，分泌過度，水分蒸發太多，血液漸漸減少時，就叫做燥；風是氣的變態神經奮興過度，起強度的充血，致發生痙攣現象時，或神經沉滯過甚，起強度的鬱血，致發生痺麻現象時，都叫做風。〔註28〕

中醫理論能夠為西醫或科學術語所闡釋後，似乎也就變得科學而合理了。因而，「以中附西」就這樣擴展至醫學領域，成為中醫尋求理論依據的方式。對於中醫選擇科學話語為自己辯護的做法，確實引人深思。「中醫自有一套理論構造與歷史傳承，陰陽五行的學理可以追溯到《尚書》、《黃帝內經》、《素問》，藥物學可以在傳說中的神農與歷史中的孫思邈、李時珍的著作中找尋源頭，臨床試驗可以祖述三國時的扁鵲。……然而有趣的是，中醫在為自己的生存尋找依據時，卻『忘掉』了自己的話語，而是費力地求借另一種話語系統，來證明自己的合法性。」〔註29〕中醫可以保留其獨立性，也可以採用自有的話語解釋這些基礎理論，但在科學的時代背景下，可以預料的結果就是，難以理解的中醫會被掃到遺棄的角落。中醫界人士如此費心地去解釋中醫理論的科學性，正是彼時的時代背景所造成的。儘管這些解釋顯得生硬而牽強，且帶有明顯的附會色彩，但最終只要說明了中醫是科學的，就算是達到了目的。

當時，也曾有人對科學這一評判標準表示質疑。如宋愛人就大膽地指出：「醫的精粹，厥在學理，醫的立場，厥在實效。但以科學不科學衡量醫的本身，此猶是學理的問題，又可指為學者的問題。醫非單純的學者問題，故欲以科學不科學來解決國醫者，實則離題尚遠。況近之所謂科學者，非即抄自歐西東來之科學乎？以抄襲外來之作，尤不足以代表國醫之本身也……」作者最後總結道：「故醫之存廢問題，決不在乎科學不科學，而在乎有無實效為斷。」〔註30〕在這裡，以「科學」作為判斷中醫好壞的標準遭到了作者的質疑。中醫的存廢不應由科學說了算，而應由實際療效說了算。然而這樣難得的觀點卻也未能有效地反駁「廢醫」論者的攻擊。「廢醫」論者雖然肯定了療

〔註28〕 杜亞泉：《中國醫學的研究方法》，《杜亞泉文存》，第426～427頁。
〔註29〕 鄧文初：《失語的中醫》，《讀書》2004年第3期。
〔註30〕 宋愛人：《科學不足存廢國醫論》，《醫界春秋》1933年85期。

效是判定醫學好壞的標準，但卻進一步將科學作為判定療效的標準，從而表明，中醫的療效只能由科學檢驗。歸根結底，科學依然是檢驗醫學合理與否的標準。

杜亞泉也提出了科學不能解決全部問題：「世界事物，在現世科學的範圍以內者，不過一部分。科學家的責任，在把科學的範圍擴大起來。若說『世界事事物物都不能除了科學的範圍』這句話就是不明白科學的人所講。現在學西醫的或是學中醫的，應該把中國的醫學，可以用科學說明的，從『君子蓋闕』之義，留著將來研究。不但中國的醫學說應該這樣辦法，就是別的學問也應該這樣辦法。」〔註31〕然而這些較為大膽的觀點很快便被科學思潮所淹沒，沒有得到廣泛的重視與普遍的認可。

在科學昌明的時代，「廢醫」論者的理由既簡明又有效，僅一句「中醫不合科學」，即能使中醫界在為自己辯解的時候缺乏底氣。連中醫界自身也不得不感歎：「吾中醫之頻遭壓迫，亦未始非科學二字之賜也。」〔註32〕「在『五四』時代所建立的話語霸權之下，帶『中』的一切事物都失去了合法性。而惟一的合法的話語便是科學。」〔註33〕因此，持合法話語的西醫，以「科學醫」自居，同時將中醫扣上「非科學醫」的帽子，不斷打擊中醫的要害。中醫界為求生存，不得不奮起反擊。於是，一些人開始重新定義「科學」一詞的含義，並以此論證中醫的科學性；一些人高明地指出科學不能涵蓋一切，衡量中醫是否合理不應以科學為標準等。這些反駁不無道理，但卻也說明，在論證中醫是否科學的同時，支持中醫者始終被籠罩在「科學」這一話語體系下，而在當時的科學話語下，中醫無論如何反駁都顯得牽強無力。正如鄧文初在《失語的中醫》一文中所指出的那樣，在民國以來，可能作為中西醫共享的知識結構的唯一話語，就只有來自西方的科學話語。「不對話，中醫面臨的是自生自滅的命運；一對話，中醫同樣面臨著『失語』的命運。」〔註34〕因此，只有跳出這個對西醫有利的話語圈子，中醫才能站在同一平面與西醫奪取話語優勢權。於是，中醫界選擇了「民族」作為自己的話語武器，以闡釋中醫的合理性與必要性。

〔註31〕 杜亞泉：《中國醫學的研究方法》，《杜亞泉文存》，第 429 頁。

〔註32〕 奚可階：《科學之認識》，《中西醫藥》，1936 年第 2 卷第 2 期。

〔註33〕 鄧文初：《失語的中醫》，《讀書》2004 年第 3 期。

〔註34〕 鄧文初：《失語的中醫》，《讀書》2004 年第 3 期。

（二）「民族」話語的選擇與運用

近代意義上的民族主義在中國的形成與梁啓超等人的引介、推動密切相關。1901 年梁啓超在《國家思想變遷異同論》一文中對「民族主義」一詞加以闡釋：「民族主義者，世界最光明正大公平之主義也。不使他族侵我之自由，我亦毋侵他族之自由。其在於本國也，人之獨立；其在於世界也，國之獨立。」〔註35〕在頻遭列強壓迫的近代中國，「民族主義」的提出，有助於加深人們對維護本國獨立，抵抗外國侵略的認識。在「科學」話語下，中醫因是中國傳統的「舊」醫藥，而遭到「廢醫」派的攻擊；但在「民族主義」話語下，西醫的舶來性質，則使其失去了話語優勢。用「民族主義」話語闡釋中醫藥，成為中醫界反擊「廢醫」派的一把利器。

1、以「民族主義」闡釋中醫藥——中醫界的話語選擇

甲午之戰、庚子之役後，中國的民族自信心跌入了谷底，而與之相伴的，則是人們對西方事物的嚮往與模仿。一些中醫界人士目睹到這些變化，深有體會：「自懲巨創而後，民族自信之念，漸漸消沉。乃謂中國舊有之學術器具，無一可取，事事趨仿歐西。此類矯枉遇（筆者按：過）正之弊，非將民族國性滅絕不止。」〔註36〕中國的醫藥，正是在民族自信心喪失的狀況下，遭到了一些人的懷疑與摒棄。面對此種狀況，中醫界人士抓住「民族主義」話語據理力爭，希望挽救中醫藥於「危難」之中。

王一仁在《三民主義與中國醫藥》一文中說道：「中醫中藥，是有數千年歷史，錙銖積累而成。學說雖精粗不一，實效則社會共知。謂宜將固有之經驗學理，擴充改善則可。若完全抹煞推翻，中醫藥一部份之損失，還屬細故，失去民族精神，漸至不能立國，墮入地獄，永不超生。」〔註37〕

上述言語起初看似和緩，對中醫被廢止一事似乎能夠接受，但其很快便將廢止中醫與失去民族精神聯繫起來，上昇至「不能立國」的高度。中醫作為中國傳統的醫學，在「廢醫」論者看來因為不合科學，成為了應該被廢止的舊醫學；但反過來，這種傳統卻在民族主義話語下變成了一種優勢，即中醫體現了一種中國的民族性，廢止中醫便成為滅絕民族性的行為。這一罪名，是包括「廢醫」派在內的任何人都承擔不起的。

〔註35〕梁啓超：《國家思想變遷異同論》，《飲冰室合集》第 1 冊，文集之六，中華書局 1989 年版，第 20 頁。
〔註36〕王一仁：《三民主義與中國醫藥》，《醫界春秋》1927 年第 13 期。
〔註37〕王一仁：《三民主義與中國醫藥》，《醫界春秋》1927 年第 13 期。

　　在民族主義話語影響下，爲了更能凸顯自身的民族性，中醫在名稱上一律自稱爲「國醫」，並具體闡釋了自稱爲「國醫」的合理性：

　　「全國國醫，既統稱爲國醫，則中醫已成過去名稱。……況國術、國文、國藥、國技、國畫、國產、國貨，皆冠以國字，緣我國事事物物，悉被西化侵略，時至今日，國民皆有相當覺悟，知外貨傾銷，漏巵可懼，將來經濟破產，亡國堪虞。故提倡國產，抵禦外貨，爲全國之天職。則凡國產，無論事事物物，皆冠以國字，以示提倡愛國之義，使全國對國家發生密切觀念，對國產有相當認識，誠有益無損之事實也。

　　粵稽國醫，肇自我民族開祖黃帝之遺範，我全民既是黃帝之裔，自必認黃帝傳統之醫學爲國醫，名正言順，自無疑義。……不然，國醫與國術、國技、國藥、國畫，孰重？彼可稱國字之名，而我不可稱，豈有是理耶！」〔註38〕

　　中醫界很明確地表示，之所以將「中醫」一詞改稱爲「國醫」，就是爲了提倡「愛國之義」。這樣做的目的就是爲了使那些企圖廢止中醫的人背上「不愛國」之名。此外，改稱「國醫」後，還能使其與「國術、國文、國藥、國技、國畫、國產、國貨」等一系列「國字頭」形成「鐵板一塊」，若其他「國字頭」不廢，則「國醫」也是不可廢的。

　　中醫界不僅將中醫之名改稱爲「國醫」，且時常將其歸入「國粹」一列。中醫人士楊志一就將中醫列入國粹，表達對「廢醫」論者的不滿：「回顧我國西醫學者，摧殘國產醫藥，而惟外醫外藥是倡。國粹淪亡，不顧也，權利外溢，不惜也。」〔註39〕1929 年余雲岫發表「廢止舊醫以掃除醫事衛生之障礙案」後，《醫界春秋》社駁斥「余岩（筆者按：即余雲岫）等提案，不但摧殘國粹，且存反動行爲」〔註40〕。「中醫中藥，有關國粹之保存，有關民族之繁盛，有關民生之維護。若依據中央之議決案，公佈實行，眞不啻消我國粹，蹙我民族，迫我民生，而爲帝國主義經濟侵略亡我民族之工具。」〔註41〕上海某醫藥團體也指出：「現在中央衛生部取締中醫藥的這個案，不啻推廣西藥，消滅我民眾認爲唯一維護生命的中藥麼，且亦消滅我國的國粹，減少我國的生產力。……爲保持數千年遺傳的國粹著想，爲民眾的生命安危著想，

〔註38〕梁長榮：《規程豈容紊耶》，《杏林醫學月報》1934 年第 61 期。
〔註39〕楊志一：《對安南禁中藥入口之感想》，《醫界春秋》1927 年第 13 期。
〔註40〕《本社駁斥中央衛生委員會取締國醫議決案之通電》，《醫界春秋》1929 年第 33 期。
〔註41〕劉瑤栽：《挽救廢止中醫藥之我見》，《醫界春秋》1929 年第 42 期。

為我們的生計著想，我們應該一致地起來，竭力反抗。敝會謹敢率領全滬數千藥業的工友，願作保持國粹而爭生存的先鋒……」〔註42〕

從狹義角度講，「國粹」指中國文化的精華，帶有鮮明的民族色彩。儘管晚清國粹派在辛亥革命之後解體，但「保存國粹」的思想並未戛然而止，它依然具有一定的合理性與影響力。因此，被稱作「國粹」的中醫，便在某種程度上具備了存活下去的理由。中醫界一方面將中醫歸入國粹的範疇，一方面痛心疾首地訴說消滅國粹與亡國之間的關係：「嗚呼！一國之文化國粹，即其國之命脈，上溯千古，橫覽五洲，無論任何國家，任何政體，對於其本國之文化國粹，未有不以全力擁護之者。誠以國家雖亡，而文化國粹未亡，則其國尚有復興之日，若國雖尚未亡，而文化國粹先消滅，則其國必亡，子孫且永為奴隸牛馬，萬劫而不可復。古今來志士仁人，寧犧牲性命，以保存其未絕之文化國粹者，誠以是故，決未有國尚未亡，而其國之文化國粹先滅者，更未有人尚未消滅其本國之文化國粹，而先自消滅其文化國粹……」〔註43〕

「國有學，則雖亡而復興，國無學，則一亡而永亡」〔註44〕，這是晚清國粹派的典型言論，反映了國粹派「文化決定論」的觀點。上文中「一國之文化國粹，即其國之命脈」、「文化國粹先消滅，則其國必亡」等等與國粹派的觀點如出一轍，這實際就是國粹思想在中醫界的反映。在中學遭受猛烈衝擊的近代中國，國粹思潮的出現無疑起到了抵制民族虛無主義、樹立民族自信心、復興中華文化的效果。而民國一些「廢醫」論者盲目地崇西醫抑中醫正反映了民族虛無主義的態度，在此情況下，中醫界需要運用相對的觀點與之抗衡，國粹思潮的積極作用恰恰迎合了中醫界之所需。於是，中醫界借用了國粹派的理論，將「文化決定論」發揮得淋漓盡致，一步步地推導出這樣的等式：廢止中醫＝消滅國粹＝亡國。這個看似合理的邏輯推理以及危言聳聽的結論確實可以襯托出中醫界對國家的熱愛與對民族前途的擔憂，因而，儘管「文化決定論」的觀點並不客觀，但卻不能阻礙中醫界對其的運用並使之發揮效力。

〔註42〕 《各方之通電》，《杏林醫學月報》1929 年第 3 期。

〔註43〕 曾覺叟：《以中醫不能科學化之理由敬告同人書》，《國醫正言》1935 年第 9 期。

〔註44〕 許守微：《論國粹無阻於歐化》，《國粹學報》第 1 年第 7 期，轉引自鄭師渠：《晚清國粹派：文化思想研究》，北京師範大學出版社 1997 年版，第 105 頁。

「國醫」、「國粹」這樣的稱呼，果然取得了預期的效果。從「廢醫」論者的言論中便能洞悉「國」字頭的威力：「數千年前時代落伍底舊說，有人習爲職業，冀以謀生，乃取巧迎合國人底愛國心理，自稱爲國產，更詡爲國粹。藉標榜國產國粹，擴大宣傳，以施其麻醉國人的詭智。國人不察，瞢然受愚，以爲物產有國貨，技藝有國術，文學有國學國文，比附類推，居然承認國醫爲吾國現今時代落伍底醫師固有稱謂。」〔註45〕

「廢醫」派察覺到「國醫」、「國粹」這樣的稱謂是爲了「迎合國人底愛國心理」，但對此卻無計可施，因爲「國醫」這一稱謂已得到了國人的承認。可見，當中醫選擇對自己有利的民族主義話語時，西醫同樣會「失語」。

提取中醫藥中的「民族主義」因素，不但可以「防身」，而且還可以藉此攻擊對方的弱點。因「廢醫」派的中堅力量是西醫界人士，而西方醫學最大的弱點即是「來自西方」，因而中醫可以很輕易地將西醫西藥看作是帝國主義經濟侵略的工具，以此來攻擊整個「廢醫」派。「提倡中藥，以防經濟侵略！」這是《醫界春秋》1929 年第 34 期某頁上登載的口號，也是當時支持中醫者的普遍心聲。

一位署名爲「知死」的人繪製《西藥亡國預算表》（見下表），對使用西藥的情況做出預想，指出若廢止中醫，提倡西醫，最終將走上亡國之路。「中醫已在廢除之列。嗚呼，可怕哉，可痛哉。或曰西醫有何可怕可痛之處，曰可怕者亡國，可痛者鞭撻耳。或又曰西醫何以即致亡國，又曰西醫欲廢滅中醫，代西藥商推銷西藥耳。或又曰西藥何以即至亡國，又曰吾心旌膽戰，齒震聲嘎，不能答言矣。請看下列之預算表便知。」〔註46〕

表2　西藥亡國預算表

年　號	預　算	中藥費	西藥費
民國元年	四萬萬金	三萬九千五百萬金	五百萬金
二年	同	三萬九千萬金	一千萬金
三年	同	三萬八千萬金	一千萬金
四年	同	三萬七千萬金	三千萬金
五年	同	三萬六千萬金	四千萬金

〔註45〕心粹：《對於設立國醫館的懷疑與希望》，《社會醫報》1931 年第 136 期。
〔註46〕知死：《西藥亡國預算表》，《醫界春秋》1927 年第 13 期。

六年	同	三萬五千萬金	五千萬金
七年	同	三萬四千萬金	六千萬金
八年	同	三萬三千萬金	七千萬金
九年	同	三萬二千萬金	八千萬金
十年	同	三萬一千萬金	九千萬金
十一年	同	三萬萬金	一萬萬金
十二年	同	二萬九千萬金	一萬一千萬金
十三年	同	二萬八千萬金	一萬二千萬金
十四年	同	二萬七千萬金	一萬三千萬金
十五年	同	二萬（六）千萬金	一萬四千萬金
十六年	同	二萬五千萬金	一萬五千萬金
十七年	同	二萬四千萬金	一萬六千萬金
十八年	同	二萬三千萬金	一萬七千萬金
十九年	同	二萬二千萬金	一萬八千萬金
二十年	同	二萬一千萬金	一萬九千萬金
廿一年	同	二萬萬金	二萬萬金
廿二年	同	一萬九千萬金	二萬一千萬金
廿三年	同	一萬八千萬金	二萬二千萬金
廿四年	同	一萬七千萬金	二萬三千萬金
廿五年	同	一萬六千萬金	二萬四千萬金
廿六年	同	一萬五千萬金	二萬五千萬金
廿七年	同	一萬四千萬金	二萬六千萬金
廿八年	同	一萬三千萬金	二萬七千萬金
廿九年	同	一萬二千萬金	二萬八千萬金
三十年	同	一萬一千萬金	二萬九千萬金
卅一年	同	一萬萬金	三萬萬金
卅二年	同	九千萬金	三萬一千萬金
卅三年	同	八千萬金	三萬二千萬金
卅四年	同	七千萬金	三萬三千萬金
卅五年	同	六千萬金	三萬四千萬金
卅六年	同	五千萬金	三萬五千萬金
卅七年	同	四千萬金	三萬六千萬金

卅八年	同	三千萬金	三萬七千萬金
卅九年	同	二千萬金	三萬八千萬金
四十年	同	一千萬金	三萬九千萬金
四十一年	同	無	四萬萬金
總計四十一年	照人口增加之比例四十年當增加一倍	消減	八十二億萬零五百萬金

「知死」根據西藥在中國的擴展趨勢，繪製上述預算表，預測從民國元年至四十一年，政府預算及中西醫藥費情況。從表中可見，「中藥日減，西藥日增，四十一年間，已臻八十二億萬零五百萬。……漏卮之大，何可計也。由是觀之，國之不亡，烏可得哉。」作者最後一句話「吾民將來不知死所矣，悲夫」〔註47〕，與其署名前後呼應，其憂國憂民之情溢於言表。

除「知死」外，抓住「漏卮」問題，攻擊「廢醫」論調的比比皆是。「漏卮」問題在近代中國十分嚴重，「單就每年輸入的西藥一項而論，恐怕流出去的金錢，何止億萬」。「假使一旦正如幾位西醫先生們所日夜祈禱著的中國醫藥居然達到廢止目的，我想中國只就醫藥一端而言，已足夠亡國而有餘。」〔註48〕從經濟方面而言，若將中醫廢止，則每年因進口醫藥所流出的金錢已能造成亡國之結局。

中醫界對西醫藥漏卮問題的抨擊，的確有所依據。「西藥物銷售我國者（合工業藥物在內），據胡君文虎上蔣主席書所報告，每年總數二萬萬元，比較我國藥出產之數，增多三倍。漏卮之大，最可驚人。」〔註49〕中醫界人士認為，漏卮是帝國主義對中國進行經濟侵略的反映，如果任其發展將導致亡國之命運。有人算了一筆賬：「每年減少國醫十人，中藥損失約一萬元算，照此統計何堪設想。每年增加西醫十人，西藥人口多一萬元算，則所取漏卮，其數奚算，兩相比較，天淵之別，國之不窮不弱，更奚待言！」〔註50〕於是，中醫界站在經濟民族主義的立場上，大罵那些「廢醫」論者是帝國主義之「走狗」，助列強之經濟侵略，「入主出奴，為虎作倀」。〔註51〕

〔註47〕 知死：《西藥亡國預算表》，《醫界春秋》1927 年第 13 期。

〔註48〕 湯士彥：《金貴銀賤箴西醫》，《醫界春秋》1930 年第 50 期。

〔註49〕 蔡百星：《上中央國醫館建議書》，《醫界春秋》1931 年第 57 期。

〔註50〕 陳河書：《關於中醫學校種種問題的探討》（二），《醫林一諤》1932 年第 2 卷第 7 號。

〔註51〕 淩樹人：《中國醫藥存廢談》，《醫界春秋》1931 年第 62 期。

廢止中醫，僅採西醫，將造成中國金錢外流的狀況，反之，提倡中醫，改良技術，卻可以使中藥出口，挽回利權。名醫陳無咎就持類似觀點：「比方廢去中醫，即廢卻中藥，廢卻中藥，當然專用西藥了。以中國四萬萬人計，每人每年平均購服西藥一元，便須四萬萬元；若以二元計，便須八萬萬元；以三元計，便須十二萬萬元。反是，提倡中醫學術，改良中藥製造，除免卻每年十二萬萬元（其實不止十二萬萬元），向外國進貢外，尚可將本國國產特效藥之剩餘，輸運東西洋各國，以謀經濟力之發展，解決大部分國民生計問題。」〔註52〕

還有作者提出具體數據：「山西一省之『甘草』而論，稅收每年『二百萬』元，其他各種藥品稅捐，可以概見。……以中醫中藥之收入，逐年在『二千萬元』以上。」〔註53〕

西醫藥引起漏卮與中醫藥獲取收益形成了鮮明的反差，於是中醫與西醫的優劣通過一系列的數字對比十分明確地呈現了出來。

將醫藥問題無限誇大，最終等同於國計民生、國家命運、愛國賣國，這便是民族主義話語的厲害之處。正如中醫在「科學」話語下難以自圓其說一樣，西醫在「民族」話語下也失去了原有的優勢。面對中醫界對漏卮問題的發難，西醫界也不得不正視這一問題：「新醫藥物之自外洋輸入於吾國者，歲以數百萬計，確為極大之漏卮。然而名為中國藥之外國藥，自外洋輸入於吾國者，據海關冊之報告，數且過之。吾人對於此兩大漏卮，將如何設法而杜塞之乎？」〔註54〕西醫團體中華民國藥學會也對漏卮問題有所承認：「國醫動斥新醫徒推銷外藥，增加漏卮，不無一部分之理由。」〔註55〕在承認漏卮問題的同時，西醫也提出了解決方案，多為培植藥草與製造藥品，實際上還是部分承認了中藥的可保存性。科學主義使中醫藥變得「不合法」，而民族主義則又重新賦予了中醫藥的「合法性」。

從民族性的角度探討中醫藥不可廢，是中醫界的又一論辯技巧。中國的醫藥由中國獨特的民族性決定。都為人類，但「甲民族與乙民族之生理不同，

〔註52〕 陳無咎：《讀了教育部處置中醫學校的命令書後》，《醫界春秋》1929 年第 36 期。
〔註53〕 周柳亭：《全國各省市國醫國藥兩屆代表向「四中全會」請願感言》，《杏林醫學月報》1934 年第 61 期。
〔註54〕 念修：《對於吾國藥界一點小貢獻》，《社會醫報》1931 年第 153 期。
〔註55〕 《中華民國藥學會第七屆會員大會紀事》，《醫藥學》1936 年第 13 卷第 1 期。

其衛生也亦自不同」。即使是同一個民族，「上古之生理與今日之生理不同，其衛生也亦自不同」，「衛生不同，斯醫藥亦異。」〔註56〕「中西民族因地帶、日光、飲食、習慣之不同，體質也不免有所差異，人類固然，即草木藥物亦何獨不然，所以西藥在西方的民族應用，很為適宜，一旦搬到我們這裡，便時發障礙。不但藥量方面會發生問題，就是藥效的結果，也常常出乎意料之外。反之國人而用國藥治病，雖或誤服藥餌，亦不致發生若何危險。如果認症的確，只須輕描淡寫，用幾味平無奇的草根樹皮更可覆杯奏效。」〔註57〕環境不同、種族各異、藥物也有所差別，這些因素都會造成藥效的變異。適用於外國人的藥品不一定適應中國人的生理，故而從西方引入的醫藥未必都能在中國發揮療效。

在此問題上，陳無咎先生的《民族主義與中國醫藥》一文作了更進一步的闡述。作者認為民族主義的成立要素是血統、生活、語言、文字、宗教、習慣風俗等，但從這些要素看，中國與外國是截然不同的。因此，「中國人生命所繫之醫學，決不能以外國人研究所得者為標準，當然以自己中國人所研究為根據」。如果「中國人生命所繫之醫藥，必須以外國人研究所得者為標準，必待以下列舉解決，方能降服：

（一）中國人血統被外國人混淆以後。（換言之，今日為西醫張目，及中國人而自稱西醫者，不啻外國人之子孫。）

（二）中國人生活必依外國勢力下以生存。（換言之，即為外國人之奴隸而食其饞餘。）

（三）中國文字、語言、宗教必為外國人所同化。（換言之，則亡國而外，還要亡種。）

（四）中國風俗、習慣亦如文字、語言、宗教」。〔註58〕

這些問題十分尖銳，即中國必須完全被西方同化，甚至血統都要改變後，才可採用西醫西藥。作者的邏輯十分有條理，表達方式也很有技巧。他先是以退為進地說明，可以採用西藥，但需先行解決一些問題，隨後在列出問題的同時又將每個問題都誇大、拔高，再諷刺、攻擊廢中醫者。如果果真實現了上述條件，那也就意味著中國人完全成為外國人之奴隸，不但「亡國，還

〔註56〕田桐：《中華民族醫藥興廢論》，《醫界春秋》1930 年第 43 期。
〔註57〕雲溥：《三民主義和國醫藥的關係》，《醫林一諤》1934 年第 4 卷第 5 期。
〔註58〕陳無咎：《民族主義與中國醫藥》，《醫界春秋》1928 年第 27 期。

要亡種」，而那些自稱西醫者，「不啻外國人之子孫」。其民族情緒躍然紙上，
更增添了不少「中醫不應廢止」的說服力。

中醫界應用民族話語對「廢醫」論者的反駁大多有理有據，但也有一些
言論以現代人眼光看來不乏荒謬。如有些人認為，中醫對民族繁衍問題起到
了至關重要的作用。依中國儒家古禮，「不孝有三，無後為大」，中醫可解決
生兒子的問題。甚至舉例說明之：「余外家世業醫，猶憶幼時，見外祖為人治
婦女不孕，或孕而不男者，一方面勸其修行積德，一方面令其服藥，用藥不
過黃耆、黨參、當歸、芍藥、熟荑等，調和血氣而已。往往喜慶毓麟，效如
桴鼓之應。度中國之內，醫生之多，能操此術者，當不可勝數也。」作者更
是以中醫能夠解決「無後」問題而得意不已：「為問今之西醫，能為人保生兒
子者乎？則殆乎未之有聞也。」〔註 59〕這樣的言論在我們現代人聽來十分荒
謬可笑，但在當時社會，卻抓住了人們的心理。儒家禮制在當時人們的頭腦
中仍有一席之地，而中醫正是抓住了人們對「無後」的擔憂心理，以贏得人
們的支持。在「保生兒子」方面，中醫絕對「戰勝」了西醫。也許那些受過
西方思想影響與科學薰陶的西醫們對此並不以為然，甚至不屑與之爭論，但
對於絕大多數尚未脫離蒙昧的中國人來說，這絕對可以成為不廢中醫的一大
理由。

總而言之，在科學話語下失勢的中醫，在民族話語下又佔據了有利地位。
為爭取生存權，中醫不斷地運用民族話語攻擊那些「廢醫」論者。中醫藥的
許多方面都可以拔高至民族主義的高度。從民族性、民族繁衍到抵制經濟侵
略等等，這些都足以證明中國需要中醫，「廢醫」是危險的。「擴觀二十世紀
以來，亡人國者，不徒以武力相逼，而以經濟侵略。國人苟不回頭自醒，吾
恐漏卮不塞，國產淩衰，國學論（筆者按：淪）亡，國本搖動，國將不國，
人將不人，則噬臍無及也。故不憚愚誠，敢為大聲疾呼，深願愛國君子，聞
風興起，共同提倡國醫國藥，是亦足為強國之一助焉。」〔註 60〕儘管中醫的
某些言論確實存在危言聳聽之感，但我們卻不能武斷地判定，這些帶有民族
主義色彩的言論都是生拉硬扯，毫無道理的。從中醫界對「廢醫」論者的駁
斥可以看出，西醫在近代中國的確造成了一些問題，比如漏卮；相反，中醫
卻能在相關問題上杜絕弊源、趨利避害。同時，作為中國傳統文化之一的中

〔註 59〕 《顧序一》，《醫界春秋》1928 年第 25 期。
〔註 60〕 秦軼卿：《提倡國醫藥實為強國之一道》，《廣東光漢醫藥月刊》1931 年第 5 期。

醫，在維護自身獨立的同時，實際上也起到了保護傳統文化、抵制「西化」思潮衝擊的作用。

可以說，中醫最終得以不廢，民族主義話語的運用是一重要原因。在民族危機深重的近代中國，西方列強的入侵已引起了中國人的擔憂，而作為外來醫學的西醫不但迅速擴展自身的勢力，且企圖將中醫一舉消滅，這樣的舉動不能不引起中國人的普遍反對。陳存仁在回憶 1929 年「廢止中醫案」一事時說：「回想這一次廢止中醫案，起初來勢洶洶，提案寫得斬釘截鐵般的決定，料不到全國民眾的信賴力強大，掀起了巨大無比的反抗力量來做後盾，我們的勝利就是全靠全民支持得到的，這不但是西醫料不到，連我們中醫界最初也想不到有這一股巨大的力量潛伏著。」〔註61〕可見，「廢止中醫案」最終未能通過，不僅是中醫界自身，更是人民群眾強力反對的結果。而在危機四伏的近代中國，中醫界運用民族主義話語闡述中醫藥的合理性，更容易迎合人們的愛國心理，從而贏得人們的支持。

2、「廢醫」論者的回應

在民族話語下，中醫界推出了這樣一個邏輯：廢止了中醫，就會導致亡國的結局。這樣的邏輯推理迎合了人們的愛國心理，有助於中醫獲取更多的支持。與之相類似，「廢醫」派也運用了同樣的話語，以展示不廢中醫也將導致亡國滅種的局面。

描述中國的現狀，揭示中醫對解決中國現狀的無能為力是「廢醫」派的切入點。在近代的西方人眼中，中國人身體瘦弱，形容枯槁，一副弱不禁風的樣子，於是被屈辱地冠以「東亞病夫」的名稱。這一名稱被「廢醫」論者所運用，以此來證明中醫根本無法解決民眾的健康問題。因而，針對中醫界所提出的口號「提倡中醫中藥促進民眾健康」，「廢醫」派予以反駁：「再說『提倡中醫中藥促進民眾健康』，這更荒謬了。我國有『中醫』中藥已經幾千年了，民眾的康健也促進到駝背、咳嗽、皮青、骨立的地步，得到『東亞病夫』的一個好頭銜。如果再這樣的促進下去，民眾的康健恐怕都要促到棺材裏去了，『東亞病夫』的頭銜也要升到『東亞死鬼』了。『中醫』是什麼？民眾康健是什麼？要想由『中醫』去促進民眾健康，豈不是『緣木求魚』！」〔註62〕

〔註61〕 陳存仁：《銀元時代生活史》，第 132 頁。
〔註62〕 朱季青：《舊醫的末日》，《醫學周刊集》1930 年第 3 卷。

作者認爲，中醫非但不能解決民眾健康問題，且使民眾的健康日益惡化，淪落到「駝背、咳嗽、皮青、骨立」的地步。作者將「東亞病夫」這一名稱的出現也歸咎於中醫，認爲中醫對民眾健康的不佳負有不可推卸的責任。正如中醫運用「國粹」、「漏卮」等言語激發人們的愛國熱情一樣，「廢醫」派也屢屢使用「東亞病夫」這一屈辱的稱呼，以激發人們的民族情感。「外人謂我爲東亞病夫，吾豈眞爲東亞病夫哉？亦惟不知康健之道而已。同人不敏，慨夫國人體力之不健、精神之不振，由於缺乏醫藥之常識與夫不知衛生之方也。」〔註63〕國人之所以被稱爲「東亞病夫」，是因爲缺乏醫藥與衛生常識之故，於是，「廢醫」派也擁有了自己的邏輯：中醫落後導致民眾缺乏醫藥衛生常識，因而民眾被譏諷爲「東亞病夫」。

不僅如此，還有人進一步指出，醫學的退化將會導致亡國滅種的危險。「我國人口，在前清乾隆時代，據稱已達四萬萬之多。自乾隆迄今，將及二百年，我國人口是否仍爲四萬萬尚屬疑問。且有已減爲三萬萬之說。民族增殖率幾等於零，豈非醫藥學術退化，衛生事業幼稚有以致之耶？以增殖率幾等於零之中國，而與百年來人口增加十倍之美國，增加三倍之英國、日本，增加四倍之俄國，爭衡於廿世紀，恐將來之大患，不僅在於亡國，而必至於滅種。」〔註64〕若要挽救這樣的危險現象，「固以提倡科學，使醫藥學術，日臻發達，公共衛生，日見進步爲最上策」。而要使醫學發達，衛生進步，必須「先使民眾思想科學化，而後進行順利，不至發生阻力」〔註65〕。作者先運用「民族」話語，描述中國民眾健康狀況，指出醫藥落後有可能導致亡國滅種；接著又運用了「科學」話語，認爲若要解決此問題，必須提倡科學。顯然，「不科學」的中醫是無法挽救中國的危險局面的。

褚民誼在《必如何始能致醫藥前途昌明與光大》一文中，更是以危言聳聽的論調對不廢中醫導致的可怕後果做出預測。「今假令舊醫徒茲得勢，新醫從此消滅，科學無事乎研求，病菌一任其蔓延，而死亡日眾，人口日減。純任其自然，則若干年後，無需外人之任何侵略，吾族必日即於澌滅矣。是故吾人於新舊之醫學，非有所好惡於其間也。感於時代之進化，民族之存亡，不得不惟科學之眞理是求，而大聲疾呼，發聾振聵也。」〔註66〕保留中醫只

〔註63〕褚民誼：《發刊詞》，《醫藥評論》1929 年發刊詞。
〔註64〕薛篤弼：《醫藥評論發刊序》，《醫藥評論》1929 年發刊詞。
〔註65〕薛篤弼：《醫藥評論發刊序》，《醫藥評論》1929 年發刊詞。
〔註66〕褚民誼：《必如何始能致醫藥前途昌明與光大》，《醫藥評論》1929 年第 7 期。

會使得病菌蔓延，人口日減，民族滅亡。「廢醫」派也運用了民族話語闡釋廢止中醫的理由：「廢醫」並非是存好惡之心，而是為時代進化、民族存亡計。

在上述諸條論述中，我們亦可看出，「廢醫」派數次將民眾的健康問題歸因於中國衛生事業的幼稚。從民族主義的角度出發，公共衛生事業也可以上昇至一個攸關國家、民族未來的高度。褚民誼指出，一個人衛生與否，與經濟有著莫大的關係，如果將此擴大至家庭、社會、國家，那麼一個國家人民的衛生與否，同這個國家的經濟關係重大。「我可以斷然的說，吾國所以這樣貧弱，人民生活所以這樣困苦，原因雖有多端，衛生程度幼稚，實為其中主因之一。因為吾國人民大多數不衛生，不獨整個民族趨於衰微，而全國生產能力，必至薄弱，所以衛生問題，實際上便是經濟問題，關係全國家全民族的強弱盛衰，為吾人所不可不共同努力的。」〔註67〕

中國貧弱，人民困苦的最重要原因是衛生程度的幼稚，這並非是褚民誼的個人看法，一個署名「天委」的人也提出了類似的觀點：「我們中國之所以貧弱，受外國侵略，衛生狀況不進步，是一個最大的原因。孫中山先生勘破這點，所以在他領導革命的時候，提倡三民主義，這三民主義裏頭的民族主義的一部分，就可以說是衛生主義。」〔註68〕

褚民誼認為衛生問題，實際便是經濟問題，關係著國家民族的強弱盛衰；天委則進一步指出，「衛生主義」可以說是民族主義的一部分。二人都將衛生問題與國家、民族聯繫了起來，然而正如本文第二章所述，中醫在公共衛生領域存在缺失，這就意味著中醫難以解決這個關係著國家、民族的重要問題。

總之，從民族主義的角度出發，「廢醫」派提出其所倡導的廢止中醫，並非是門戶之爭，而是關乎於國族民生之大計。余雲岫的一段話極富代表性：「吾人近來之所以大聲疾呼，提倡醫學革命，垂涕而告國人者，豈有他哉？痛舊醫之不由科學，醫政之不統一，衛生設施之多窒礙，而東方病夫之誚之不能滌除，神州華胄之日就淪喪也。」〔註69〕

通過運用民族話語，「廢醫」派得出了與中醫界截然相反的結論，似乎只有廢止中醫才能擺脫亡國滅種的危險。「廢醫」派運用民族話語對中醫展開的攻擊聽起來也是有理有據，但他們依然不得不面對這樣的問題：中醫「自

〔註67〕 褚民誼：《衛生重要之意義及其關係》，《醫藥評論》1929年第25期。
〔註68〕 天委：《一個緊要的問題》，《北平醫刊》1935年第3卷第2期。
〔註69〕 余雲岫：《新醫與〈社會彙刊〉序》，《余雲岫中醫研究與批判》，第344頁。

命為國產，而自詡為國粹。一若一經揭櫫國產，標榜國粹，則無論其效用若何，價值若何，人無敢有非議之者」。〔註70〕故而，「若干無識之流惑於舊醫保存國粹之說，反譏新醫之提倡醫學革命為多事，為不愛國」。〔註71〕可見，中醫界運用「國醫」、「國粹」等詞語取得了非常顯著的效果。為改變人們對西醫「多事、不愛國」的印象，「廢醫」派必須摘掉中醫所自命的「國」字頭帽子，於是，他們紛紛發文對「國醫」、「國粹」等這些名稱展開了激烈的駁斥。

有人對「國」字頭加以限定，認為只有那些具有特長或足以代表全國的事物，才可以冠以「國」字。但我國的醫學「確已落伍，較之歐洲數百年前未進步時之醫學，極相彷彿，既無特長，更不足以代表全國」，如果中醫可稱作是「國醫」，那麼「舉凡卜筮星象，殆無不可以國字冠之矣」。〔註72〕

「廢醫」派不承認「國醫」這一稱呼，自然就更無法接受「國粹」一說了。有作者從「國粹」的含義與中醫的醫理入手，否定「中醫是國粹」這一命題。「國粹」指中國固有的文化精華，但「舊醫對人體解剖學及生理學這等說法也不是我國獨有或首創的，也不配稱『國粹』。在二千年前希臘與羅馬的醫學也有同樣的說法，也有『氣化』及『四行』這一類的病理解釋」。〔註73〕不僅如此，「中醫書中，每有印度釋徒名詞及咒語，如龍木禪師、普賢菩薩、文殊菩薩、般若波羅密、觀音光眼咒，耆婆丸等等，此非國粹也」。〔註74〕既然「國粹」是指中國固有的事物，那麼加入了希臘、羅馬、印度醫學名詞的中醫當然不能算作是「國粹」。不僅如此，中醫醫理謬誤百出，更不能稱之為文化精華了。一篇《此之謂國粹》的文章，將中醫生理學、解剖學中的謬誤一一指出，以否定中醫的「國粹」說。心臟、腎臟、肝臟、膽被中醫「誤其用」；肺、肝被「誤其形」；輸尿管、精囊被「誤有形為無形」；肝、脾被「誤其位」。「從上面幾種的誤點看來，（中醫）還有保存的餘地嗎？國粹！國粹！粹字要看得清楚。生理解剖是基礎的學問，現在根本差誤，還要說什麼救國強民的話呢？」〔註75〕余雲岫也以同樣的角度抨擊道：「舊醫陰陽五行之論、

〔註70〕褚民誼：《必如何始能致醫藥前途昌明與光大》，《醫藥評論》1929年第7期。
〔註71〕林千葉：《我國醫學革命之過去與將來》，《同濟醫學季刊》1932年第1～2期。
〔註72〕全紹清：《社會醫報三週年祝辭》，《社會醫報》1931年第136期。
〔註73〕朱季青：《舊醫的末日》，《醫學周刊集》1930年第3卷。
〔註74〕夏以煌：《中醫不可科學化論》，《中西醫藥》1936年第2卷第3期。
〔註75〕余詳：《此之謂國粹》，《醫藥評論》1929年第6期。

三部九候之診，以及營衛氣血、寒熱溫涼之談，完全爲巫祝讖緯虛廓籠統之言，所謂國粹者何在？」〔註76〕

在論辯中，「廢醫」派往往採用對比或比附的手法以增強論辯的說服力與通俗性。「保存國粹，固然是很可欽佩的一件事，但是也應當加以選擇，看它究竟是不是能夠爲國家增光，爲人民造福的；如其一個條件都不適合，那又何貴乎其爲國粹呢？譬如今有人得黃帝時所造之舟車，這是數千年前的古物，因爲由此可以證明我國在四千年前已有如是進步的文化，自然是一件光榮的事。此無價之寶，怎得不珍而藏之？這算保存國粹。若是因爲它可貴，我們就去仿造，以作交通的利器，這是大錯而特錯了。我看現在還用舊醫治病，就好比棄飛機汽車，而用黃帝時代之舟車，這不是大笨伯嗎？」〔註77〕

與之相類似，褚民誼也提出了著名的「汽車土車」論。「今舊醫既以國產爲號召，則吾有一適當之比例在。試以汽車與土車，電燈與油燈言之。土車油燈國產也，汽車電燈非國產也。顧何以今人不用油燈，而用電燈，不乘土車，而乘汽車哉？」「舊醫之以國粹國產，嘵嘵於人前，直無異使用電燈者，用油燈，乘騎車者，乘土車，引人入退化之途，大開其倒車。」〔註78〕

兩位作者都採用了「車」來比附醫學，落後的中醫可看作是「舟車」、「土車」，先進的西醫則是「汽車」。中醫自稱爲國粹，且提出要「保存國粹」，這就相當於人們要放棄先進便利的「汽車」，而改乘落後不便的「土車」。儘管「廢醫」派的比附未必恰當，但就上述言語的邏輯關係而言，似乎保存中醫不但有違歷史潮流，且不合人之常情。保存中醫就意味著「退化」、「開倒車」，顯然，這樣的「國粹」是保存不得的。

也有「廢醫」論者提出，中醫這樣的「國粹」是可以保存的，但僅僅限於「保存」，不必「繼續或恢復其當時效用」。「譬如幹將莫邪，果然是古時名劍，我們今日爲保存國粹起見，也只須把他珍藏起來就是，正不必定要拿到機關槍陣線上去出出國粹風頭。若是眞要拿到陣線上去，這叫做應用國粹，何嘗是保存國粹。」〔註79〕同樣道理，中醫也是如此。中醫應該被「保存」起來，以待哲學家、考據家將來稽考，而不是設專校、辦報章、立學會、加

〔註76〕 余雲岫：《不解》，《余雲岫中醫研究與批判》，第 241 頁。

〔註77〕 陳保勤：《國人對於醫藥應有的覺悟》，《同濟醫學季刊》1931 年第 1 卷第 1 期。

〔註78〕 褚民誼：《必如何始能致醫藥前途昌明與光大》，《醫藥評論》1929 年第 7 期。

〔註79〕 汪於岡：《中日新醫學進步緩速原因》，《醫藥評論》1929 年發刊詞。

入教育系統、在衛生部占一席等等，「弄得一部分的昏百姓和臭官僚也受他迷亂，大有舊醫不保存，其如蒼生乎的態度。試問他們這種種行爲，還是保存國粹呢？還是應用國粹？」〔註80〕作者所謂的「保存國粹」，是指將「國粹」「珍藏」起來以待將來稽考，而目前的中醫界卻仍在設專校、辦報章、立學會，開展種種活動，這些行爲是「應用國粹」，而非「保存國粹」。作者雖沒有明確表示中醫必須廢止，但卻不許中醫發揮其效用，實際上依然否定了中醫的作用與地位。

　　針對中醫界所提出的「國粹」說，「廢醫」派從不同角度予以回應，反擊十分激烈，但對於中醫界抨擊最爲猛烈的「漏卮」問題，「廢醫」派卻缺乏了底氣，難以對其進行否定。「原料藥品，大都取之外洋，能自製者不過數種普通藥劑而已，每年漏卮何止數千萬金。當茲提倡國產，抵制外貨之時，不特爲舊醫學界藉以攻擊之藉口，即愛國之士亦所不取。明知新醫效驗勝於舊醫，亦將躊躇不定。」〔註81〕「廢醫」派不得不承認，「漏卮」問題不僅僅成爲中醫界攻擊西醫的藉口，而且也引發了愛國人士的牴觸心理，使他們不願主動就診西醫。因而，爲解決「漏卮」問題，「廢醫」派提出了各種對策。

　　如：改良中藥，挽回漏卮。「新藥幾完全屬於舶來品，每年輸入既夥，輸出之金錢，更僕難數。舊醫雖不良，舊藥之佳者甚多。倘能本科學的原理，從事於舊藥之改良，化腐朽爲新奇，則其功用，必駕舶來品而上之。每年杜塞之漏卮固不可以數計。而改良之後，並能推銷於各國，供給世界各民族間之需求，一方挽回既失之權利，一方更能造福於人群。是故吾人從事提倡舊醫改革之餘，尤應致力於舊藥之改良也。」〔註82〕

　　再如：仿造外藥，抵制舶來。「吾們這時惟一的要緊工作，就是怎樣的銷滅外醫的在華勢力以挽救民命於垂危之地，同時怎樣的仿造外藥，抵制舶來，以挽回國家的漏卮於萬一。」〔註83〕

　　歸結起來，「廢醫」派的對策都包含了一個意思，那就是用科學的方法研究本國藥材，發展本國的製藥工業，以取代舶來藥品，挽回漏卮，即「自力製造，自給自用，乃杜塞漏卮之正道」〔註84〕。需要強調的是，決不能因使

〔註80〕　汪於岡：《中日新醫學進步緩速原因》，《醫藥評論》1929年發刊詞。
〔註81〕　沈成權：《藥學不興足以阻止醫學之發達》，《醫藥評論》1929年第2期。
〔註82〕　褚民誼：《必如何始能致醫藥前途昌明與光大》，《醫藥評論》1929年第7期。
〔註83〕　宋國賓：《三民主義與醫學》，《醫藥評論》1935年第1期。
〔註84〕　余雲岫：《不解》，《余雲岫中醫研究與批判》，第241頁。

用西醫西藥引發「漏厄」問題，就閉關自守，因噎廢食。「好像拳匪之亂因爲我們恨極外國人，就用那些邪法巫術去排斥外人，結果不特不能達到目的，而且自己反受莫大之損失。」〔註85〕「廢醫」派在正視「漏厄」問題的同時，依然強調不能因「漏厄」就否定西醫，倡導中醫。

在民族話語下，中醫界將中醫與國家、民族聯繫起來，似乎廢止了中醫，中國將會淪落到亡國滅種的地步。而與之相類似的是，「廢醫」派也同樣運用了民族話語，以展示不廢中醫，國家民族將有可能淪亡。但仔細考察「廢醫」派的言論，就會發現，他們雖也使用民族話語，但與中醫界相比，則略顯薄弱。在他們的言論中，更多的是對中醫界的回應與駁斥，而這些回應與駁斥顯然敵不過中醫界的犀利攻擊。可見，民族話語並非是「廢醫」派的優勢所在。

在民族話語下，中醫界展開了主動的攻擊，而「廢醫」派則基本處於守勢。這一攻一守的態勢，恰恰與科學話語下的狀況截然相反。可以說，論辯雙方只要選擇了對自己有利的話語，揚長避短，就可以在論辯中先發制人、佔據主動。那麼，爲何會出現這樣的狀況呢？顯然，這與當時的社會思潮不無關係。作爲近代極具影響力的社會思潮，科學思潮與民族主義思潮深入人心。在這些思潮的影響下，人們的觀念漸趨一致：符合科學，或有益於民族的事物，都是正確而合理的，而這些正確而合理的事物顯然是能夠獲得人們認可的。因而，在醫學領域，中西醫界都希望找出對方不合科學或不利民族之處，從而爲「打倒」對方贏得最廣泛的支持。中西醫界對「科學」、「民族」這些話語的選擇，正反映了彼時這兩種社會思潮的極大影響力。

除選擇合適的話語外，中醫界與「廢醫」派也在費力地尋找並運用合適的論據，以增強自身的說服力。

二、「廢醫」思潮中論據的選擇與運用

選擇合適的話語，能夠使自身在論爭中處於有利的地位，運用恰當的論據，也能增強論辯的說服力。在論爭中，中醫界和「廢醫」派常常以名人的言論、行動或日本的政策、觀念爲論據，以此來證明各自的合理性。

〔註85〕 陳保勤：《國人對於醫藥應有的覺悟》，《同濟醫學季刊》1931 年第 1 卷第 1 期。

（一）以「名人、名言」為論據

　　政界或學術界的知名人士對民眾有很大的影響力。他們的一言一行在一定程度上代表了甚至引領了整個社會的潮流，故而人們常常將他們的言行視為範本，似乎引用他們的言語或傚仿他們的行動便能說明自身也是先進而合理的。因而在這場醫學界的論爭中，那些知名人士的言論、對醫學的態度及就醫的情景都成為了論爭雙方的依據。

1、中醫界對「名人、名言」的運用

　　為反駁「廢醫」論者，證明中醫的合法性，中醫界不僅選擇了民族主義作為話語，而且將孫中山等知名人士的觀點當作辯論的依據並進一步加以闡釋，以此說明中醫不應廢止。

　　陳無咎在《中央國醫館宣言》中引用孫中山的言論：「六畜之藏府，中國人以為美味，而英美人往時不之食也。近年亦以美味視之矣。西人初鄙中國人食豬血為粗惡野蠻，嗣經醫學衛生家研究，則豬血涵鐵質獨多，為補身無上妙品。凡病產後及血薄之人，往時以鐵治之者，今皆用豬血治之矣。蓋豬血所涵之鐵，為有機體之鐵，較諸無機體之化鍊鐵劑，尤為適宜於人之身體。有病之人，食之可以補身，無病之人，食之可以益體。其餘種種食物，中國自古有之，而西人所未知者，不可勝數。」〔註86〕

　　孫中山的言論主要圍繞食物而言。作者引用這段話的用意則是為了說明中國的醫藥與之類似。儘管目前中醫中藥還未能獲得西醫的承認，但日後經過專家的探索，中醫藥的功效想必也會呈現出來，所以我們不應摒棄中醫藥，而應將其保存起來並加以研究。

　　因為孫中山的言論具有權威性，不容他人隨意否定，因而，中醫界時常引用其言論，以反駁「廢醫」派。儘管孫中山並沒有直接評論過中醫，但中醫界往往將其某些言論與醫學問題聯繫起來，為自己辯護。

　　如：「總理嘗謂：『破壞是革命的手段，但是破壞是為建設而破壞的，建設才是革命之最後目的。』彼號稱新醫者，所採之醫學革命方法，是否恪遵總理遺教而行，徒知一味高唱廢除中醫，一味採取破壞的手段，而絲毫不謀建設。」

　　再如：「總理昭示我等曰『做事要迎頭趕上去。』若以上述種種而言，冠蓋全球之中國，豈非永淪為跟屁蟲之流耶？況國內既有此寶藏，自不知開發，

〔註86〕陳無咎：《中央國醫館宣言》，《中西醫藥》1936年第2卷第2期。

而授之於人，非至庸愚者，決計不出此。處茲經濟落後險象環生，將要料理後事之中國，再不能不杜絕漏巵，做實際工作，否則徒唱高調，縱使中醫根本廢除，而中國民族之健康及生命問題，完全操在他人之手。」〔註87〕

孫中山的這兩句話：「破壞是革命的手段，但是破壞是爲建設而破壞的，建設才是革命之最後目的」與「做事要迎頭趕上去」，並非是針對醫學而言，但卻都爲中醫界所運用，並成爲攻擊「廢醫」派的武器。孫中山指出：破壞是爲建設而破壞的，但目前「廢醫」派一味地提倡廢止中醫，卻沒有建設的方案，這顯然有違孫中山的思想。孫中山還提出，做事要迎頭趕上去，而西醫卻是在模仿他國，不知研究本國的醫學，這是亦步亦趨，而非「迎頭趕上去」。

中醫界不僅引用、闡發孫中山的言論，且對「廢醫」派「有違」孫中山精神的語句毫不留情地給予猛烈抨擊。汪精衛、傅斯年等人的言論都被中醫界視爲「違反了總理的遺訓」。

針對汪精衛廢止中醫的提議與行爲，有作者在闡釋了孫中山的言論後又故意問道：「孫總理說得好，把固有的文化發揚光大，迎頭趕上世界各國的文明，這是說，不要卑視自己，應該托（筆者按：把）自己的壞處改造，好處光大，迎頭趕上人家的前面。現在汪精衛先生主張把中國醫藥根本廢除，純粹的採用西醫西藥，我不明白，這是總理信徒誤解了總理遺訓呢？還是違反了總理遺訓呢？」〔註88〕

對於傅斯年「廢醫」的言論，中醫界對其的批判更加尖銳。中醫曾覺叟首先指出，傅斯年的言論違背了孫中山的三民主義。「惟是民國以來，對於總理主義有反對者，即應得反革命之罪。今傅孟眞主張廢止國醫，是不特侮辱國醫，直摧殘本國之文化國粹，破壞四萬萬同胞之生命保障矣。摧殘本國之文化，破壞四萬萬同胞之生命保障，即明明違背總理之主義矣。」〔註89〕緊接著，曾氏幾乎對傅斯年發起了人身攻擊：「總理之骨猶未寒，傅孟眞喪心病狂，對於總理之主義，竟敢視同弁髦，不知政府何以處之。」〔註90〕就這樣，那些「廢醫」論者不但成爲了違背總理精神的人，而且還被劃入了「反革命」的行列。

〔註87〕 江晦鳴：《國藥亟應積極研究之必要》，《醫界春秋》1931 年第 61 期。
〔註88〕 朱殿：《駁汪精衛廢止中醫藥的謬論》，《杏林醫學月報》1933 年第 53 期。
〔註89〕 曾覺叟：《致天津大公報館書》，《國醫正言》1934 年第 6 期。
〔註90〕 曾覺叟：《致天津大公報館書》，《國醫正言》1934 年第 6 期。

除引用、闡釋孫中山的言論外，還有一些知名人士的言論也進入了中醫界的視線。在《中西醫之比觀》一文中，許半龍特意引用了吳稚暉和王寵惠的兩句話。

「吳稚暉先生說過，舊東西不一定完全無用。」〔註 91〕這句話顯然切合中醫界當時的狀況，因而作者特意將其摘錄並說明出處：這是吳稚暉先生在演說時講述的一個故事。「略謂有苦力某甲，日以挑運貨物為事。某次購彩票，居然得中頭彩。甲欣喜欲狂，念及富翁生活，心怦怦動，對於舊日工作，厭惡已極，乃將肩物之楨，棄之大海中。事後始憶及彩票，尚藏於楨之空洞內。然悔已無及。於此可見舊東西，不一定全是無用的云云。」〔註 92〕最後作者只用了一句話概括之，這就是：「頗足發人深省也。」〔註 93〕其實，作者引用此話的言外之意無非是表示，中醫中藥也是有價值的，不應盲目廢棄。

「王寵惠先生說，革命主張，絕對不是完全把外國的一切全搬過來，而放棄固有。」「我國固有文化，到現在雖有多少是不適於用，可是還有大部分是很好，應該恢復起來的。……須知今日我國的文化，雖然已如是衰敗，實際上文化的基礎，還是非常穩固。……敗壞的，固要待我們去剷除，同時好的，就要我們去保存。這是當然的道理吧。孫總理畢身革命的精神，雖然從事於破壞的工夫多，但關於五權憲法中的考試和彈劾權，都是總理從固有的文化中保存下來的。因為這兩種制度，是我國古時行得有多大的成績，並不是從外國書本上抄襲過來的。不過總理於該兩種制度中，略為更改些，以冀適應現社會的情況而已。復次，各機關掛的『天下為公』四字，也是我國固有的，亦即是總理常以此言教訓本黨諸同志的，這種天下為公的精神，應當作我們己身一生行動的準繩，別要一刻忘記他。並同時必須發揚而光大之。由此我們也許可以深刻的認識總理革命的主張，絕對不是完全把外國的一切完全搬過來，而放棄固有的文化及其他……呢。」〔註 94〕

作者引用王寵惠言論的用意也是較為明確的。革命不是照搬國外一切東西，放棄固有；而「廢醫」派口中所謂的「醫學革命」就是完全使用西醫，而摒棄、廢止中醫。顯然，依王寵惠的觀點，這樣的革命是不正確的。中國的傳統文化有很多可借鑒之處，那麼中國的醫學也是如此。

〔註 91〕 許半龍：《中西醫之比觀》，《醫界春秋》1929 年第 38 期。
〔註 92〕 許半龍：《中西醫之比觀》，《醫界春秋》1929 年第 38 期。
〔註 93〕 許半龍：《中西醫之比觀》，《醫界春秋》1929 年第 38 期。
〔註 94〕 許半龍：《中西醫之比觀》，《醫界春秋》1929 年第 38 期。

中醫界對這些知名人士的言論的引用、闡發都為了說明一個問題：中醫中藥有其自身的價值，不應將其盲目廢止。與引用名人言論相比，名人的行為更加具有說服力。其中，名人醫案當中，引用頻率最高的當屬中醫治癒胡適糖尿病一事了。〔註95〕「西醫所稱之糖尿症，即我中醫之下消也。胡適博士，前患此症，曾由陸仲安醫士，以黃耆、山藥、茯苓等藥，為之治癒。時俞鳳賓博士尚在，曾以化學方法，研究各該藥品，認為黃耆、山藥確有對治糖尿之特效。」〔註96〕「胡適先生，患『消渴』病，北京協和醫院的名醫，指為『糖尿』病，斷其必死！中醫以大劑黃耆湯而愈！」〔註97〕

正如本文第二章所述，胡適本人並不對中醫懷有好感，但他就診中醫且被治癒的事件卻成為中醫界津津樂道的傳奇。對中醫界人士而言，胡適是否信仰中醫已無關緊要，這一事件能夠證明中醫療效顯著即可。

除胡適外，中醫還治癒了不少名人。「行政院宋子文副院長，前感濕邪，肢體酸軟，不能起於床，胸脘痞悶，不能健於食。西醫療之不效，中央趣之入京，無可如何之際，延吾師薛文元醫士治之。一劑而濕化，再劑而健啖立行，乘飛機赴首都揆國政矣。宋嘗謂人曰，中醫吾素所不信，今姑試之，乃得效且捷。洵出初料之外也。嗚乎，何物狂奴，倡廢止中醫之論耶。」
〔註98〕

與之相類似，戴季陶患病，也經歷了西醫束手無策，而中醫妙手回春的過程。「戴季陶先生，在浙江湖州，嘗患『腿骨酸痛』，福音醫院院長說：是由於『腦髓的關係』，要取出『腦髓』檢驗，便知究竟。後因腦髓不能取，就從尾椎骨髓上取十格蘭姆，還未取到十格蘭姆的時候，人就昏倒！這鼎鼎大名的院長醫生，看見事情不好，也就說我不能醫了！戴先生於是回家請中醫，醫了一回，公然就好了！」〔註99〕

〔註95〕 時至今日，關於中醫是否真的治癒了胡適先生的糖尿病一事依然還存爭議（可見幾篇相關文章：祖述憲：《胡適對中醫究竟持什麼態度》，《中國科技史料》2001年第1期；肖衛國：《令人困惑的「科學態度」——怎樣評判胡適對中醫陸仲安的態度》，《南京理工大學學報》2009年第5期等）。在筆者看來，中醫是否治癒了胡適的糖尿病並不重要，重要的是從此以後，中醫界將此事視為重要證據，以此來證實中醫具有非凡的療效，從而抵禦「廢醫」派的攻擊。
〔註96〕 楊彥和：《汪病感言》，《醫界春秋》1932年第72期。
〔註97〕 漢江：《中醫與西醫》（續），《杏林醫學月報》1929年第9期。
〔註98〕 楊彥和：《汪病感言》，《醫界春秋》1932年第72期。
〔註99〕 漢江：《中醫與西醫》（續），《杏林醫學月報》1929年第9期。

中醫界所使用的最富戲劇性色彩的案例莫過於汪精衛的岳母就診中醫一事了。事情的經過是這樣的：「行政院長汪精衛氏，素來信仰西醫，唾棄國醫。國人咸知其岳母前於夏間避暑晉省，忽患痢疾，當招西醫二人診治無效，病更轉劇，復延中醫施今墨再診。某西醫在座云，阿米巴痢疾，病菌在肝，非中藥能愈。施辯曰，豈有略熱挾菌而病在肝乎？我用行血調器之品，包管兩日內痊癒。果一劑知，二劑已。某西醫始無異言。汪以中醫真能療西醫所難療之疾，心甚折服，隨製送『美意延年』四字匾額於施，表示敬謝。」〔註100〕汪精衛是「廢醫」派的代表人物，而其岳母之疾卻被中醫治癒。此事讓中醫界大有揚眉吐氣之感，每次引用時，言語中都不乏得意之情。連汪精衛這樣頑固的「廢醫」論者，都轉而求治於中醫了，那中醫豈還有被廢之理？

中醫界在以名人為例論證中醫療效顯著的同時，也對西醫治死了諸多名人加以抨擊，如伍廷樞、劉半農等就是典型案例。「這二位的病，據報上所載，吾敢代表吾國醫界說句話，都不是必死的病，十有八九是可以治好的，或者因為稟賦不同的緣故，被西醫治死了罷。」〔註101〕各界的知名人士是大眾的焦點，因而在論證中，中醫頻頻拋出名人的案例，更容易引起民眾的關注，獲得民眾的支持。

中醫引用名人言論的方法是比較巧妙的。我們閱讀材料便會發現，這些名人的言論絲毫沒有表達出對中醫的好惡之情，也從未提出過中醫應否保存的建議。但經過中醫界的發揮，名人的言語中便透露出了保存中醫之意。此外，中醫界還將成功治癒名人的案例作為依據，藉以說明中醫的療效顯著，作用甚大。所有的這些證據都對保存中醫十分有利。

2、「廢醫」派對「名人、名言」的運用

在論爭中，如何運用恰當的論據以證明自身的正確性是十分重要的技巧。中醫界選擇了對其有利的名人言論及事例增強說服力，「廢醫」派也以同樣的方式增加對中醫的攻擊力度。在「廢醫」派發表的相關文章中，最具代表性的當屬《先哲時賢所見之中醫》一文。作者摘錄了大量近代名人排斥中醫的言論，希望人們通過這些「先哲時賢」的「慧眼」，認清彼時醫界「光怪陸離」的狀況。在這篇文章中，作者選用的材料表達了幾層含義：

〔註100〕《國醫吐氣》，《國醫正言》1934年第7期。
〔註101〕袁華：《諫吾國要人今後如有病萬勿再請外國醫生》，《國醫正言》1935年第12期。

其一，將中西醫作對比，指出西醫優於中醫。

「王景沂說：『西人全體之學，至挽近而益明者，解剖精也。自血管腦筋之理發見，據以推察官骸臟腑維繫之用，罔不密合。常者安之，變者探其原而去其害。夫惟了然於心，故能奏然於手。斯學不明，而囂囂以方伎自雄，直妄人而已矣。』──科學書目提要初編」

「梁啓超說：『西人醫學，設爲特科，選中學生之高材者學焉。中國醫生乃強半以學帖括不成者爲之，其技之孰良，無待問矣！漢志方伎猶自列爲一略，後世廢棄，良足歎也！』──讀西學書法」

「馮國璋說：『……吾國醫學，軒岐而後，仲聖實集大成；然傷寒金匱兩書，章次淩亂，已非原書，泥古之失，毫釐千里。宋元學者，門戶分歧，溫補清涼，有如緊訟。承學之士，靡所適從。且六淫之氣，與時變遷，今病古方，不無鑿柄（筆者按：枘）。古之名醫，多自採藥，後漢韓康賣藥長安市中，所謂賣藥者，即爲人治病。前清乾隆中葉，吳門葉天士、薛生白，猶自市藥。今世藥品，取自一闤之市，審別不確，炮製失宜，方是藥非，誤人尤甚。凡此數端，皆中醫所短，不能自諱。其本無學術託此圖利者，又無論矣。西醫以解剖爲實驗臟腑部位，已較中國古書爲確；分化藥學品，精益求精，不似吾國藥肆（筆者按：肆）之草草。從前以中西體質不同，猶多扞（筆者按：扞）格，近日體驗益眞，成效大著；且多以中國藥品，別爲炮製，知西方學者，於吾國本草諸書，已極研究；吾國學者，倘未能深窺彼之堂奧，而徒欲抑人伸己，恐西醫竊笑其後也。……』──紹興醫藥報序」

「章太炎說：『中醫之忽略解剖，不精生理，不免絀於西醫也。』──中國醫藥問題序」

「范源濂說：『我人不幸染病，死於西醫之手，當能知致死之病名。若死中醫之手，死後十醫十說，求一確定病名且不可得，可謂糊塗死人。』」〔註102〕

其二，認為中醫的發展呈退步的態勢。

「吳摯甫說：『吾國醫藥之壞，壞於儒，所傳素問難經，殆皆僞著；五臟部位，皆顛倒錯亂；其故因漢時有古文今文，有兩家之學；古文皆名儒，今文則皆利祿之士，古文言五臟與西說合，今文即左肝而右肺者。漢末鄭康成氏，爲古文家，而論五臟，猶取今說；自是以後，及二千年，蹈襲勿敢變，而鄭氏實其咎。』──致丁福保書」

〔註102〕 姚星叔：《先哲時賢所見之中醫》，《新醫藥刊》1939 年第 75 期。

「李鴻章說：『國醫失傳已久。』」〔註103〕

其三，直接提出不信中醫的觀點。

「曾國藩說：『中醫不足憑信。』」

「胡適說：『中醫毫無學理，不足爲法。』」

「傅斯年說：『我是寧死不請教中醫的。因爲我覺得若不如此，便對不住我所受的教育。盼望一切不甘居混沌的人，有是之心的人，在這個地方不取模棱的態度。』」〔註104〕

以上三點歸結起來都表達了一個意思，那就是中醫落後，不足爲信。顯然，這些經過作者精挑細選的言論是支持「廢醫」派的有利論據。

與中醫相類似，「廢醫」派也選用了孫中山的學說，來支持自己的觀點。「先總理規定革命進行之時期爲三：即第一爲破壞時期（軍政），第二爲過渡時期（訓政），第三爲建設完成時期（憲政）。我國的醫學革命怎樣去進行才好呢？那必定也要經過破壞時期和過渡時期，然後能達到建設完成時期。我國現在狀況的醫學革命，正賴大家來努力破壞，所以還在破壞時期。在此時期，要借政治手腕，以新醫同志擔任打破舊醫之封建思想和荒謬之說，掃除社會之皮箱（作者注：相）問題和感情作用。」〔註105〕

作者將醫學革命與孫中山的革命三階段論相對應，認爲醫學革命也須經歷三個階段，而目前的首要任務是破壞，即打破中醫的思想與學說。只有完成了廢止中醫的工作，才能最終進入醫學革命的建設完成時期。可見，只要選擇運用孫中山的言論，「廢醫」派也能從中解讀出其「廢止中醫」的思想。「總理恒言，物競天擇，適者生存，否則淘汰。此物種進化之原則也。舊醫界不知宏旨，徒託空言，渺無實際，若曹果爲總理信徒乎？……總理尤深慨夫中國不進步之原因，在科學思想之不正確。然則陰陽五行五運六氣之說，於學術思想爲正確乎？爲不正確乎？曷不一爲之辨耶？又總理以發明家爲先知先覺，鼓吹家爲後知後覺，實行家爲不知不覺。舊醫既不能爲發明家之先知先覺，又不肯爲鼓吹家之後知後覺，數千年來，固守不變，長爲不知不覺之實行家。其阻礙進化，莫此爲甚。」〔註106〕

〔註103〕 姚星叔：《先哲時賢所見之中醫》，《新醫藥刊》1939年第75期。
〔註104〕 姚星叔：《先哲時賢所見之中醫》，《新醫藥刊》1939年第75期。
〔註105〕 錢惠倫：《從我國醫學革命方面說到新醫內部必有階級戰爭的發生》，《醫藥評論》1929年第15期。
〔註106〕 莊畏仲：《闢中醫之妄說》，《醫藥評論》1929年第10期。

　　上文一連引用了三則孫中山的言論，並以其言論為標尺抨擊中醫不合科學，阻礙進化。

　　針對中醫界運用、闡發孫中山言論的做法，「廢醫」派也給予了積極回應，認為中醫界把「中山全書斷章取義，五牛分屍般的割裂開來，憑空闡發出許多高頭講章來喝嚇人家」〔註107〕。

　　如前文所述，中醫界援引了孫中山的一段關於豬血的言論，言外之意是為了說明中醫藥也有科學性，但在「廢醫」派看來，這是中醫界有意附會「科學」的行為。「在未經化驗之前，國人徒知豬血之做羹而佐餐，而不知其補血」，經科學化驗後，「今始知之」。這是「科學之功也」〔註108〕。但「舊醫自伐，誇為己功」。〔註109〕「廢醫」派對中醫界假託科學的做法十分不滿，反問道：既然中醫合乎科學，「何以舊醫從未宣佈豬血之補益？」〔註110〕

　　中醫界還曾對孫中山肯定中國固有文明的言論大加發揮，認為這是保存中醫藥的有力證據，然而，「廢醫」派卻持不同的觀點。「中山先生對於中國的固有文明，雖然是常常說好，但是他有質量上和時間上的分際的。他對於中國數千年來的固有文明，不論精神和物質，都覺得以前的好，現在的不好，這好和不好的評判，是與西洋相比較的。就是說以前中國的精神文明，比西洋好，便是物質文明，也比西洋發達得早。現在呢，西洋的精神文明，還是比上以前的中國，而物質文明，卻是一日千里的猛晉，中國人當然望塵莫及。……他所以竭力主張要恢復中國固有的精神文明，竭力提倡要仿傚西洋的物質文明，使得物質精神，雙方並美，因此可以曉得，中山先生常常誇張中國的固有文明，一種是讚美，便是對於精神文明而發的，要使我們不可忘了自己的長處，去學人家的短處。一種是感歎，便是對於物質文明而發的，要使我們不可護了自己的短處，去排斥人家的長處。……現在舊醫界中幾個酸子，看到中山先生有這類誇張中國固有文明的遺訓，以謂鐵飯碗主義又得了保障，不管質量上和時間上的分際，把中山先生所肉麻的地方當做有趣，真是自己吃了迷魂湯，還要拖人進孟婆亭。」〔註111〕在「廢醫」派看來，中醫界不但誤解了孫中山的言論，且在此基礎上肆意發揮，得出了令人難以信服的結論。

〔註107〕　汪於岡：《西醫學是科學是物質文明》，《社會醫報》1934年第205期。
〔註108〕　莊畏仲：《闢中醫之妄說》，《醫藥評論》1929年第10期。
〔註109〕　莊畏仲：《闢中醫之妄說》，《醫藥評論》1929年第10期。
〔註110〕　莊畏仲：《闢中醫之妄說》，《醫藥評論》1929年第10期。
〔註111〕　汪於岡：《西醫學是科學是物質文明》，《社會醫報》1934年第205期。

　　爲獲取民眾的支持，中醫界與「廢醫」派借用了名人、名言的廣泛影響力，以增強自身觀點的說服力。儘管這種「名人效應」能夠獲得大眾的關注，但卻存在著一定的問題，同一個人物的言論，經過不同派別的解讀後，便出現了截然相反的含義。問題就出在這個解讀的過程中。如孫中山的革命三階段論之說，經過「廢醫」派的發揮與闡釋，便成爲了廢止中醫的依據。而與此同時，孫中山還說過：「破壞是革命的手段，但是破壞是爲建設而破壞的，建設才是革命之最後目的。」〔註112〕從中醫界的角度看，這句話正是抨擊「廢醫」派只知破壞，不知建設的有力言論。在論爭雙方各自的解讀下，孫中山的言論出現了前後矛盾的狀況。不得不承認，爲了尋求對自己有利的論據，雙方都採用了附會的方式。「廢醫」派曾對中醫界引用孫中山遺訓的行爲給以抨擊：「原來總理的遺訓，是完全屬於政治的改革立說，不可和學術相混。政治自政治，學術自學術，那裡可以亂引遺訓來證明學術上的事實。」〔註113〕而「廢醫」派本身又何嘗不是如此？

　　對於中醫界所援引的西醫束手，中醫回春的案例，「廢醫」派也不認同。之所以會出現這樣的案例，有「廢醫」論者對此做出解釋：一、案例中所謂的「西醫」，並不一定是眞正的醫生。二、疾病自愈，中醫貪天之功。三、國人對西醫不信任，很可能中途出院，改用中醫，適逢病癒。實際上西醫用其力，中醫收其功。四、病人不負責任，延請中醫後喜說西醫不可靠，以訛傳訛，並不可信。〔註114〕總之，這樣的案例有各種各樣的原因，但絕不可能是中醫的功勞。若根據中醫界的論據推理，「假使孫中山的病經中醫治好了」，「那不但現代醫學須根本推翻，即電燈火車輪船等一切科學的產物，都要推翻，因爲他們都是根據同樣的原理而來」。〔註115〕這就從根本上否定了中醫用治癒名人的案例做論據的合理性與客觀性。但總而言之，尋找論據是一種論辯的技巧，而中西醫界還在爲此做著更多的努力。

（二）以「日本的政策、觀念」爲論據

　　中國與日本，是「一衣帶水」的鄰國，早在秦漢時期，兩國便出現了醫學交流的萌芽。此後，日本的醫學家源源不斷地來到中國，學習中醫，傳播

〔註112〕江晦鳴：《國藥亟應積極研究之必要》，《醫界春秋》1931年第61期。
〔註113〕固盤：《醫藥革命之眞諦》，《社會醫報》1932年第161期。
〔註114〕李振翩：《「西醫所不能愈，中醫有能愈者」？》，《醫學周刊集》1930年第3卷。
〔註115〕李振翩：《「西醫所不能愈，中醫有能愈者」？》，《醫學周刊集》1930年第3卷。

醫學文化。經過了千餘年的發展，中醫在日本逐漸成爲具有日本特色的漢方醫學。然而，隨著16世紀西洋醫學的傳入及其勢力的擴展，漢方醫學之影響逐漸縮小。1868年，自日本明治維新伊始，明治政府開始執行一系列壓制漢醫的政策，廢止漢醫教育、發佈「醫師考試規則」（用「西洋七科」考試漢醫）、否決漢醫界提出的《醫師執照規則修改法律案》等等。漢醫的發展遭到極大阻撓，西醫事業卻因得到政府的提倡而日益壯大。

總體而言，日本的明治維新取得了很大的成功，「五十年之間，其效大章，蔚然爲宇內望國」〔註116〕。1895年，甲午中日戰爭以中國的失敗而告終，曾經的「蕞爾小國」竟然戰勝了「天朝上國」，這樣的結局不僅讓人始料未及，且給國人帶來了巨大的傷痛與恥辱。於是，國人紛紛探索日本崛起的過程，傚仿日本成爲一時的潮流。

「廢醫」派從醫學的角度解讀日本的崛起過程，認爲日本廢止漢醫，重視西醫的政策是促使日本崛起的重要原因，「日本之強，強於西方醫學之輸入，此固爲人所共識者」〔註117〕。褚民誼曾在演說中表達過同樣的觀點：日本之所以強大，「全靠明治維新，明治維新能夠面目一新的民間運動，就是廢止漢醫漢藥」。〔註118〕連魯迅先生也對此看法深信不疑：「日本維新是大半發端於西方醫學。」〔註119〕因此，借著國人仿傚日本的潮流，日本廢漢醫，倡西醫的行爲成爲了「廢醫」派攻擊中醫的重要論據。

在「廢醫」派看來，日本的富強源於對科學的信仰，而崇信科學卻始於西醫的引入。「日本於明治維新之時，其朝野人士，均異常重視新醫，即其信仰科學，亦自醫學始。日人一切文化，初皆由中國流入。自與歐美接觸後，乃能立辨優劣，棄舊謀新，模仿歐美，不遺餘力，而其第一步即深信歐美之醫學。由是始憬然於科學之偉大，信之而勿替。……而彼邦維新以來，事業進步之神速，亦因其人民於科學之大道，能邁步猛進，不稍猶豫，始有今日物質文明之收穫。」〔註120〕與日本相比，中國同歐美的接觸並不晚，而中國卻依然處於次殖民地的地位，究其原因，主要在於「國人科學智識缺乏」之故。「蓋大多數國民至今猶懷疑科學，未能深信，以是民智閉塞，百事無進耳。

〔註116〕汪榮寶：《同仁會漢文醫學雜誌序》，《同仁會醫學雜誌》1928年第1期。
〔註117〕徐德麟：《新醫之環境與發展》，《同濟醫學季刊》1931年第1期。
〔註118〕陳存仁：《銀元時代生活史》，第117頁。
〔註119〕魯迅：《〈吶喊〉自序》，《魯迅全集》（第1卷），第438頁。
〔註120〕褚民誼：《中國醫學教育之前途》，《醫藥評論》1929年第26期。

抑中國民眾，一方既欲安享物質文明之幸福，一方又不願矢志研習科學，以故人之進步，一日千里，我則處處觀望徘徊，不事進取。瞠乎其後，寧不痛心。」〔註121〕中國的發展速度落後於日本是由於對科學的重視不夠造成的。而「廢醫」派又進一步將日本崇信科學歸因於西醫的引入與提倡，藉以說明中國也應模仿日本發展西醫，重視科學，從而促進社會的進步。

　　雖然西醫很早便傳入中國，但相對日本而言，其進展卻十分緩慢。「日本經明治維新後對於新醫學有徹底的注意，所以現在還不夠六十年，已有民族健康國家強盛的很好成績。回顧我國的新醫傳入已近百年，現在還是這樣長期停滯，這不是大可痛心的事嗎？」〔註122〕「廢醫」派以日本為例，指出日本提倡西醫後，民族健康、國家強盛，而中國的西醫卻處於長期停滯的狀態。那麼，如何來解決這一問題呢？「我們現在為科學的迎頭趕上，民族的健康，新醫學的真理，我們不能不要負起這個醫學革命的責任，促進我們醫學的新陳代謝作用，破壞那陳舊的東西，然後我們科學化的新醫才能建設的進展，得和日本及其他諸國並駕齊驅。」〔註123〕可見，要使中國達到同其他國家一樣民族健康強盛的水平，就必須模仿日本破除「陳舊」的中醫。

　　然而，我國的「舊醫」勢力依然強大，成為了「廢醫」派前進的障礙，於是「廢醫」派通過對比兩國的差異，分析中醫沒有被廢止的原因。「日本的舊醫現稱漢法醫，可以說是完全絕迹了。他們為什麼自從明治維新以後，便把他棄如敝履，毫不顧惜呢？這實在是他們舉國一心崇信科學的表示。政府既有一定的政策，人民也有斷然的覺悟。所以從草創時期迄今大成時期，前後不及六十年。他的醫學狀況，已是接踵德國，目無餘子。」〔註124〕反觀我國，卻有諸多原因阻礙了西醫學的發展，如「尊故自封」、「好弄玄虛」、「經濟支絀」〔註125〕等等。正是這些特點使得中醫依然得以保存，而中日之間的差距拉大。

　　更有「廢醫」論者指出，中日發展的差距並非是近一兩年才呈現的，而是早就注定了的。「雖謂為日本今日之一切文明，導源於醫學，肇端於一二醫士者，誰敢否認，而又不能不極端心悅誠服日本漢醫之擇善而從，見義勇為，

〔註121〕褚民誼：《中國醫學教育之前途》，《醫藥評論》1929年第26期。
〔註122〕葉宏魁：《現代醫師應有的觀念和責任》，《光華醫刊》1937年第1期。
〔註123〕葉宏魁：《現代醫師應有的觀念和責任》，《光華醫刊》1937年第1期。
〔註124〕汪於岡：《中日新醫學進步緩速原因》，《醫藥評論》1929年第3期。
〔註125〕汪於岡：《中日新醫學進步緩速原因》，《醫藥評論》1929年第3期。

改過不吝也。吾國則於百七十餘年（自清乾隆以迄現在）後知今日，新醫對舊醫，猶辯論五臟六腑之謬說，提倡舊醫學，設置國醫館，烏煙瘴氣，不辨古今者，又復大有人在。喪心病狂之時代落伍者，且爲採行國醫條例，發通告國人書，致造成中日兩國之現勢。嗚呼！中日學術之盛衰，國家之強弱，蓋已於乾嘉時代決定矣，固不待甲午戰敗、九・一八、一・二八、塘沽協定而知之也。」〔註126〕作者認爲，中日兩國的強弱自乾嘉時代已然注定。日本自西醫傳入後，選擇西醫而廢棄中醫；而中國的醫學界直至此時仍處在一片烏煙瘴氣中，提倡中醫者大有人在。可以說，兩國對醫學的選擇，決定了如今國勢的強弱，學術的盛衰。

明治維新後，日本發生了巨大轉變，一躍躋身於強國之列，成爲國人傚仿的對象。在「廢醫」派看來，明治維新期間對漢醫的廢止是日本發展中的重要一環，於是，日本的醫學模式成爲了中國醫學發展過程中的範本。「廢醫」派頻頻以日本的「廢醫」政策爲論據，攻擊中醫界，認爲中國國力落後於日本，中醫負有不可推卸的責任。在當時仿傚日本的潮流中，「廢醫」派拋出的這些言論還是較具說服力的。

針對「廢醫」派以日本明治維新廢漢醫爲例攻擊中醫的做法，中醫界也找到了相反的例證。雖然日本廢止了漢醫，但其國人中並不乏信仰中醫者，如日本人和田氏就曾評價中醫道：「中國醫學非陳腐的醫學。」〔註127〕類似的日人言論讓中醫界興奮不已，而日本漢醫界的一舉一動更是受到了中國中醫界的關注。在中醫界看來，日本漢醫界的言論與行動不僅展示了日本漢醫的復興，且表明了明治維新「廢醫」之後，漢醫界終於有所「覺悟」。

《日本之中醫復興》一文細數了漢醫在日本的復興過程。

「一九二六年春，在東京帝國大學開的醫學大會，有朝比奈藥博士，讚美中醫的演說。這是中央醫會中宣揚中醫的第一聲。

學校方面，如京都帝國大學醫學部，開始對中醫作精深之研究，和經營大規模之中藥種植園。

Rockfncka 研究所，亦設中醫處方研究部云。

〔註126〕姚伯麟：《打破舊醫五臟六腑謬說之鼻祖》，《醫藥評論》1934 年第 6 卷第 1期。

〔註127〕博儒：《讀和田氏的「中國醫學非陳腐之醫學」感言》，《廣東醫藥月報》1929年第 2 期。

　　中醫復興的宣傳，以大阪爲最力。去年大阪曾由東洋和漢醫學研究會開設講習會，講習學科爲證候學、處方學、各論、傷寒論、藥物學及其標本，聽講者數千人云。

　　大阪之東洋和漢醫學研究會，係一九二七年三月創立，渡邊熙爲會長……」〔註128〕

　　最後，作者強調：「我國的中醫固然不至如日本之衰敗，但有科學智識的人，都非常鄙視它，尤其是有偏見的西醫，更詆中醫荒謬不經，這實非學者的態度，並且也是他們的錯誤。我們實在要相當的應用中醫。」〔註129〕

　　日本復興漢醫的行動給中醫界提供了非常有利的論據，「今日日本，漢醫復興，可知中醫之眞價值，決不在西醫下。奈何偏聽少數西醫之謠言，意欲廢置中醫，爲淵驅魚，爲叢驅雀？」〔註130〕如果說日本明治維新廢止漢醫的政策證明了漢醫的落伍，那麼如今日本漢醫的復興，則反過來說明了中醫之價值。

　　有中醫界人士認爲，日本於明治維新時期「捨中醫而求西醫」，然而如今「日漸尫羸，翻然覺悟，於是民間有東洋醫道會之創設」。「而彼邦學士大夫，亦不惜重價來華搜購我國古代醫藥書籍，加以研究，施諸實驗。」除日本外，尚有德國、美國、南洋群島等地，都對中醫藥抱有極大的興趣，「或精究中醫藥物，或歡迎中醫療法，喧騰報紙，悉可覆案」。從日本等國的行爲中，作者得出了一個合理的推論：如果中醫藥玄妙虛妄、漫無價值，那麼「彼東西各國，自稱文明富強之民族，自命久受科學洗禮之人物，曷爲乎不加取締，不主干涉，而反以萬能金錢，至貴生命，竟敢用不合科學化之中醫藥，輕於嘗試耶？」〔註131〕

　　此外，作者還以日人的言論爲論據，對比中西醫的優劣，證明中醫的療效。「且考諸日本湯本求眞有言曰：『西醫大半持科學□（筆者按：萬）能主義，以爲但憑科學之力，無論何種問題，均可解決。遂至將實驗管與人體同視，以動物實驗，爲第一定之律。以此所得之結果，直接諸至神妙之人體，故研究室內之理論，似極精密，而行之臨床，往往失之不能相應。反之，中醫自數千年前，就億萬人體研究所得之病理，及其藥能，歷千錘百鍊之後，

〔註128〕寒士：《日本之中醫復興》，《廣東醫藥月報》1929 年第 4 期。
〔註129〕寒士：《日本之中醫復興》，《廣東醫藥月報》1929 年第 4 期。
〔註130〕《全國醫藥團體代表大會紀》，《杏林醫學月報》1929 年第 3 期。
〔註131〕劉瑤栽：《挽救廢止中醫藥之我見》，《醫界春秋》1929 年第 42 期。

完成結論，立爲方劑。初見之，或疑爲空漠，按其實，則秩序井然，始終一貫，藥方亦然。故於實際，每有其效。』〔註132〕又如日人「奧田謙藏有言曰：『現今治療界有一大缺陷之存在，學者漸於現代醫藥抱懷疑之狀者，爲不可辨之事實。則眞欲救濟蒼生之病苦，闡明學術之眞理，以之全醫術使命之天職者，非深思研究漢方醫學必不可。』」〔註133〕

湯本求眞是提倡中醫學術的代表性人物，其著作《皇漢醫學》一書在中國受到了中醫界的大力推崇。在以湯本求眞爲代表的日本人看來，中醫不僅療效顯著，且成爲救濟蒼生病苦的法寶。

這些日人的言論無疑給中醫界提供了最爲有力的支持，於是，中醫界也借著國人傚仿日本的潮流，以日人的言論、行動爲論據，說明中醫不可廢止。「夫以早經採用西法治療特飛猛進之日本，尚有其人，崇拜我學說，研究我方藥，以補救臨床時之遺憾」，然而，與之相比，我國卻對中醫藥持藐視態度，不但不加精硏，且要將其廢止，「亦曷故哉？」〔註134〕如此行爲不僅不合情理，簡直就是「自亡」。「日本人考求漢醫學，非常踴躍；中國人或要摧殘中醫，這不是自亡政策麼？」〔註135〕

日本復興漢醫的行動似乎十分積極，不僅在某些大學增開漢醫學科，增設漢醫講座外，而且還專程「由滬來蘇，探訪漢醫，專聘蘇名醫宋愛人、顧允若等，爲漢醫研究社社員，而以世界醫學大集合爲宗旨」。〔註136〕在中醫界看來，這是「中國醫學，行將普及於全球」〔註137〕的標誌，充分證明了中醫在全世界的價值。

除上述復興漢醫的行爲外，日本還積極復興漢藥，栽種中草藥材。「前閱七月二十一日滬報載，據駐朝鮮總領事盧春芳報告，我國藥材，每年輸入日本，約值六百萬元，其種類計二百餘。由東京帝國大學，研究調查，確認爲有治療的效果，及有效的成績，故漸次試用，日益增多。茲爲防遏漢藥輸入，又爲農村經濟，獎勵農村副業的栽培起見，以朝鮮爲漢藥策源地。特令總督

〔註132〕 劉瑤栽：《挽救廢止中醫藥之我見》，《醫界春秋》1929 年第 42 期。
〔註133〕 劉瑤栽：《挽救廢止中醫藥之我見》，《醫界春秋》1929 年第 42 期。
〔註134〕 劉瑤栽：《挽救廢止中醫藥之我見》，《醫界春秋》1929 年第 42 期。
〔註135〕 《滬中醫界對於「三一七」紀念大會之盛況》，《醫界春秋》1930 年第 46 期。
〔註136〕 吳漢仙：《爲汪院長力阻國醫條例案呈請中委會討論公決書》，《國醫正言》1936年第 20 期。
〔註137〕 吳漢仙：《爲汪院長力阻國醫條例案呈請中委會討論公決書》，《國醫正言》1936年第 20 期。

府，獎勵農民，栽培漢藥藥材，使由中國輸入之莫大漢藥，可由朝鮮供給，以塞漏卮。業將實施計劃方案決定，知照各道知事速辦云云。」〔註138〕

上述材料爲中醫界提供了兩點有利論據：一是日本每年從中國引進大量中草藥材，說明了日本對中醫、中藥的肯定。二是日本獎勵自種漢藥，以塞漏卮，這恰恰與當時中國使用西藥造成「漏卮」的狀況相類似，這說明使用中醫藥確實可以起到堵塞漏卮的作用。日本的做法爲中國醫學界提供了一個很好的範本。

對比中日兩國面對漏卮時的不同反應，中醫界不由感歎：中國每年輸入日本的藥材不過六百萬，「倭奴尙思所以抵制之」，而據海關報告，西藥每年輸入中國遠超一萬萬元，「人方提議自種以遏外貨，我反消滅國產而迎舶來。吾誠不知其是何心肝也」。〔註139〕「東鄰日本，提倡漢醫後，今又獎勵製造國產藥耶？人方扶植栽培之不暇，我恐消滅剷除之或遲，是誠何心哉？是誠何心哉？！」〔註140〕

日本因爲引進中藥出現「漏卮」後，採取了自種藥材，以塞缺口的方法。在近代中國，使用西醫、西藥也造成了金錢外流的現象，於是，中醫界提出了改良中藥製造的建議，以解決西藥所造成的漏卮問題。日本的行爲無疑爲中醫界的提議增加了說服力，也爲保存中醫、中藥提供了十分恰當的理由。因此，日本中醫界復興漢醫的運動受到了中醫界的追捧，而那些提倡漢醫的醫學家更是被中醫界視爲了「導師」。「日本近年，大多數皇漢醫學家，運動漢醫復興，不遺餘力。其最著者，如南涯益吉輩，類能以科學新知識，整理醫藥舊聞，不啻用革命的手腕，爲漢醫闢一新紀元，是誠吾國醫界，所當奉爲導師者也。」〔註141〕

中醫界不僅將日本復興漢醫運動當成了範本，將復興漢醫運動的學者當作了「導師」，而且希望日本能夠採取更爲激烈的措施，爲中醫界提供更加有力的支持。下面一段材料大概就是中醫界以訛傳訛的結果，雖然屬於無稽之

〔註138〕歐陽秉鈞：《對日本獎勵栽培漢藥與汪精衛氏廢除中國醫藥之感言》，《杏林醫學月報》1933 年第 56 期。

〔註139〕歐陽秉鈞：《對日本獎勵栽培漢藥與汪精衛氏廢除中國醫藥之感言》，《杏林醫學月報》1933 年第 56 期。

〔註140〕雲溥：《由日本獎勵製造國產藥說到中國教育與民權》，《醫林一諤》1933 年藥物彙輯第一集。

〔註141〕葉古紅：《中華醫藥革命論》，《醫界春秋》1930 年第 49 期。

談，但卻反映了中醫界微妙的心態。「去年日本廢西藥而用漢藥，南洋各處皆有專電，香港報亦有專電，何以上海未聞耶？殊爲不解。日本廢西藥之理由，弟實不知，大約近日研究漢醫治病，勝過西醫多矣。日本尚能崇尚中醫，而中國意欲廢之，不亦奇哉！」〔註142〕可以想見，若日本果眞廢止了西藥而採用漢藥，那麼這一事件無疑將在中國的中醫界產生轟動的效應，而「廢醫」派攻擊的力度也會受到極大的影響。

明治維新期間日本的「廢醫」政策成爲西醫界攻擊中醫的論據，而日本隨後的復興漢醫運動又反過來成爲了中醫尙具價值的明證。但針對中醫界運用日本作論據的辯駁，「廢醫」派再次發動攻擊，否定這些論據的合理性。

余雲岫駁斥道：「今年上半年，日本東京發現了一種皇漢醫學會，說要改革現代醫學，用日本中國舊醫的勾當來作基礎。這個風聲刮到我們貴國一般不三不四的僞醫耳鼓上，就不覺大大的高興起來。說是日本的科學醫這樣高明，尙且倦飛知還，要用東亞的舊醫來代替它，可見得舊醫實在有價值。我們貴國是舊醫的發祥地，竟有舍己芸人來提倡科學醫，來打倒舊醫，眞不知是具什麼心肝？」〔註143〕余氏以略帶譏諷的語調復述了中醫界的觀點。隨後指出，日本的確有人在從事東亞醫學的研究，但這些人都是「有本領、有手腕、有眼力的科學家，是拿著現代科學的知識和研究的方法，去實驗舊醫學，不是把舊醫學做基本，用新醫學來裝飾上去就算了」。所以，他們近來的發明都關乎於藥，如麻黃、防己、桔梗、海人草等，「都是近代科學的醫藥學大家所做的工作」。而中醫界所謂的皇漢醫學家，卻是用「科學醫的表面來化妝舊醫學，所以辛苦了半世，卻一毫沒有眞實的弋獲到手」。〔註144〕可見，對日本中醫藥有所貢獻的學者，是在用科學的方法研究、實驗中醫藥；而中醫界所推崇的醫學家，卻僅僅從事著中醫表面的科學化工作，沒有取得絲毫的成就，跟隨他們的腳步只會誤入歧途。

關於日本某大學開設漢醫講座一事，有「廢醫」論者對此做出了分析和評價。「日昨閱報有一段，『日帝大將設漢醫講座，通過於貴眾醫院委員會，中國醫藥前途之大光明』的記事。那些不明白日本的情形和自己本身的地位的人們，好像做了中國人的一份子，享著漢醫這個祖宗傳下來的殘羹冷飯的

〔註142〕《各方之通電》，《杏林醫學月報》1929 年第 3 期。
〔註143〕余雲岫：《論日本皇漢醫學會》，《余雲岫中醫研究與批判》，第 238 頁。
〔註144〕余雲岫：《論日本皇漢醫學會》，《余雲岫中醫研究與批判》，第 238 頁。

餘蔭，自忘其眞相，覺得很光榮似的。我想把這個日本開倒車事件來討論一下。」〔註145〕根據報導，作者分析：其一，提出請願案的都是名不見經傳的人物。其二，請願人數只有五百人，「只此一端，就可以曉得，日本國民是抱著實際主義而富於理性的，是科學的國民，值得我們欽佩的，雖然內中不無無聊份子。」其三，講座是十分神聖的，「新設講座，決不是馬馬虎虎的一件事情」，「我確信其不能通過日本的議會的」。其四，提案的理由不僅不充足而且很可笑。〔註146〕作者不僅否定了日本漢醫講座的權威性和影響力，且對中醫界盲目模仿日本漢醫界活動的做法給予了強烈批判。「譬如：前年有本皇『漢醫學』無聊到極的書籍，逆輸入中國，就一吠百應，熱鬧得了不得，像些日本即刻要開倒車，醫學要復古似的。豈知道這本書，在日本殆無人注意，而所謂皇漢醫者不過數人而已。日本的醫學，雖稱進步，但是宇宙之大，雖免有古怪迷信。前幾年竟有無聊之徒，倡言用算盤來斷病，我想這個事情，給我國的江湖下走，鐵算盤之流聽著，定會興波作浪，鼓其如簧之舌，聳動視聽，說：日本的醫學界，現在注重陰陽五行；要說諸葛亮神算，是論病的唯一方法的了。豈不是少見多怪嗎？豈不是要氣死有智識的醫生嗎？這些陰陽五行能存在，正是我們國民眾的恥辱！」〔註147〕

「廢醫」派指出，日本雖有復興漢醫的運動，但這一運動的規模極小，且幾乎未在日本國內引起關注，中醫界將這樣的運動當作論據顯然是站不住腳的。正如余雲岫以湯本求眞做比喻一樣：「日本醫學的發達絲毫沒有他的功績，現在醫學界絲毫沒有他的位置。他在日本眞如太陽下的爝火，他的著作也似獅子吼聲裏之秋蟲。」〔註148〕

更有「廢醫」派分析，日本雖有研究漢醫的行爲，但卻是別有用心之舉。「最近日本醫學界並銳意研究中國藥物，此項國產藥物研究之工作，吾中國人應自負之。而日本人一則具研究科學興味，加以進求，如有發明，可增國際上之聲譽；一則對中國人之心理，亦可投其所好，以奪漢藥之利源。其一舉兩得之智見，吾中國人不得而知也。即有少數鼓吹文字，徒發空言，無裨實際。此中國人之所以失敗之大原因也。」〔註149〕可見，日本研究漢醫的行

〔註145〕董道蘊：《醫學萬能聲中之一個逆動》，《民眾醫報》1931年第9期。
〔註146〕董道蘊：《醫學萬能聲中之一個逆動》，《民眾醫報》1931年第9期。
〔註147〕董道蘊：《醫學萬能聲中之一個逆動》，《民眾醫報》1931年第9期。
〔註148〕董道蘊：《醫學萬能聲中之一個逆動》，《民眾醫報》1931年第9期。
〔註149〕胡定安：《日本人對於中國醫藥之進行工作》，《社會醫報》1931年第151期。

為並不單純，而中醫界不察，卻將其當作了中醫復興的象徵，為保存中醫提供論據。

「廢醫」派認為，日本明治維新廢止漢醫的政策是促使日本走向富強的重要原因，因而中國應該模仿日本「廢醫」的政策，消除發展道路上的障礙。而中醫界則抓住了明治維新後日本復興漢醫的舉動，認為此舉是日本醫學界反思「廢醫」政策的結果，說明了中醫尚具保存、研究的價值。然而，這一推理再次遭到了「廢醫」派的否定。因為日本復興漢醫只是少數人的小規模行為，幾乎未對日本社會造成影響，中醫界以此為論據是不充分的。

經過幾個回合的論爭，論辯雙方都提出了對各自有利的論據，很難從中分出高下，而日本是傾向於「廢醫」還是「倡醫」也變得不是那麼清晰了。其實，這是雙方發揮論辯技巧的結果。魯迅在《「皇漢醫學」》一文中譏諷中醫道：「我們『皇漢』人實在有些怪脾氣的：外國人論及我們缺點的不欲聞，說好處就相信，講科學者大不提，有幾個說神見鬼的便紹介。」〔註150〕這雖然是一句諷刺中醫界的話，但卻充分反映了中醫界對論據的選擇與技巧的運用問題。正是論爭雙方都採用了種種論辯的技巧，使得我們很難分辨出孰對孰錯，但我們卻可以從中發現，他們選擇的論據都映像了彼時的社會潮流，如對孫中山的崇敬與對日本的景仰等等。

小　結

在近代中國，「科學」一詞被賦予了過多的內容，甚至被塑造為一種話語體系。在「科學」話語體系下，「科學」成為評判事物合理與否的標準，於是，一些流傳千年的中國傳統事物，開始遭受人們的質疑與摒棄，中醫就是其中之一。當「廢醫」派指責中醫「不合科學」時，中醫便失去了存在的合理性。面對「廢醫」派的攻擊，中醫界給予了激烈的反駁：有人重新定義科學的含義，以便能夠包含中醫，然而這樣的做法卻未免牽強；有人用西醫名詞解釋中醫術語，以尋求中醫的科學性，卻愈發讓人不知所云；也有人很有創見性地提出科學不能涵蓋一切，中醫的合理與否不應由科學說了算，但卻無法提出雙方都能滿意的新標準，況且對科學這一標準的懷疑就意味著挑戰科學的權威，類似的言論只會很快淹沒於科學大潮中。總之，不合科學成為了中醫的死穴，且一直持續至今。於是，在科學話語下，中醫界無論如何反駁，都

〔註150〕魯迅：《「皇漢醫學」》，《語絲》1929年第22期。

始終讓人感到牽強無力，它唯有跳出這個圈子，選擇更爲恰當的話語，才有可能奪取話語權。這便是中醫界選擇「民族主義」話語的原因。

頻遭列強欺辱的近代國民，尤其是下層百姓，在看待西方事物時，常常不自覺地懷有民族情緒甚至仇外心理。因而，運用民族話語，激發民眾的愛國激情，以抵抗「廢醫」派的進攻，無疑是一個十分有效的方法。中醫界有意改變稱呼，將中醫稱爲「國醫」、「國粹」，以刻意展示與舶來西醫間的差異，體現自身的民族性。在民族主義話語下，中醫界指責「廢醫」派的行爲不僅不利於國計民生，且將導致「亡國滅種」的結局，顯然，這樣的「罪名」是任何人也承擔不起的。類似的言論並非只有中醫界善於運用，面對中醫界的攻擊，西醫界提出了相反的命題，認爲唯有廢止中醫才能挽救中國的危局。中醫不但不能促進民眾健康，且導致民眾的健康日益惡化，「東亞病夫」的稱號就是「拜中醫之所賜」。儘管「廢醫」派也以民族話語據理力爭，但多是對中醫界的回應，此外，還不得不面對「漏厄」的事實，顯然遜中醫一籌。總之，在科學話語下，「廢醫」派尚呈現出一幅咄咄逼人的主動架勢，而在民族話語下，則陷入了攻擊——辯駁的被動局面。

「科學」與「民族」這兩個話語如同兩個不同的戰場，在不同的戰場上，論辯雙方的攻守形勢也有所不同。在「科學」戰場上，「廢醫」派顯然處於攻勢與上風，而中醫則處於守勢與下風；相反，在「民族」戰場上則是另外一種情形。揚長避短，是一種論辯的技巧，這在雙方對論據的選擇中也展現了出來。

無論是引用名人言論，還是運用名人或日本的實例，「廢醫」派與中醫界都找到了對各自有利的論據。然而，雙方僅僅是爲了論證之需而應用論據，中間不乏牽強附會或刻意誇大之言辭。孫中山說，破壞是革命的手段。中醫界運用此語抨擊「廢醫」派只知破壞不知建設，有違孫總理遺訓。而在「廢醫」派看來，此語則是說明革命必須打破舊的方能建設新的，醫學革命也是如此。可見，同一人的言論，經過兩方的闡釋後，卻出現了前後矛盾的現象。不僅如此，同一國家（日本）的醫學政策，在被兩方引用後，也讓人無從分辨哪一個才是日本眞實的醫學狀況。漢醫在日本究竟是廢止了還是復興了呢？顯然，僅僅通過雙方的一面之詞，答案不得而知。

選擇話語，抑或選擇論據，都是爲了更好地攻擊對方，保護自己。但這樣的論爭並不是純粹的內在學理討論，而是將自身包裹在華麗的「外衣」下，

比較誰的「外衣」更勝一籌。而包裹著「外衣」的論辯雙方，不論誰更佔據優勢，都只是「外衣」威力的體現，卻不能以此證明自身更具優勢。舉例而言，「廢醫」派選擇了科學話語，中醫界選擇了民族話語，僅僅能夠證明「科學」、「民族」在近代中國強大的影響力，卻不能說明西醫或是中醫的學理更有價值。因而，儘管他們都選擇了合適的話語、論據證明自身，但唯一能證明的卻是話語、論據本身。故而，筆者有必要對中西醫學做進一步判斷。

首先，中西醫學所選擇的論據未必客觀。爲在言論上駁倒對方，中西醫學界都需要運用合適的論據以增強自身的說服力。於是，雙方的言論看似有理有據，實則這些論據早已經過了一定的篩選與發揮。日本明治維新「廢醫」一事是最爲典型的案例。在學習日本的潮流聲中，日本的所作所爲都被拿來用作論據。明治維新期間廢止漢醫的舉措，在「廢醫」派看來，是日本富強之重要原因，因而被大加宣揚，給中醫界帶來了很大壓力。其後，日本漢醫的復興又被中醫界誇大其詞，以此證明中醫藥依然具有價值。但很快，「廢醫」派加以澄清，日本的復興漢醫運動根本不成氣候。雙方的短兵相接似乎勢均力敵，但幾個回合下來，卻讓筆者心存疑問：1. 日本廢止漢醫是促使其走向富強的理由麼？2. 日本漢醫復興的影響力究竟有多大？其一，眾所周知，明治維新是日本在政治、經濟、社會文化、軍事、教育等方面所作出的全面改革，「廢醫」僅僅是改革中的一個小點而已。若沒有其他改革措施的支撐，僅僅廢止漢醫怎可能使日本從此一躍而起？「廢醫」派有意忽視了「明治維新」的各項改革措施，而刻意誇大廢止漢醫的歷史作用，將日本的富強歸功於「廢醫」顯然是有失偏頗的。其二，中醫界對日本漢醫復興的論述也過於誇大。明治維新廢止漢醫後，日本的漢醫基本處於一蹶不振的狀態，即使其間出現過復興，但並未使漢醫重新確立地位，因而所謂的「廢西藥而用漢藥」完全就是道聽途說之言。以現代日本的漢醫教育爲例，「日本從明治政府頒佈廢止漢方醫學的法律起至 1972年，幾乎所有大學都沒有正規的漢方醫學教育」〔註 151〕。中醫界所極力宣揚的日本漢醫復興給人造成了一種漢醫重新獲得重視的假象。可見，中西醫雙方不但選擇對自己有利的論據，且刻意將有利的一面擴大化，從而將眞正的事實掩蓋在了言論的背後。

〔註 151〕戴昭宇、全選甫、宋敏：《日本中醫發展現狀概覽》，《河南中醫》2008 年第12 期。

　　其次，「廢醫」思潮所引發的中西醫論爭並未分出勝負。縱觀整個中醫近代史，我們通常會認為，中醫在近代以來受到了排擠，極其被動，因而，在中西醫論爭中，中醫也幾乎處於 「失語」的狀態。其實，這樣的判斷並不準確。民國以來的「廢醫」運動確實給中醫帶來了很大困擾，使中醫的發展面臨困境，但在思想層面，「廢醫」思潮所引發的中西醫論爭卻並未分出勝負。在論爭中，雙方往往充分利用各種話語與論據，以展現自身的優勢，攻擊對方的劣勢。從本章內容可見，中西醫學在不同話語下所呈現的態勢完全不同。具體而言，在科學話語下，西醫界呈現明顯的進攻架勢，中醫界雖有反駁，但卻相對弱勢；而在民族話語下，中醫界反守為攻，勢頭強勁，西醫界則表現出被動的一面。可以說，在中西醫論爭中，雙方互有勝負，不分高下。面對「廢醫」思潮的侵襲，中醫界並非人們所想像的那樣處處被動，節節敗退。

　　最後，對中西醫學的判斷不能僅從一方的角度出發。如前所述，中西醫學界為取得論戰中的勝利，往往尋找對自身有利的話語與論據攻擊對方。因而，這些經過揣摩的言論都具有一定的道理，僅從一方出發去判斷另一方，難免受到一方言論的牽制而得出並不客觀的結論。然而，在筆者看來，人們卻常常僅憑一家之言便妄下定論，至今依然喧囂的「中醫不科學」的言論其實就是站在西醫角度所作出的判斷。中西醫學屬於不同的醫學體系，從理論基礎、診病方式到下單開藥等等，都具有極大的差異，從西醫角度衡量中醫，「跟帶了有色眼鏡甚至哈哈鏡看東西其實也差不了多少」〔註152〕。如果僅僅站在一方的角度看待另一方，那麼我們將很難發現對方的合理性，而二者之間的矛盾與衝突也將難以得到妥善的解決。

　　總之，民國時期的這場中西醫論爭並非簡單的學理探討，而是雙方想贏得話語權的論戰。在這場論戰中，中西醫學都僅選取對自身有利的話語與論據，因而互有勝負。而要想對中西醫學作出更為客觀的判斷，則不能受到任一方言論的牽制，人云亦云。

〔註152〕張鳴：《舊醫，還是中醫？——七十年前的廢止中醫風波》，《讀書》2002 年第 6 期。

第四章 「廢醫」思潮的客觀結果：
「中醫科學化」運動

　　民國以來，在各種觀念與思潮的衝擊下，「廢醫」派認爲中醫成爲了國家衛生行政與社會進步的障礙，於是，要求廢止中醫的呼聲不絕於耳。在所有的「廢醫」理由中，「中醫不科學」一條對中醫的打擊最爲沉重而有力。面對「廢醫」派對中醫「不科學」的指責與抨擊，中醫界始終保持著積極的抗爭態勢，一方面，努力駁斥「中醫不科學」的言論，列出中醫合乎科學的種種理由；另一方面，努力尋找對自身有利的話語，抓住以西醫爲主的「廢醫」派的弱點，以攻爲守地反擊對方。這樣的抗爭的確爲中醫贏得了一線生機，但「中醫不科學」這樣的話語始終困擾著中醫，使中醫界無論如何反駁都顯得牽強無力。在這場攻守戰中，科學成爲中醫致命的「殺手鐧」，那麼如何改變中醫與科學對立的狀況，使科學爲我所用呢？於是，那些不願中醫就此消亡的人們提出了「中醫科學化」的主張。

一、中醫科學化的提出與爭議

　　「中醫科學化」運動是 20 世紀 30 年代中醫界興起的最有影響力的浪潮。隨著時代的進步與中西醫論爭的日益激烈，中醫界越發體會到革新中醫的必要性。「世界日新，文化日進，一切的一切，皆有革新之必要，那才不致淘汰而落伍！國醫藥學，當然不能跳出範圍，故步自封！」〔註1〕於是，中醫界人士紛紛提出各種改革中醫藥的方案。儘管有些中醫界人士並未直接涉及中醫

〔註 1〕陸以梧：《對於國醫科學化的一點感想》，《中醫科學》1936 年第 1 卷第 5 期。

科學化的概念，但他們所提出的方案的主旨卻與中醫科學化有著異曲同工之
妙。因而，單純探討中醫科學化運動已能充分反映出當時中醫界的改革趨勢
與普遍心態。當然，中醫科學化的提出並非得到了所有醫學界人士的贊同，
不論是中醫界還是西醫界，都出現了反對的聲音，但這些質疑並沒能抑制中
醫科學化運動的進展。陸淵雷、譚次仲、朱松、張贊臣等作爲中醫科學化運
動的代表人物，提出了中醫應當科學化的觀點，並闡述了中醫科學化運動的
必要性與可能性等問題。

（一）中醫科學化的提出

「中醫科學化」這一口號在 20 年代時已有人提出，但影響並不大，直至
1931 年中央國醫館成立，並提出「採用科學方式整理中國醫藥，改善療病及
製藥方法」後，中醫科學化才「似已普遍於國內，成一時髦名詞」。〔註 2〕國
醫館成立後，開始著手於中醫藥的整理工作。《國醫藥學術整理大綱草案》對
整理宗旨作了具體闡述：「第一步使此後業醫之士，漸成科學化。第二步使世
界藥學界，得明瞭國醫學之真價值。第三步使國醫學融合世界醫學，產生一
種新醫學，而救死已疾之法益臻完善。」〔註 3〕西醫界的壓制加之中央國醫館
的推動，使中醫界很快掀起了一股中醫科學化運動的熱潮。

在這股熱潮中，中醫界人士紛紛發文闡釋提倡中醫科學化的必要性。
有人提出，中醫頗具科學的精神，因其學理難以理解，故而被人視爲不合
科學，如果能夠用科學的方法對其加以整理，「使有系統，則爲完全科學無
疑」。〔註 4〕也有人提出，在海境未開之前，中醫或許可以「不需講求病理，
不必整理統系，以醫能治病則已」，然而在世界科學昌明的時代，「凡一學
術，須與世界上競爭，始有存在之可能」。就中醫學而言，如果「不究病理，
則難以服外人，不加整理，則不可以誘掖後學」。〔註 5〕

上述言論多從現實角度指出中醫必須科學化，與之相比，譚次仲的看法
更爲成熟。在一篇演講稿中，他從學術、歷史、事實等三個方面論證中醫科
學化的必要性。從學術方面講，中醫若要解釋，若講原理，「就不許有絲毫的
離開科學的立場多講半句話」！從歷史方面講，醫學的進程經過宗教、哲學、

〔註 2〕 朱松：《「中醫科學化」是什麼？》，《醫界春秋》1931 年 66 期。

〔註 3〕 陸淵雷：《國醫藥學術整理大綱草案》，《余雲岫中醫研究與批判》，第 180 頁。

〔註 4〕 周伯祐：《中國醫學科學整理的必要》，《中醫科學》1936 年第 1 卷第 2 期。

〔註 5〕 李倫敦：《從整理國醫說到糾正病名》，《醫界春秋》1932 年第 71 期。

科學三個階段，中醫科學化，「是向上改良進步發展的唯一正路」，否則就是「開倒車，甘落伍」。從事實方面講，中醫科學化是合乎科學潮流之事。〔註6〕具體而言，在科學潮流下，中醫界面臨種種「不科學」的困境：在社會領域，中醫的陰陽理論雖能夠觀察疾病的通候，卻不能指出疾病的部位與病部的變化，「國醫能於此不能於彼，乃爲失國人信仰的原因」；在行政領域，衛生行政以近代醫學知識爲基礎，然而，中醫卻與衛生行政格格不入，無法擔任調查傳染病等工作；在教育領域，中醫不能順應科學潮流，「認眞從科學來革新，就永不能加入教育系統的」；在醫學領域，中醫若不改變方針，皈依科學，就無法消除西醫的敵視，中醫的地位將不能鞏固。〔註7〕總之，若不能實現科學化，中醫必將滅亡。概括言之，非科學化則不能得確實之改良與進步也；非科學化則漸失國人之信仰也；非科學化則不能與衛生行政聯成一氣也；非科學化則不能加入教育統計系也；非科學化則不能消除西醫之敵視也；非科學化則不足提高國醫之地位也。〔註8〕

可見，在中醫界一些人士看來，中醫科學化運動是挽救中醫的有效途徑。那麼，究竟何爲中醫科學化呢？如何實現中醫科學化的目標呢？1931～1932年，朱松的《中醫科學化是什麼？》一文分三期連載於《醫界春秋》雜誌，對中醫科學化作了詳細探討。

作者首先闡釋了中醫科學化的概念，即「應用科學方法研究中國固有醫學」，並指出應以「醫療功效速、手續較簡單、較爲經濟」爲標準，判斷「何者應棄去，何者應略存，何者應闡發，何者應淘汰」。〔註9〕關於中醫科學化的步驟，朱松提議將中醫與中藥分別整理。整理中醫的步驟分三步：第一，確定專有名詞的意義；第二，疾病分類；第三，統一病名。至於中藥，則首先需要確定藥物的標準，其次，按照性質或狀態的不同將其分門別類等。〔註10〕

〔註6〕 譚次仲講，薛玉成錄：《論中醫科學化之必要》，《中醫科學》1937年第1卷第7期、第8期。

〔註7〕 譚次仲講，薛玉成錄：《論中醫科學化之必要》，《中醫科學》1937年第1卷第7期、第8期。

〔註8〕 譚次仲：《論國醫非科學化則必亡及略舉科學整理之方法》，《中西醫藥》1936年第2卷第2期。

〔註9〕 朱松：《「中醫科學化」是什麼？》（續），《醫界春秋》1932年67期。

〔註10〕 朱松：《「中醫科學化」是什麼？》（續），《醫界春秋》1932年68期。

　　陳無咎整理中醫的觀點與朱松十分類似，他也認爲整理過程須分三步走：「第一步工作，是統一醫學名詞。第二步工作，是審定醫學著作，編輯教科書。第三步工作，是整理實驗方案，研究特效藥。」〔註11〕

　　以上二人對中醫科學化的過程提出了一個大致的構想。在《中國醫學的科學究研法》一文中，蔣文芳則對中醫科學化的步驟提出了具體實施辦法：「我們如果眞是要用科學方法來研究中國醫學，第一步須先把歷來的醫學書籍，剔別一下，採取詳載症象方藥的一類，放棄空談理論的一類。第二步把採取的醫書，檢查一下，將各書所載各種疾病，各式不同的症象，分類歸納起來，就把方藥繫在下面，相同的歸併在一起，獨異的保留備考，那麼每病每症，都有確切經驗的方藥，做成統一的方式。第三步然後實施臨床，做成翔實的統計，加以辨別，才叫做科學研究，它的結果，自然異常的準確而切實，依據事實推求，這才是科學方法啦！」〔註12〕

　　中醫科學化運動體現了中醫界尋求革新的努力，因而得到了一些西醫界人士的支持。他們希望通過此次革新，中醫能夠眞正實現「科學化」，於是，西醫界也紛紛發表自己對中醫科學化的看法及對中醫界的期望。針對中醫界廣爲討論的如何實現中醫科學化的問題，西醫界也有人提出了自己的建議：

　　（一）政府宜特設講習所，強徵舊有醫生受短期之科學訓練，並導之多參觀新醫臨床試驗，以促進其對於科學之信念，而徐圖改進之。

　　（二）限制習中醫者，必先入專授生理學解剖學及其他必需科學之學校肄業二年或三年。

　　（三）限制舊有醫生處方時，必詳述病態及投劑理由，以促進其學術之研究而杜臆斷之弊。

　　（四）政府宜遴借外才，創立中醫學研究所，或實驗所，考究舊說精粹之所在，以爲取捨改進之準則（如中醫之針灸晚近外人已有悉心研究之者）。

　　（五）新舊之間，宜調洽感情，以收互益之效。蓋他山之石，可以攻玉，閉戶造車，老死不成也。〔註13〕

〔註11〕　陳無咎：《一般西醫評論底評論》，《醫界春秋》1929 年第 34 期。

〔註12〕　蔣文芳：《中國醫學的科學究研法》，《中醫科學》1936 年創刊號。

〔註13〕　萬友竹：《如何領導中醫入科學正途》，《中西醫藥》1935 年創刊號。

　　不過，西醫界關注更多的還是中醫科學化運動的具體實施過程，並根據中醫界的進展狀況，隨時提出注意事項與批評建議。余雲岫在一篇《醫學科學化之眞諦》的文章中對中醫科學化提出了三點要求：「第一，不是單單把工具來科學化，是要把運用工具的人也科學化起來；第二，不是單單把字面來科學化，是要把議論的根據也科學化起來；第三，不是單單把舊帳簿來用科學方法整理，還要把整理以後的舊賬來用科學方法研究。」〔註14〕如果不能達到這三點，即使「叫了一百年科學化，是永遠不會科學化的」。〔註15〕在余雲岫看來，目前中醫科學化存在一個非常大的問題，就是「羊質虎皮」，即「把科學的皮毛拾來，裝飾在外面，就算是科學化」。「從醫學方面講起來，就是舊醫用起新藥、新械來，就算是科學化；用不懂科學的人來整理舊醫藥，就算是科學化的工作。」〔註16〕但是，「科學化是實質的，不是外貌的」，而目前中醫科學化運動卻只是貫徹在了表層，並沒有滲透到中醫最需科學化的醫理部分。因而，以不懂科學的中醫人士作科的研究工作，謬誤是難以避免的。有作者將中醫科學化的部分成果予以展示，以揭露中醫科學化運動的局限性。「今就彼輩所謂科學整理改進之成績，略舉一二。」

　　「絡乃行氣行血之微絲管，內通於胃，外行於肌者也。（吉林醫報）」

　　「氣化爲細胞之母，六淫爲細菌之母。（吳縣醫刊）」

　　「任脈即輸精管。（中醫世界）」〔註17〕

　　以上科學整理之成績在西醫界看來是幼稚可笑的。這樣的中醫科學化運動只不過是在用「新學之片詞隻義，附會成篇，非能根據科學，而解釋曩日文獻，以訂正其謬誤也」。〔註18〕

　　從上述西醫界關於中醫科學化的批評建議中，我們可以發現，中西醫界對中醫科學化的理解存在著一定的差異。中醫界所提出的中醫科學化運動，多傾向於整理、研究等工作，不觸動中醫的根本醫理，如整理文獻、分類疾病、研究中藥等；而西醫界，則傾向於對中醫基礎理論的革新，如摒棄中醫舊說，要求中醫接受科學訓練、臨床試驗等。可見，關於中醫科學化運動的

〔註14〕　余雲岫：《醫學科學化之眞諦》，《中華醫學雜誌》1934 年第 20 卷第 4 期。

〔註15〕　余雲岫：《醫學科學化之眞諦》，《中華醫學雜誌》1934 年第 20 卷第 4 期。

〔註16〕　余雲岫：《〈社會醫報〉四週年紀念徵文啓》，《余雲岫中醫研究與批判》，第 397 頁。

〔註17〕　洪貫之：《中國醫藥文獻整理之二三注意點》，《新醫藥刊》1935 年第 27 期。

〔註18〕　洪貫之：《中國醫藥文獻整理之二三注意點》，《新醫藥刊》1935 年第 27 期。

步驟、實施辦法等問題並沒有在整個醫學界達成一致。正因爲如此，儘管「『中醫科學化』的呼聲，現在已經遍及全國，響澈雲霄，不能說是不極盛了」〔註19〕，但並非就得到了所有人士的贊同。相反，這一觀點自提出之日起，反對之聲就不絕於耳。

（二）圍繞中醫科學化的爭議

1935 年底，《中西醫藥》雜誌面向大眾徵稿，凡對「中醫科學化」有獨特見解的人士均可投稿。經過整理，該雜誌於 1936 年發行《中醫科學化論戰特輯》（上、下），匯總了大量觀點不同的文章。《中西醫藥》的主編將這些文章歸納爲三種論調：（1）中醫可以科學化。（2）中醫不可科學化。（3）中醫不必科學化（包含主張中醫本身原是很合科學的）。〔註20〕這三種論調正代表了醫學界對中醫科學化運動的三種不同態度。其中，（2）與（3）均是反對「中醫科學化」的觀點。

「中醫科學化」運動最直接的原因即是「廢醫」論者對中醫科學性的否定。「今日有最流行之用語曰科學，而中醫亦受此用語之打擊……於是經此劇烈奮鬥之結果，而得一暫時休戰之宣告，曰：『中醫科學化』。」〔註21〕有中醫界人士認爲，中西醫學並非有九世之仇，只是西醫深惡中醫不合科學的玄談謬論，因此，只要中醫順應潮流，皈依科學，中西醫學自然能夠和解。然而，中醫界希望和解的願望並未實現，一些「廢醫」論者進一步提出「中醫不可科學化」，並藉此機會不依不饒地對中醫發動新一輪攻擊。

夏以煌在一篇《中醫不可科學化論》的文章中明確指出：「中醫科學化，實爲不可能之事實」。「一方欲保存古說，一方又採取科學，冰炭無可相容，科學爲非由人類意識所構成，乃自然界間種種相互關係之事實，有一而無二者也。」〔註22〕陰陽、運氣、五行、六氣十二經絡等醫理，及溫、熱、寒、涼、滋陰、降火等藥理，不合事理，決不能使之科學化，只有「廢棄一法，乃了然無疑者也」。〔註23〕

在西醫界看來，中醫學術根源於陰陽五行等學說，而陰陽五行等這些虛妄的理論是根本無法科學化的，因而中醫科學化「在學理上在事實上」，只是

〔註19〕 洪貫之：《關於「中醫科學化問題」的商榷》，《中西醫藥》1936 年第 2 卷第 2 期。
〔註20〕 《揭幕》，《中西醫藥》1936 年 2 卷 2 期。
〔註21〕 顧惕生：《中醫科學化之商兌》，《醫界春秋》1930 年 44 期。
〔註22〕 夏以煌：《中醫不可科學化論》，《中西醫藥》1936 年第 2 卷第 3 期。
〔註23〕 夏以煌：《中醫不可科學化論》，《中西醫藥》1936 年第 2 卷第 3 期。

一個「『驢頭不對馬嘴』的笑話」，〔註24〕其目的不過是爲了應付「廢醫」派的攻擊而已。范守淵譏諷道：「我覺得要這反科學的落伍舊醫科學化起來，眞如要一隻猴子改變成功人形有同樣的困難。」〔註25〕因爲中醫的全部理論，「都是怪誕荒唐，虛玄謬誤，幾乎沒有一處不是違反科學，沒有一處不是在那裡說謊，在那裡欺人的」。「如果要應用科學的理論去解釋他，幾乎沒有一處能講解得通。這種不合科學的舊醫理論，要是偏要拿科學去『化』它，那結果只有的舊醫的骨骼都要化成灰粉呢！」〔註26〕范守淵的諷喻認定，中醫與科學根本就是格格不入的兩個領域，提倡一方必然要打破另一方，中醫是不可能通過「科學化」的途徑達到轉變爲「科學醫」的目的的。

　　與上述較爲堅決的言論不同，另有一些西醫界人士只是部分地反對中醫科學化運動。也即，他們贊同中醫科學化本身，但卻堅決反對中醫科學化由「開口陰陽五行，閉口肝火濕熱」的舊醫來完成。因爲整理「是必須用近代科學實驗的工具，用實證的方法，才可以達到目的」。〔註27〕爲使這一道理更爲通俗易懂，有作者還以煉丹爲例，證明科學化過程必須由專人來操作。「我們中國講『煉丹』的書很多，其中當然有不少前人已做過的化學反應，現在我們決不能仍請煉丹的道士，從舊書中整理出各種化學反應和方法。只有請研究化學專門的人，用各種化學上的精密器械，根據化學上基本的定律，來做系統的試驗。那麼『煉丹』這一件事，才整理得了。中醫中藥的整理，亦是如此。所以請中醫去整理擔任不了的話是眞的，還是要請學科學醫和藥學的人去整理，是無可疑的了。」〔註28〕目前中醫科學化的工作，「已有科學醫家著其先鞭，毋需中醫們來運轉，我現在所深望的，不過是科學醫家應再進一步的探求與發揚中醫有用的經驗，來完成中醫們的願望」。〔註29〕儘管部分西醫界人士在某種程度上承認了中醫科學化運動的合理性，但卻要求這一實踐操作必須由西醫來完成，這實際等於否認了中醫存在的必要性。

〔註24〕　愼言：《「科學化」後之國醫》，《醫藥評論》1933 年第 5 卷第 9 期。
〔註25〕　范守淵：《中國舊醫藥的科學化問題》，《中西醫藥》1936 年 2 卷 3 期，轉載於《社會醫報》1933 年 191 期。
〔註26〕　范守淵：《中國舊醫藥的科學化問題》，《中西醫藥》1936 年 2 卷 3 期，轉載於《社會醫報》1933 年 191 期。
〔註27〕　范達：《「國醫科學化」》，《醫藥評論》1933 年第 5 卷第 9 期。
〔註28〕　范達：《「國醫科學化」》，《醫藥評論》1933 年第 5 卷第 9 期。
〔註29〕　沈乾一：《中醫興廢的我見》，《中西醫藥》1936 年 2 卷 3 期。

　　反對中醫科學化的西醫界人士認為，中醫的醫理根本無法科學化，除非將其剔除，但剔除之後的中醫將有可能變成「現代西醫」，實際已不再是中醫；部分贊同中醫科學化的人士則認為，中醫可以科學化，但這一工作需要西醫人士來完成，實際否認了中醫存在的必要性。從這兩類觀點中，我們可以發現，西醫界所理解的中醫科學化實際上是希望中醫界發生一個根本的變革，這就意味著中醫在科學化之後很有可能將不復存在。因而，有西醫界人士對中醫科學化的結果做出這樣的預測：「至於中醫應科學化，從這句口號裏我們也可以看出中醫將亡的徵兆。」因為「中醫是玄學的醫學，現在要科學化，不是已根本動搖了嗎？況且要科學化，一定要修習整個科學醫學的學識，才能得達健全之境；如仍一知半解，得其皮毛，不能徹底的改變，是無濟於事的。所以中醫要科學化，一定要化得透。不過，諸君試一思之，中醫到了這個地步，還成什麼中醫嗎？不已就是科學醫了嗎？所以中醫藥科學化，實即中醫的自棄而奉行科學醫學的表示；也就是中醫學畏罪的自殺」。〔註30〕

　　與之相類似，余雲岫也認為，中醫實現科學化之時，也就是中醫消亡之時：「宣告用科學整理舊醫學；現在無論社會的人們，無論舊醫，都知道舊醫應該科學化了，其實這是和宣告舊醫學破產一樣。」只要中醫「曉得科學化是舊醫學現在必要的趨勢，那麼一步一步進去，總可以達到完全科學化的目的。到了真正完全科學化的時候，舊醫就真正完全消滅了」。〔註31〕

　　可見，在一些西醫界人士看來，「中醫科學化」不是僅僅運用科學的「皮毛」而已，而是使中醫完全奉行科學，從而發生徹底的改變；但這樣的邏輯結果很可能就是中醫最終不可避免地走向消亡之路。對於這種可能出現的結局，中醫界也是相當警惕的，因而，一些中醫界人士對中醫科學化運動始終持懷疑態度。「科學化三字，很不容易的，不單是要學著講幾句加答兒、窒扶斯，什麼反應，刺戟等名詞，就可算了，必須將中西學理來考研溶合，那麼就要發生困難。人才雖有，而病理和藥理等等，或者有許多不能溶合的地方，不得已，必致棄掉舊有的，來根據新的學理，——因為他是實質的得來的——此新的學理，彼趨正道、不落空的途徑，而一定含有十足的西醫氣味，

〔註30〕　沈乾一：《中醫興廢的我見》，《中西醫藥》1936 年第 2 卷第 3 期。
〔註31〕　余雲岫：《醫學革命的過去工作現在形勢和未來的策略》，《中華醫學雜誌》1934 年第 20 卷第 1 期。

這樣，豈不是失去獨立性，被人在臺後暗笑我們暗降了嗎？」〔註32〕

中醫界抱有這樣的擔憂，中醫科學化將使中醫剔除舊有的理論而融合新理，最終失去獨立性，成為帶有西醫色彩的中醫學，於是，中醫的「科學化」便成為了「西醫化」，即一些中醫界人士之所言：「捨中醫之根本學說，以同化於西醫。」〔註33〕一旦「科學化」變成了「西醫化」，那就意味著中醫失去了獨立的地位而歸附到了西醫的門下。

因而，在「中醫科學化」運動如火如荼進行時，有中醫人士顧惕生出言不遜地諷刺中醫科學化：「以解剖死屍為科學，以仿造西醫為科學，則如是之科學化，無殊為死豬化死狗化，無殊為商販化商品化，而將使中醫之真價掃地無餘，不獨不能為中醫助長其光明，而轉為中醫滋深其罪戾而已。」〔註34〕其後，張拱端也借鑒了顧氏的說法，指出：「中醫中藥，誠非西法所能窺視者，主張科學化者，不知科學是什麼東西。中醫用何樣根本，科學有何能力，中醫有何特長，只知昨日已鼓吹學說系統化，今日又鼓吹機械治療化，明日又鼓吹藥物生理化，以及死豬化，死狗化，驗尿化，驗屎化……而於中醫之本能，毫未瞭解，將中醫之精神，喪失無餘。……中醫是整個獨有之科學，溝通西說則可，若純用西人之科學化，不合科學者棄之，不但不能進步，而反大有退步之虞。」〔註35〕

在一些中醫界人士看來，中醫科學化運動的最終結果就是「自掘墳墓」〔註36〕，「中國之學術，將不亡於整理之前，而亡於整理之後矣，尚不如不整理中醫尚不致根本消滅也」〔註37〕。中醫科學化運動不但不能消除中醫所面臨的危機，反而成為了加速中醫滅亡的催化劑。

針對中醫界所流傳的「中醫科學化運動乃對外良策」的觀點，中醫人士曾覺叟反問道：如果中醫科學化真的能使「西醫結舌，政府承認，則自十八年來，國內同人對於此事之辯論文字，幾將盈篋，何至教育統系，尚未加入？」

〔註32〕 江浦清：《科學化的中醫》，《杏林醫學月報》1936 年第 91 期。
〔註33〕 曾覺叟：《以中醫不能科學化之理由敬告同人書》，《國醫正言》1935 年第 9 期。
〔註34〕 顧惕生：《中醫科學化之商兌》，《醫界春秋》1930 年第 44 期。
〔註35〕 張拱端：《對於中醫不科學與科學化聲浪中之呼聲》，《醫界春秋》1935 年第 103 期。
〔註36〕 曾覺叟：《以中醫不能科學化之理由敬告同人書》，《國醫正言》1935 年第 9 期。
〔註37〕 曾覺叟：《中醫無須科學化》，《中西醫藥》1936 年第 2 卷第 2 期。

〔註 38〕中醫科學化的根本目的是為了保存、發展中醫，而實際情況則是，提倡了多年的中醫科學化卻始終未能使中醫加入教育系統，這就從根本上否定了中醫科學化的作用。

除中醫科學化運動可能帶來中醫消亡的結果外，其所暗含的中醫「不科學」的隱意也是導致中醫科學化運動遭致部分中醫界人士反對的另一個重要原因。就中醫的性質而言，許多中醫界人士都肯定中醫的科學性。有人指出，科學包含的範圍極廣，其中既有精神的部分，也有物質的部分。「中醫得科學精神之一部份，西醫得科學物質之一部份，均非完全科學，蓋一同醫也。」既然如此，「西醫稱為科學，那麼中醫當亦可稱為科學」。〔註 39〕「西醫根據形質以治療，中醫根據氣化以施診。各為各之科學，何得謂中醫不科學？」〔註 40〕「中醫合乎科學」這樣的觀點在中醫界十分普遍〔註 41〕，許多中醫界人士將此作為對「廢醫」派的最好回應。然而，中醫科學化的概念卻暗含著中醫不科學的隱意，那麼提倡中醫科學化就等於中醫界自身默認了中醫不合科學，這樣的狀況自然會招致一些中醫界人士的反對。

儘管「中醫科學化」飽受質疑，但中醫朝著科學化方向發展的腳步並沒有因此而停止。經過「五四」新文化、「科玄論戰」後，「科學」的權威在越來越多人的心目中樹立了起來。在一些科學一元論者看來，科學不但可以支配人生觀，且能夠滲入到各個領域，儼然成為了「唯科學主義」。郭穎頤將「唯科學主義」定義為：「那種把所有的實在都置於自然秩序之內，並相信僅有科學方法才能認識這種秩序的所有方面（即生物的、社會的、物理的或心理的方面）的觀點。」〔註 42〕「唯科學主義」使科學成為衡量事物的唯一標準，不能通過科學檢驗的事物，自然就失去了合理性。而中醫的理論顯然無法用科學來解釋，於是，中醫面臨著前所未有的生存危機。可以說，在科學主義大潮下，中醫沒有更多的道路可以選擇。選擇與科學對立，將意味著它失去

〔註38〕 曾覺叟：《以中醫不能科學化之理由敬告同人書》，《國醫正言》1935 年第 9 期。

〔註39〕 奚可階：《科學之認識》，《中西醫藥》1936 年 2 卷 2 期。

〔註40〕 張拱端：《對於中醫不科學與科學化聲浪中之呼聲》，《醫界春秋》1935 年 103 期。

〔註41〕 關於中醫界提出的「中醫合乎科學」的言論，本文第三章第一節已有所闡釋，此不贅述。

〔註42〕 （美）郭穎頤著，雷頤譯：《中國現代思想中的唯科學主義（1900～1950）》，江蘇人民出版社 1990 年版，第 15 頁。

了存在的理由；而選擇皈依科學，則還有存留下去的可能性。因而，儘管關於中醫科學化的觀點並未達成一致，但中醫爲了生存，只能開始了科學化的進程。

「中醫科學化」運動雖遭到了中西醫界一些人士的質疑，但從總體上說，這一運動開啓了用科學方法研究中醫藥的先河。中醫書籍獲得了科學的整理，一些藥物、經方的科學原理爲人們所瞭解等等。可以說，中醫能夠存在至今，與這一運動有著密不可分的關係。

二、中醫科學化的嘗試

中醫科學化思潮的興起促使中醫界開始了中醫科學化的嘗試。統一病名、編修教科書與設置中醫課程、研究中草藥等，都將中醫科學化貫徹到實踐當中，一步步推動中醫完成近代化的轉型。可以說，中醫近代化的歷程與中醫科學化運動有著密不可分的關係。

（一）統一病名

1931 年，中央國醫館成立後，開始了中醫科學化運動的積極嘗試。統一中、西醫病名就是國醫館所做的中醫科學化的工作之一。1933 年，中央國醫館發佈了《中央國醫館學術整理委員會統一病名建議書》、《中央國醫館審定病名案凡例》及《中央國醫館審定病名錄》，徵求各分館的意見。

建議書將統一病名的工作分爲三步：第一步，「先詳開西醫所通行之華譯病名，分類排列成一表冊。一內科、二外科、三婦人科、四小兒科、五五官病科、六梅毒淋病科。內科之中，甲傳染病，乙消化、呼吸、循環、泌尿、神經、無管腺諸系統病，丙運動器病，丁新陳代謝病、戊官能病，己中毒病，庚物理病。婦兒諸科，依此類推。如是開列已。乃取古今較要之國醫書，如張機、巢元方、孫思邈⋯⋯諸家，察其所舉病名，究爲西醫之何病，各塡入前開之表冊，以資校勘。」第二步，根據對勘確定病名。第三步，送館頒行。
〔註43〕

顯然，統一病名的「三步走」步驟中，西醫的病名成爲參照標準，起到了主導的作用。對此，國醫館在「建議理由」中給予詳細解釋：「國醫原有之病名，向來不合科學，一旦欲納入科學方式，殊非少數整理委員於短時期內所能爲力。藉曰能之，然天下事物，只有一個眞是。西醫病名既立於科學基

〔註43〕 《中央國醫館學術整理會統一病名建議書》，《醫界春秋》1933 年第 81 期。

礎上，今若新造病名，必不能異於西醫，能異於西醫，即不能合於科學，不
然科學將有兩可之『是』矣。……整理之目的，欲入於科學方式，非欲立異
於西醫也。」〔註44〕

在回答了統一病名為何須依傍西醫病名之後，國醫館又針對為何不以中
醫病名為標準的問題，加以解答：「何不擇取一種國醫書加以修改而用之？何
必盡破國醫原有之系統以就西醫之系統乎？國醫書原有之病名，多不合事
實，即多不合科學。又有同名異病，同病異名，因時代之古今而殊者；又有
同一時代，同一病名而此書與彼書實際遠異者。要之無標準無定義，不可取
用而已。〔註45〕

總之，國醫館強調，中醫病名不合事實，不合科學，沒有標準定義，不
可依傍，而西醫病名建立於科學基礎之上，正可以為我所用。若捨棄不用，
就如同「今有膏粱甘旨，不名一文，可以充腹者，舍而不取，必待躬自播種，
躬自畜牧，躬自烹宰，然後一快朵頤」〔註46〕。因而，選用西醫病名為標準
是一個相對簡單易行的辦法。

然而，中央國醫館的良好意願，並未得到中醫界的完全認可。在建議書
中，國醫館反覆強調中醫不合科學，統一病名當以西醫為標準，這些妄自菲
薄的言論引起了中醫界的強烈不滿。《醫界春秋》、《醫林一諤》等中醫期刊都
特設專題，登載各方言論，對統一病名問題加以討論。

夏應堂等人發文《對中央國醫館統一病名建議之意見》，指責建議書的主
旨「不僅削足適履，因噎廢食，且將國醫書籍，全部推翻，用心之毒，甚於
秦火」〔註47〕。針對國醫館「國醫原有病名，向來不合科學」的言論，該文
作者認為中西醫立名的道理，有相通之處，既然如此，則「整理之可耳，對
照之可耳。何必以敝帚自貶，又何必舍己而芸人之田耶？」如果名詞遵循了
西醫的標準，那麼理論亦必遵從西醫，「勢至國醫之病名亡，而國醫之實際亦
亡」。一旦按照國醫館的辦法統一病名，「國醫歷數千餘年，不亡於外人，而
亡於國內，不亡於其他團體，而獨亡於吾儕所日夕盼望以整理國醫發揚國醫
之本館」。〔註48〕

〔註44〕 《中央國醫館學術整理會統一病名建議書》，《醫界春秋》1933 年第 81 期。
〔註45〕 《中央國醫館學術整理會統一病名建議書》，《醫界春秋》1933 年第 81 期。
〔註46〕 《中央國醫館學術整理會統一病名建議書》，《醫界春秋》1933 年第 81 期。
〔註47〕 夏應堂等：《對中央國醫館統一病名建議之意見》，《醫界春秋》1933 年第 81 期。
〔註48〕 夏應堂等：《對中央國醫館統一病名建議之意見》，《醫界春秋》1933 年第 81 期。

　　《醫界春秋》的主編張贊臣肯定了國醫館統一病名的提議，認為「此次統一病名之舉，固為整理國醫切要之工作」，但他對國醫館統一病名的辦法持保留意見。根據中醫界各方的意見，張氏將統一病名之方法歸納為以下幾點：

1. 統一當以中名為主；
2. 統一當先定標準；
3. 彙集病名；
4. 生理系統分類；
5. 古今病名對照；
6. 中西病名對照；
7. 西文原名與中譯名稱對照；
8. 熱病一名當另提討論；
9. 微菌學加入國醫學當從緩；
10. 內經不能廢除；
11. 宜令順民心以期易行。〔註49〕

　　在上述 11 條意見中，一半以上是由惲鐵樵提議的。惲氏反對國醫館統一病名以西醫為依傍，認為「統一應當以中名為主」。因為「中西醫學基礎不同，外國以病竈定名，以細菌定名，中國則以臟腑定名，以氣候定名，此因中西文化不同之故。……西方科學不是學術唯一之途徑，東方醫術自有立腳點。……今若以西名為主名，不廢中國學說，則名實不相副，若廢中國學說，則中學即破產」。〔註50〕至於統一病名的標準，則「勘落一切繁蕪無當要領者，取其扼要適用者」。「有當取於古者」，「有當取之於近代者」，「若中國無其名，然後採用西名」，如果僅僅因為「繁雜難能，而竟用西名，則嫌於欲適履而削趾同」。〔註51〕

　　對於國醫館的統一病名建議書，國學大師章太炎也提出了自己的看法。他也不贊同國醫館以西醫病名為標準的做法，認為「統一中西病名，先須以兩方病名對照，而此對照之前，先須以中國古今病名對照」，之後，「須以西本土文及此間譯名對照」。具體言之，「中土病名，有相承沿用，而實當改易者，改易不必純取西名。……臟腑固病，宜取西名者多。以中土昧於解剖病，

〔註49〕　張贊臣：《關於統一病名之所見》，《醫界春秋》1933 年第 81 期。
〔註50〕　惲鐵樵：《對於統一病名建議書之商榷》，《醫界春秋》1933 年第 81 期。
〔註51〕　惲鐵樵：《對於統一病名建議書之商榷》，《醫界春秋》1933 年第 81 期。

所往不能定，不如西醫之詳悉也。感冒猝病宜中名者多，且如傷寒種類，本非一端，中風風溫濕病病狀亦異，而西土除腸窒扶斯以外，率多稱流行性感冒，則又不如中醫之明辨也」。〔註52〕中西醫學的病名各有各的優勢，兩者兼采更勝於取西棄中。

　　1933 年 6 月 25 日，上海市國醫公會召開第 11 次執監會，討論中央國醫館發佈的統一病名建議書。28 日，以秦伯未、嚴蒼山、張贊臣、吳克潛、盛心如為代表的研究會認為「國醫統一病名，殊多窒礙」〔註 53〕。在答覆中央國醫館的覆函中，上海國醫公會提出了 4 點疑問：

　　（一）依傍西醫病名，統一國醫病名之後，對於治療學及藥物學，如何
　　　　　聯絡運用？有無充分預備？
　　（二）依傍西醫病名，統一國醫病名後，對於診斷學如何運用，庶不致
　　　　　與西醫之診斷發生歧異？
　　（三）原提案人及整理委員會對於中國醫學之認識具有何種程度？
　　（四）中央國醫館學術整理委員會是否將採取不耕而食，不織而衣主義？
　　　　　　　〔註54〕

　　雖然是疑問的句式，卻帶有反問與質問的語氣。

　　湖南長沙市國醫公會在致國醫館的覆函中也否定了國醫館統一病名辦法的合理性。「舍本國固有名詞，而就西醫通行華譯，雖日棄短而取長，究嫌削足以適履。蓋國西醫出發之點，根本既不相同，即手續因而各異，則欲改國醫病名，以適合乎西醫，事實上實有不可能之處。」〔註 55〕長沙國醫公會針對統一病名案提出了 7 點建議：

　　一、病科不能照西醫強分也。
　　二、病名不能喧賓奪主也。
　　三、改用西醫譯名，不合於國家體制、社會心理也。
　　四、病名是代表病症，非代表科學也。
　　五、國醫氣化，有非科學所能解釋者。
　　六、整理係用科學方式，非用科書方法也。

〔註52〕 章炳麟：《對於統一病名建議書》，《醫界春秋》1933 年第 81 期。
〔註53〕 《上海市國醫公會覆中央國醫館函》，《醫界春秋》1933 年第 81 期。
〔註54〕 《上海市國醫公會覆中央國醫館函》，《醫界春秋》1933 年第 81 期。
〔註55〕 《湖南長沙市國醫公會為統一病名呈覆中央國醫館文》，《醫林一諤》1933 年
　　　　第 3 卷第 8 號。

七、宜以國醫固有之病名，爲統一之改造也。〔註56〕

與其他中醫團體相一致，長沙國醫公會的建議同樣圍繞著統一病名應以西醫還是中醫爲主體展開，並認爲：「只宜以國醫原有之病名，以統一病名，不宜摻入西醫華譯之病名，以統一病名，則幸甚。」〔註57〕

中醫界的激烈反對讓國醫館難以招架，迫於壓力，同年11月，國醫館通電全國各中醫團體表示收回成命。1934年11月，國醫館修正了此前以西醫病名爲依傍的統一病名建議書，發佈了新一期的以中醫爲主的統一病名案。但因此前的統一病名建議書給中醫界留下了負面的印象，最終，統一病名的計劃還是未能貫徹下去。

「國醫館統一中西病名之舉實際上只是施今墨爲首的醫家『中醫科學化』改造計劃的一個組成部分。」〔註58〕儘管統一病名的工作並未順利實施，但中醫界運用科學整理中醫藥的初衷還是值得肯定的。

（二）編修教科書與設置中醫課程

1929年4月，國民政府教育部頒發佈告，飭令中醫學校一律改稱爲傳習所，將中醫教育排除在醫學教育系統之外。爲攻陷這面頑固的「牆壁」，中醫界努力鑄造「利器」——「統一而合於科學的課程和教材」。〔註59〕

1929年7月7日，中醫界在上海召開中醫學校教材編輯會議，討論教材編撰問題。這次教材編輯會議共5項職責：一、決定採用學說之標準；二、決定教材之體例；三、復議學程；四、規定各科節目及分量；五、試編各科樣張。〔註60〕7月8日，會議達成了採用學說之標準問題案：「1.將固有學說，確合科學原理者，用科學方法解釋之。2.確有實效者，用科學方法證明之。3.既無實效，而其理論又甚不合科學者，廢棄之。4.凡成法所無者，設法補充之。5.中醫所有西醫所無者，保存而發揮之。」〔註61〕7月12日，教材編輯會議決定了教材之體例：「（1）教材須根據中國固有學理發揮之，

〔註56〕　《湖南長沙市國醫公會爲統一病名呈覆中央國醫館文》，《醫林一諤》1933年第3卷第8號。

〔註57〕　《湖南長沙市國醫公會爲統一病名呈覆中央國醫館文》，《醫林一諤》1933年第3卷第8號。

〔註58〕　鄧鐵濤、程之範：《中國醫學通史》（近代卷），第193頁。

〔註59〕　德仁：《卷首語》，《廣東醫藥月報》1929年第7期。

〔註60〕　《中醫學校教材編輯委員會規程》，《廣東醫藥月報》1929年第7期。

〔註61〕　《中醫學校教材編輯會議開會情形》，《廣東醫藥月報》1929年第7期。

不能取毛去髓，故求迎合。（2）教材須經全國醫林公認適當，方可採用。（3）須有科學化，不滲雜虛偽文字，致失價值。（4）須有真實效驗，人人可學可用。」〔註62〕其他幾項職責也都在會議期間達成了一致。

儘管中醫科學化運動在 1929 年之時還未形成高潮，但不論是採用學說之標準還是教材之體例，都處處體現了科學化的原則。這些原則正反映了中醫科學化的主旨：運用科學整理中國固有的醫藥。

中醫學校教材編輯會議的召開促進了中醫界編寫教材的熱情，而中醫科學化運動又推動了中醫教材融會貫通中西學說的嘗試。1937 年，有中醫界人士擬定《國醫教材編輯簡章》進呈衛生署中醫委員會，以備采擇。簡章雖反映了中醫界以中醫為主編輯教材的願望，但其中亦加入了不少近代醫學的內容。如「氣化哲理，以中國原有醫學為精；實質剖析，以近世最新發明為確」。在編輯中醫教材時，以原有哲理為主，但也要「以近世發明為輔，藉以取長補短」。同時，編輯教材需從《黃帝內經》、《八十一難》、《仲景傷寒論》、《仲景金匱》中採取經義，而這四種醫經「尤當以科學方法整理新輯，列入必修科，全部講授」。〔註63〕可見，在中醫科學化運動的促進下，中醫教科書中加入西醫內容，或運用科學整理中醫教材已成為一種趨勢。

除編撰教材外，中醫科學化也體現在了中醫分科與課程設置之中。1933 年 4 月，中央國醫館公佈了《中央國醫館整理國醫藥學術標準大綱》（詳見附錄 1），第一次以近代科學的分類方式，將中醫各科分門別類地劃分為基礎學科與應用學科兩大類。其中，基礎醫學之分科暫定為解剖生理學、衛生學、病理學、診斷學、藥物學（即本草學）、處方學、醫學史。應用醫學之分科暫定為內科學、外科學、婦科學（產科學附）、兒科學（痘疹科附）、眼科學、喉科學、齒科學、針灸科學、按摩科學、正骨科學（金鏃科附）、花柳科學、法醫科學。〔註64〕從大綱可見，一些近代醫學的科目被納入其中，不僅如此，幾乎每一門學科也都吸收借鑒了近代西醫學的內容。以基礎學科中的解剖生理學與診斷學為例，二科目或仿照近代醫學通例，或刪除不合科學之處，或增添近代醫學器械檢查，充分體現了中醫科學化的特徵。解剖生理學：「本科以固有國學為綱，仿近世解剖學生理學之通例，分骨骼、筋肉、皮膚等項及

〔註62〕 《中醫學校教材編輯會議開會情形》，《廣東醫藥月報》1929 年第 7 期。
〔註63〕 前人：《再上衛生署中醫委員會書》，《中華醫藥》1937 年第 4 期。
〔註64〕 《中央國醫館整理國醫藥學術標準大綱》，《國醫公報》1933 年第 6 期。

各臟器系統敘述之。」診斷學：「我國診斷學向分望聞問切四大部，今不妨仍以其舊例而略加損益，刪去其不合科學原理者並增加近世之器械檢查等項。」〔註65〕《中央國醫館整理國醫藥學術標準大綱》的頒佈反映了中醫界緊隨時代潮流，順應科學的要求。

在標準大綱的基礎上，有中醫界人士將中醫學科分爲了基礎學科、應用學科、必修學科、選修學科四種。基礎與應用學科基本仿照大綱內容，必修與選修學科則有所補充。其中，必修學科包括黃帝內經新輯、八十一難經新輯、針灸學、歷代諸家學說、法醫學、解剖實習、臨床實習、藥物提煉法；選修學科則包括醫化學、生物學、細菌學、愛克司光學、出炮彈法、防毒氣法。〔註66〕同時，針對不同規格的學校，授課年期也有所區別。專科學校：一二年授基礎學科，三四年授應用學科。大學院：一年授基礎學科之高深者，二年授應用學科之高深者，三年授應用學科之未盡者及必修學科，四五年授必修學科之未盡者及選修學科。〔註67〕這一分科體系在借鑒標準大綱的同時又有所發展，但仍不夠完善。問題在於，學科分類標準的不統一，使得每一子目中出現了內容交叉或互相包含的學科，給人以學科概念不明確及學科分類雜亂無章之感。儘管如此，近代醫學的相關內容，如化學、生物學、細菌學、解剖學等內容都被包含其中，說明了中醫界在課程設置方面一步步走向了科學化。

經過中醫界的不懈努力，中醫課程的設置越發完善，至 1939 年 5 月，教育部公佈了《中醫專科學校課目表》。根據課目表的內容，筆者特製表格如下〔註68〕：

表3 中醫專科學校課目表

學科類別	課　目	時數（小時）	總時數（小時）
普通科及基礎科學類	黨義	36	760
	國文	108	
	生物學	32	

〔註65〕 《中央國醫館整理國醫藥學術標準大綱》，《國醫公報》1933 年第 6 期。
〔註66〕 前人：《再上衛生署中醫委員會書》，《中華醫藥》1937 年第 4 期。
〔註67〕 前人：《再上衛生署中醫委員會書》，《中華醫藥》1937 年第 4 期。
〔註68〕 《中醫專科學校課目表》，《中國醫藥》1939 年第 1 卷第 7 期。

	實習	96	
	分析化學 有機化學	68	
	實習	204	
	物理學	36	
	實習	108	
	中國醫學史	72	
解剖學類	解剖學組織學 胚胎學 神經系解剖學	98	392
	實習	294	
生理及藥物類	生理學 生物化學	72	680
	實習	216	
	生藥學 藥化學 藥理學 方劑學	98	
	實習	294	
病理學類	細菌學 寄生蟲學	72	576
	實習	216	
	病理學	72	
	實習	216	
診斷及內科類	物理實驗診斷學 內科學	216	1028
	實習	128	
	臨症	340	
	小兒科學	64〔註69〕	
	臨症	88	

〔註69〕 文中爲「六九四小時」，根據原文「小兒科學講授六九四小時，臨症八十八小時，共計一五二小時」以及「以上總計一○二八小時」可知，694小時爲64小時之誤。

	精神病及神經病學	48	
	臨症	48	
	皮膚花柳科學	48	
	臨症	48	
外科學類	外科學	160	572
	臨症	300	
	眼耳鼻喉科學	48	
	臨症	64	
婦產科類	婦科學	36	160
	臨症	60	
	產科學	16	
	臨症	48	
灸摩類	針灸科學	32	96
	臨症	32	
	按摩科學	16	
	臨症	16	
其他學科類	公共衛生學	64	
	實習	128	
	放射學	16	
	實習	16	
	法醫學	16	
	實習	16	
	戰時救護訓練	96	
	體育	各校自行酌定	
總計	講授	1640	共計：4616
	實習	1932	
	臨症	1044	

其後，教育部又公佈了《中醫專校課目各學年及每周時數表》，更為詳細地規定了中醫課程的設置及時間安排。該課目表仿照西醫的教學體例，添加了較多近代自然科學知識（如物理、化學、生物等）及西醫科目內容（如解剖、生理、病理等）。《中醫專科學校課目表》的出臺，預示著中醫課程的設置進一步規範化、科學化，而這正是中醫科學化運動推動的結果。

（三）研究中草藥

長久以來，中醫界對中藥的研究停留在感性認識與經驗總結這一階段，尚不具備發掘中藥成分、探索中藥物理、化學變化的能力。因而，「××中藥考」往往只是考證中藥的產地、形態、顏色、鑒定、別名、氣味、性質、培植、采集、泡製、功用、用量、禁忌、貯藏等等，以研究中藥的形色性味為主。

隨著中醫科學化浪潮的日益高漲，中藥的科學化也愈發受到中醫學界的關注。中醫界深知，若要使中藥獲得人們的完全認可，並推廣至全世界，必須打破傳統的中藥研究方法，有所「捨棄」，有所「進取」。「夫我國之藥物，發明最早，如《神農本草》、李時珍《本草綱目》等，皆為最古博之藥物專書。可以習而施諸實用乎？曰否。蓋本草之論功用，只以形色性味為主治之區別，而不究其所含之成分為何。以故特效者有之，泛而不確者亦有之。……如欲保存，必須研究，為研究中藥計者，當捨守成主義，而為進取主義，將本草中所載各品，以化驗定功用，以經驗決取捨，勿泥於前哲之學說，確者固當從之，謬者不妨棄之。」〔註 70〕對中草藥的研究不能拘泥於古書、古法，而應運用化驗等近代科學的方式對其進行鑒別，保留正確學說，捨棄謬誤學說。

徐半龍將中藥科學化的內容概括為兩個方面：「在學術上為『藥名之考訂』，宜聘象胥，譯布國外；在提煉上為『專門之研究』，含咀科學，韜會古今。」〔註 71〕在此基礎上，朱松在《「中醫科學化」是什麼》一文中對中藥科學化做了更為具體而翔實的研究。他認為整理中藥須經以下三步：

首先，確定藥物的標準，換言之，藥物與食物應互相分開。中醫界一直存有「藥食同源」的觀念，且時常以此為傲，但在朱松看來，食物與藥物的性質、功效皆不相同，不可混為一談。「食物乃生物賴以維持生活的營養物，藥物乃用以治療疾病的物質或調製物品。食物為生物所必需，不食則死亡。生物非在病態狀況中，固無需藥物，即使有疾病，非服藥一定可以痊癒，不服藥一定死亡的。」〔註 72〕故而，整理中藥的第一步，「即須將食物藥物分別清楚」〔註 73〕。

〔註 70〕 鄧慶云：《論藥之功用當注重實驗及特效》，《醫界春秋》1931 年第 59 期。
〔註 71〕 許半龍：《中西醫之比觀》，《醫界春秋》1930 年第 43 期。
〔註 72〕 朱松：《「中醫科學化」是什麼》（二續完），《醫界春秋》1932 年第 68 期。
〔註 73〕 朱松：《「中醫科學化」是什麼》（二續完），《醫界春秋》1932 年第 68 期。

其次，將藥物分門別類。「或因其性質，或以其狀態……分類後的工作，乃統一藥物的名稱。」〔註74〕中藥名稱繁雜，如「澤蘭一藥，其他名稱有水香、郁梁香、孩兒菊、虎蘭、虎蒲、龍棗、風藥、地筍（根名）等。積雪草的別名有胡薄荷、地錢草、連錢草、海蘇等。牡丹別名有鼠茹、鹿韭、百兩金、木芍藥、花王等」〔註75〕。藥物名稱的複雜多樣不僅使人難以掌握，且極易貽誤病家，造成嚴重的後果。因而，整理中藥必須將藥物的名稱統一化、標準化、科學化。

最後，根據中藥的性質，對其做化學成分的研究及生理性質的研究。「化學成分的研究，先以定性，後則定量。生理性質的研究，將研究的藥品，用動物實驗，或使其吞食，或注射其身，觀其有何種結果；或竟將動物使其成為人造的某種疾病，將研究藥投之，觀其效驗若何。」〔註76〕此步驟中所運用的化學、生理學及動物實驗等手段顯然是借鑒了近代西醫學的研究方法。中醫界的下單配藥依賴於長久以來所形成的豐富實踐經驗，至於不同藥物之間發生了何種物理、化學反應，藥物進入人體後產生哪些物質，以及什麼物質起到了治療疾病的作用等問題，中醫界並不能做出確切的回答。儘管藥效確實存在，但中醫治療過程的含糊籠統卻難以將其與科學掛鈎。中藥的科學化恰恰能夠解決這一中醫界的難題。通過應用物理、化學等近代自然科學知識，探索中草藥的成分、性質，並運用動物實驗的方法考察藥物藥效後，中藥發揮作用的過程將變得直觀而科學，中醫用藥也將「知其然更知其所以然」。

在中醫科學化風潮的推動下，中醫界對中草藥的研究加入了西醫學的內容，表現出了與世界接軌的態勢。黃勞逸、葉橘泉二人的《國產藥物「甘草」之研究》一文就充分體現了中藥研究趨於科學化的特點。文中關於甘草的學名、成分、生理作用等內容都增添了大量的西醫學知識。在「生理作用」一節中，作者細緻分析了甘草進入人體內所發生的物理、化學反應，其中不乏「葡萄糖」、「新陳代謝」等新鮮名詞的運用，表明中藥的研究已融合了西醫學的理論。不僅如此，葉橘泉還特意在文後加了按語，運用西醫學知識解釋甘草在體內發揮作用的原理，以此否定古人一些言過其實的觀點：「作者考語（橘按）本品之主要作用，為柔潤咽喉及腸胃等內膜皮組織，同時能消退內

〔註74〕 朱松：《「中醫科學化」是什麼》（二續完），《醫界春秋》1932年第68期。
〔註75〕 朱松：《「中醫科學化」是什麼》（二續完），《醫界春秋》1932年第68期。
〔註76〕 朱松：《「中醫科學化」是什麼》（二續完），《醫界春秋》1932年第68期。

皮發炎，保護並增進其黏膜之分泌，以排除其間之有害物，故能治喉痛、咳嗽、利痰、及下痢、腹痛、裏急、急迫等患。古人謂本品能堅筋骨、長肌肉、通九竅、利百脈、益精養氣、反魂定魄，能和百藥，解百毒等，然皆言過其實，不可從也。」〔註77〕

運用科學的方法研究中藥的性質、成分、生理作用，且不盲目地遵循古人的觀念，可以說是中藥走向科學化的一個標誌。其後，朱壽朋的《砒霜之研究》一文引用大量近代自然科學知識闡釋砒霜的來源製造、化學反應、生理作用等問題，具有更爲鮮明的西醫學色彩。

作者不僅列出砒霜的西名（Arsenic）、日名（亞砒酸）、成分（無水亞砒酸），且甚爲難得地列出了砒霜的化學名（砷）、化學符號（As）以及變化方程序〔註78〕：

三氧化砒取砒化學方程序 $2AS_2O_3+3C=4AS+3CO_2$

硫砒鐵礦取砒學方程序 $FeAsS=As+FeS$

與傳統的中藥學研究迥然不同，上述內容完全來源於近代化學知識。關於砒霜的效用，作者在摘錄《大明本草》等典籍記載的同時，特別羅列出砒霜在近代醫學上的運用：

1. 神經性疾患，如神經痛、舞蹈病。
2. 血行疾患，如貧血、營養不良。
3. 傳染病，瘧疾服金雞納無效者。
4. 呼吸器病，肺結核、喉頭結核、慢性氣管支炎。
5. 惡性新生物，如柔腫性及癌性新生物、惡性淋巴腫、上皮性贅殖物。
6. 慢性皮膚病，如鱗屑癬、癩病、經久性及廣泛性之濕疹、癢疹、赤色糠秕疹、扁平及赤色苔癬等。
7. 對於梅毒螺旋體有極大之撲滅力。
8. 齒科用爲腐蝕齒髓有特效。〔註79〕

顯然，文中所列，諸如神經痛、貧血、肺結核、惡性淋巴腫此類，多爲近代醫學上之疾病學名。在這篇研究中藥砒霜的文章中，作者既採用了中學的傳統古法，又增添了西學的新知，給人以耳目一新之感。

〔註77〕 黃勞逸、葉橘泉：《國產藥物「甘草」之研究》，《醫界春秋》1931年第60期。
〔註78〕 朱壽朋：《砒霜之研究》，《醫界春秋》1933年第74期。
〔註79〕 朱壽朋：《砒霜之研究》，《醫界春秋》1933年第74期。

中醫界對中藥的研究並非僅僅於文本之上增添西醫內容而已，而是兼顧理論與實踐，積極尋求炮製中藥的新辦法，以發揮中藥的最大效能。中醫界認為，中國藥材品種優良，但製法不精，宜倣照西藥製法加以改良。「西藥之製，有製為水者，如用橙皮製成橙皮糖漿是也；有製為散者，如用大黃製成大黃末，用肉桂末、豆蔻末、生薑末製成芳香散是也；有製為膏者，如用甘草製成甘草膏是也。吾國之藥，一經科學方法煉製，則可久藏以供應用，而免臨時煎煮之煩。吾中國未嘗不可仿形者也。」〔註80〕將中藥的炮製方式科學化，提煉出藥物中的精華，製成水劑、酒劑、散劑、膏劑、丸劑等，不僅可以免去煎煮之煩，且功效自然迅速。

總之，在中醫科學化運動的影響下，中醫界對中藥的研究已不拘泥於傳統方法。在研究中藥的過程中，醫家一方面增添相關西醫內容，運用化學等自然科學方法解釋中藥藥理，另一方面改良中藥的炮製方法，提煉中藥精華。同時，在科學研究的基礎上，勇於糾正傳統典籍中言過其實之處，適時提出個人見解。這些中藥科學化的工作對推進藥物研究的深入發展十分有利。

小　結

在近代科學大潮中，中醫因「不科學」而飽受質疑。儘管中醫界也選擇了種種有利的話語與論據為自我辯護，但卻始終未能摘掉「不科學」的尷尬標籤。既然「不科學」的中醫有違時代潮流，那麼何嘗不能使之科學化，從而順應、合乎潮流呢？於是20世紀30年代，中醫科學化運動成為中醫界影響最大的浪潮。

中醫科學化運動對於中醫界來說無疑是一次大膽的嘗試。儘管運動得到了中西醫界的廣泛支持與參與，但其中所隱藏的問題卻也使之飽受非議。「科學化」如何理解，標準如何界定，在醫學界並未達成一致。總之，中醫科學化運動並不是中醫界的徹底革新，也未能贏得所有人的認可。但以筆者看來，中醫科學化運動所提出的用科學方法整理中醫藥的主旨卻十分精彩，中醫能夠留存至今與中醫科學化運動不無關係。

臺灣學者皮國立曾講過這樣一段話：「這段歲月，雖改變了中醫的原貌，但也讓中醫保留了部分的傳統血脈，在今日得以延長不息。故言當時國醫的科學化運動是一種『失敗的「成功」轉型』——意指完全、成熟的科學化進

〔註80〕 顧子靜：《國藥製法改良芻議》，《醫界春秋》1931年第59期。

程是失敗的，但，這其中卻暫時通過了被廢的關卡，而保留了珍貴的傳統與未來發展的一線生機，仍屬不折不扣的成功。」〔註81〕可以說，幸而中醫走上了科學化的道路，才使得中醫的成果被更多的人所理解與接受，也幸而是中醫堅持了「不徹底」的中醫科學化，才使得中醫的傳統得以流傳。如今中醫界所提出的「中西醫結合」、「中醫現代化」等新口號，其實也是中醫科學化的延伸與發揮。儘管目前的中醫學界依然存在弊病，但結合了科學的中醫學所取得的成就也是有目共睹的。這不能不說是中醫科學化運動的成功之處。

〔註81〕皮國立：《所謂「國醫」的內涵──略論中國醫學之近代轉型與再造》，《中山大學學報》（社會科學版）2009 年第 1 期。

第五章 對「廢醫」思潮的思考

　　當這段「廢醫」思潮終於有所回落時，我們需要直面「廢醫」思潮所帶來的結果。「廢醫」派對中醫的攻擊來勢洶洶、咄咄逼人，似乎搶佔了先機，最終卻依然不得不面對數量龐大的中醫群體。中醫界奮力抗爭，集會、請願、論戰無所不用，強硬之態度也絲毫不亞於對手，最終卻也有所妥協，皈依於科學之門下。這是中西醫界都必須面對的現實結局。正是這些現實讓我們明白，對待以中醫爲代表的傳統文化，更需要一種調和的智慧。

一、西醫界的無奈

　　在近代西醫界所創辦的刊物中，充斥著大量要求廢止中醫的文章。這些文章多指責中醫保守、落後、不思進取，是醫學進步與社會發展的障礙，似乎廢止了中醫就能夠改善中國落後的醫療與社會狀況。然而，這只是「廢醫」派們的理想，現實過程遠遠沒有他們預想的那麼順利。無論是「教育系統漏列中醫案」、「廢止中醫案」還是報刊上連篇累牘的攻擊，都未能將中醫「斬盡殺絕」，反而激起了中醫界大規模的抗爭和激烈的反攻。這正是「廢醫」派對現實的預計過於樂觀之故。他們中的很多人都忽視了這樣的事實：西醫在中國的數量極少，且未得所有人之信賴；中醫則恰恰相反，不但數量眾多，且依舊擁有廣大的市場。

　　1935 年，國立上海醫學院公共衛生科的朱席儒、賴斗岩二人，依據《全國登記醫師名錄（1929～1932 年）》、《中國醫界指南（1932～1934 年）》、《上海公共租界開業醫師註冊名錄（1934 年）》、《中華基督教教會醫院報告（1934年）》、《留日東亞醫藥學生名簿》、《在華日本醫師調查》等 6 種名冊，對西醫

在中國的狀況及分佈做了調查。結果顯示：截止1935年初，西醫在全國的總數是5390人，且多集中於大中城市。以當時中國人口411849148計算，平均每一醫師需要醫治81976人，而每百萬人中只有12.2名西醫師（具體內容見附錄二）。〔註1〕與西方相比，早在20世紀20年代，德國的醫師數目，每1950人已有醫生1位，法國每2167人有醫生一位，英國每1730人、日本每1387人有1位。〔註2〕顯然，中國西醫的數量是不敷使用的。以當時的醫療狀況而言，五千多名西醫多分佈於大中城市，且西醫的發展速度也不可能在幾年之內達到全國普及，那麼，廢止中醫無異於將中國大部地區，尤其是偏僻農村百姓的生命交於命運之手。儘管那些廢止中醫的提案都從國家和民族的角度抒發了強烈的情感，但在強大的現實面前，還是不具可執行力，因爲維護中醫之聲不僅來自於中醫界，也來自於廣泛的群眾之中。

在近代中國，中醫飽受衝擊，爲何數量依然如此之眾呢？這是因爲中醫仍有廣闊的市場之故。儘管「五四」學人振臂高呼「德先生」與「賽先生」，但在中國的廣大地區，尤其是偏僻農村，民眾的觀念並未發生根本改變。他們極少受到科學潮流的衝擊，不懂得用科學衡量事物，更不知曉拋棄舊的倡導新的就是所謂的「時髦」，他們甚至根本不瞭解什麼是新的。「中醫不合科學」並不能證明什麼，只要中醫具有實效，費用低廉，合乎情理，那就是最佳的選擇。但人們對中醫的接受與對西醫的排斥並不能歸因於民眾的「無知」，而應歸因於民眾的「習慣」。

中醫基礎理論與中國傳統文化密不可分，因而，陰陽五行、濕寒暑熱等中醫學名詞對於許多飽受文化薰陶的知識人來說並不陌生。與中國文化的相通無疑使中醫更易於理解，而中醫所採取的一對一的治療方式，也給病人及其家屬增添了幾分親切感與信任感。不僅如此，長期以來中醫所帶來的療效早已獲得了人們的認同與肯定。「若中醫沒有實效，那麼早已被人們所拋棄，而不可能流傳至今」，類似的言論並非只是中醫界維護中醫的託辭而已。儘管當時的中醫學界存在魚龍混雜的現象，但也不乏醫術高明的中醫與妙手回春的案例。西醫善於外科，中醫善於內科是當時國人的普遍觀點。因而，中醫

〔註1〕 朱席儒、賴斗岩：《吾國新醫人才分佈之概觀》，《中華醫學雜誌》1935年第21卷第2期。

〔註2〕 林椿年：《從吾國今日醫學人才的缺乏說到培養醫學人才》，《民眾醫報》1930年創刊號。

的實際療效並不是「廢醫」派所能輕易否定的。許多「廢醫」論者都繼承了俞樾「廢醫存藥」的思想，認爲中醫落後，理應廢棄，而中藥卻具有實效，大有研究價值。然而，中藥的效果不正是通過中醫發掘出來的麼？追根溯源，沒有中醫，何來中藥？「廢醫」派的「廢醫存藥」思想，總帶了一絲「過河拆橋」之意，而他們通過各種方式，企圖將中醫的療效一筆抹殺，卻大有欲蓋彌彰之嫌。總之，當轟轟烈烈的「廢醫」思潮暫告一段落時，中醫在近代中國依然是醫療系統的主力軍，其分佈範圍十分廣泛，尤其在內地鄉村，「什九都有舊醫存在」〔註3〕。

　　作爲一種全新的醫療體系，西醫從醫學理論、診病方式到下方開藥都與傳統的中醫有著很大的差異。其所賴以存在的基礎——物理學、化學、生物學、生理學、解剖學等近代自然科學，不經過專門的學習，是極難理解的。西醫所帶來的新理論將人們所習以爲常的舊風俗視爲「不衛生」、「不科學」，反倒遭到了民眾的反感。而直接刺入肌膚的注射針管、用於切割身體的手術刀與冰冷的醫院病房，經過口口相傳後，更是被賦予了一層恐怖的色彩，它們帶給民眾心理上的排斥絕非短期內能夠消除。因而，儘管西醫也頗具療效，但往往成爲人們的最後選擇，當中醫無能爲力時，大家才抱著「死馬當作活馬醫」的心態將西醫擡出。有西醫界人士感歎道：「查新醫傳入我國，始於前清咸豐、同治年間，屈指迄今，也有數十年的歷史，論理也該有相當的成績。然而，洎乎現在，仍舊奄奄一息。新醫效用於社會的程度還在極幼稚的時代，非但沒有挪科學的新醫灌入一般人的腦海，使數千年遺傳下來毫無根據、隔靴搔癢、不死不活的舊醫觀念一掃而空，大家高興起來鼓吹和協助新醫的發榮滋長，享受新醫保護健康的幸福，挪新醫智識普及全國，輸送到民間去，反而對新醫存著懷疑的態度、非議的口吻、攻擊的伎倆。這樣荒謬絕倫的見解，在我們任何人的親戚朋友，於事實上到處可以看見。不但窮鄉僻壤出這個頑固的把戲，就是通都大邑、文化開通之區，也是這般頭腦不清的人占著大部分的勢力。不但未受相當教育的這樣不能覺悟，就是自命爲飽學宿儒，領導群眾爲社會表率之流，也是對新醫沒有相當的認識和信仰。這豈不是很奇怪很可憾的一回事嗎？」〔註4〕這一番感歎眞實再現了彼時中國的醫療狀況。

〔註3〕　蠹人：《一個鄉村醫師的自述》，《醫藥評論》1935年第2期。
〔註4〕　鄺季高：《發展新醫的三個先決問題》，《醫藥導報》1935年第2期。

　　表面看來，「廢醫」思潮的衝擊力幾乎將中醫推入絕境，而現實則是中醫並非「廢醫」派所描述得那樣「苟延殘喘」，而是依舊生命力活躍。當「廢醫」的理想遭遇中醫數目龐大的現實時，「廢醫」派只能心有餘而力不足。他們的無奈在這樣一段話中反映了出來：「理想與事實，往往不一致而相反。自理想上言，中醫必歸於淘汰，但事實決不如是簡單。中醫之消滅，至早當在五十年之後，或竟至中華民國百年，尚不至於絕迹。」〔註5〕這樣的預言竟然如此準確，不得不讓我們佩服作者的洞察力。

　　所以，西醫不得不採用搶佔地盤的方式與中醫爭鋒。他們倡言「新醫到農村去」，希望將中醫擠出農村市場。然而，這一口號僅僅停留在口頭上而已，直至新中國建立後，才開始真正貫徹實施。

二、中醫界的妥協

　　民國時期的「廢醫」思潮並沒有真正將中醫廢止，那麼，我們是否可以說，中醫在這場保衛戰中取得了完全勝利呢？以筆者看來，我們並不能輕易下這樣的定論。

　　在經歷了「廢醫」思潮的衝擊後，中醫牢固、傳統的觀念開始慢慢融化，趨新的一面展露了出來。為適應時代潮流，中醫界提出了「中醫科學化」的主張。

　　傳統的中醫，隨著時代的進步而有所發展，但以往的發展依然局限在中醫的醫理範圍內。20世紀30年代興起的中醫科學化則有所不同。在中醫科學化浪潮下，中醫界開始運用近代自然科學整理中醫書籍、論證中醫理論、研究中草藥、使用西醫診療器械等等，開啟了中醫研究的新局面。可以肯定的是，中醫經過了科學的洗禮後，確實取得了一定的成果，然而，不得不說的是，中醫科學化雖反映了中醫界渴望革新的一面，卻也透露出其保守妥協的一面。

　　與西醫醫理根源於近代自然科學不同，中醫醫理蘊含著深厚的哲學思想與文化精髓，而這些涉及中醫基本原理的思想文化很難用科學來解讀。正所謂「醫者意也」，一個「意」字就包含了中醫太多的神韻。故而中醫界所謂的「中醫科學化」無非是在中醫與科學之間取得了一個平衡點，使他們不再水火不容而已。從中醫科學化的嘗試中，我們也可發現，但凡某一方案將西

〔註 5〕F.C.生：《中醫之運命》，《醫藥評論》1930 年第 26 期。

醫學置於了主導地位，那麼這一方案勢必遭致中醫界的激烈反對，其結果自然是不了了之。因此，保持中醫基本理論不動搖是中醫科學化運動的底線。一些不對中醫醫理構成威脅的行為，如運用科學方法整理中醫書籍、闡釋中醫理論、研究中草藥，使用西醫學器械，甚至在中醫教育中加入西醫學內容等等，都是無可反對的。顯然，這樣帶有「新瓶裝舊酒」之嫌的中醫科學化運動並非是中醫界的徹底革新，因而也就難以獲得「廢醫」派的認可。套用沈乾一的一句話：「中醫要科學化，一定要化得透」。何謂「化得透」呢？那就是指從根本上拋棄中醫舊有的理論，完全採用近代自然科學學說。西醫界中的反對人士不滿於中醫科學化的表面工作，認為科學化必須深入實質，必須拋棄中醫固有的傳統理論。或者，將中醫科學化運動交由受過訓練的西醫完成。如此一來，中醫科學化運動的結果便很可能是中醫完全轉化為了西醫，固有的中醫將不復存在。而這樣的結果卻正是中醫界那些反對中醫科學化的人士所憂心的。儘管中醫科學化運動始終限制在一定的範圍內，但依然有中醫界人士擔心中醫的「科學化」最終變成了「西醫化」，從而造成中醫的徹底消失。於是，中醫科學化運動處於一個十分尷尬的境地：努力通過改革挽救中醫，卻被某些同行譏諷為「非驢非馬，不中不西」；試圖迎合科學，卻被「廢醫」派視為「羊質虎皮」。這正是由中醫科學化運動「半新半舊」的性質所決定的。

以筆者看來，反對中醫科學化的人士並不用過於擔憂或過於犀利。試問：難道廢止中醫就一定是解決近代醫學問題的最為合適的辦法麼？而固守著陰陽五行理論的保守人士又能提出什麼挽救中醫的良策呢？難道中醫界試圖革新的良苦用心與努力實踐，就不應該給予嘉獎麼？

回到現實，中醫科學化運動至今依然褒貶不一。其實，評判中醫科學化是否合理，應以其能否促進中醫的發展而非個人的主觀好惡為標準。在中醫走向科學化的歷程中，中醫醫理的謬誤之處得到了糾正，中醫分科更為具體化、標準化，中醫教育也走向了職業化、正規化……這些都是中醫界的可喜轉變。若沒有中醫科學化運動，中醫學玄而又玄的理論、診病過程以及配方下藥等等，依然籠罩在神秘色彩中。儘管如今的中醫學仍有太多的秘密需要揭示，但已有一些曾經玄虛的東西經受了科學的檢驗，從而得到了人們的認可與推廣。這未嘗不是中醫科學化運動的功勞。

但不可否認的是，中醫科學化運動也從另一側面表露了中醫界的無奈與

妥協。若沒有科學的引入與西醫的衝擊，中醫界也許依然延續著千百年來的老路繼續運行下去。而在科學昌明的時代，不符合科學的事物便失去了合法性，甚至失去了生存的權利。於是，當中醫遇見科學時，中醫的命運便發生了轉折，它必須做出是對立還是皈依的艱難選擇。然而，在科學大潮下，又有誰敢於逆潮流而動，選擇與科學相抗衡呢？正如左玉河在提及中醫科學化時所言：「在科學主義盛行之年代，中醫為了尋求生存與發展，還有另外更好的道路可以選擇嗎？」〔註6〕一句話道出了中醫界彼時的無奈。

要想達到科學化，中醫界不可避免地需要參考「科學西醫」的模式，傚仿西醫分科模式，學習解剖學、生理學等西醫科目，運用西醫的方法研究中草藥等等。中醫科學化使得中醫開始了向昔日對手學習的過程，而這何嘗不是一種妥協呢？在這場中醫保衛戰中，儘管中醫最終得以保存，但此時的中醫已是添加了西醫元素的中醫，中醫的勝利也是打了折扣的勝利。與西醫界的境遇相類似，中醫界同樣需要面對現實，適時做出調整。

縱觀中醫從遭受質疑到走向科學化的歷史，似乎中醫最終的妥協是順理成章之事。但仔細思索，卻依然有一個問題縈繞在筆者的心頭。無論是「廢醫」論者「中醫不合科學」的言論，還是中醫界「中醫科學化」的努力，都沒有脫離科學的桎梏。也就是說，中醫只有經過了科學的證實，才有了繼續存在的合法性。這一觀點，在科學昌明的時代，幾乎沒有遭到懷疑。時至今日，一些新的「廢醫」論者們所持的理由依然是「中醫不科學」，但是誰又能說清，為什麼一定要用西方的科學標準來決定中國醫學的命運呢？

中西醫學都有一套各自的理論體系。西醫的理論建立在近代自然科學基礎上，因而直觀、清晰、具說服力，中醫的辯證施治原則雖模糊、抽象，卻也自有道理。在面對傳染病的來襲時，西醫的細菌學說與中醫的溫病學說都能夠解釋此時的病理；西醫可以使用抗生素直接殺滅細菌，中醫則可以運用方劑提高人體的免疫力以抵抗病毒的侵襲。西醫細化的分科易於掌握人體的細微之處，中醫的整體論思想卻能夠協調整個人體機能。可見，中西醫學的基礎理論與治病原則截然不同。故而，中西醫學既難以互相解釋，更無法互相取代。那麼，以二者中任何一種體系為標準，去否定另一套體系都是不理智的行為。

〔註 6〕左玉河：《學理討論，還是生存抗爭──1929 年中醫存廢之爭評析》，《民國研究》2004 年第 5 期。

　　再者，醫學是一門實用性極強的學科。以近代醫學爲例，每一種新的療法、醫藥投入臨床使用之前，都需要經過動物、人體的反覆實驗，直到確定療效顯著且無嚴重副作用爲止。這正說明了判斷醫藥價值的標準是療效。而中醫經過數千年的發展，一些流傳至今的方劑與藥品，也同樣經過了人體的反覆驗證，沒有療效的自然早已被淘汰。我們需要醫學，不是因爲它合乎科學或歷史悠久，而是因爲它能夠解決人們的病痛。那麼，以療效作爲衡量醫學價值的標準是否更爲恰當呢？

　　當然，筆者並非否定中醫科學化運動。中西醫界面對現實時所表現出的無奈甚至妥協反倒帶給我們諸多思索。以「科學」或其他的名義將中醫廢止未必就能夠促進現代醫學的發展；固守著千年老路的中醫，顯然也不適應時代的潮流；而中醫科學化運動也並非中醫發展的唯一出路。因而，探究中醫未來的發展道路還需要醫學界的精英們更爲勤勉的努力。而以包容的心態容納醫學界的多元格局，給中醫學以寬鬆的發展空間，推動中醫的學術發展與創新，似乎是作爲旁觀者的我們所應該盡力而爲的吧。

三、從中醫到中國傳統文化的思考

　　中醫在近代中國跌宕起伏的命運其實就是中國傳統文化命運的縮影。自鴉片戰爭始，中國的節節敗退、屈辱忍讓使一些先進的知識分子不得不對傳統的舊學體系進行檢討和反思。遭受重創的人們很難用冷靜客觀的心態看待中國傳統文化，在他們眼中，西學的優勢與中學的劣勢以各種方式在人們面前呈現，使得對中國傳統文化進行批判成爲先進知識分子改造中學的重要內容。經過了維新變法、辛亥革命、「五四」新文化運動後，人們思想上的評判不斷昇華，終於滋生了激進的反傳統思想。20世紀30年代，中國又興起了一股「全盤西化」的社會思潮。在這些思潮與觀念的影響下，包括中醫在內的中國固有的學術、藝術、政治、倫理、道德等都統統遭受了一些人的摒棄。與這些激進的反傳統思想並存的，是固守傳統文化與調和折中中西文化的觀念。儘管近代的社會已呈現出一片革新的場景，但固守傳統文化，拒絕吸收新學的仍大有人在。尤其是在新思想難以滲入的地區，頑固守舊的觀念依然佔據著那些缺乏新知的民眾的內心。而一些學貫中西的人士則傾向於在調和中西文化的基礎上塑造新文化。如晚清的「中體西用」論，「五四」期間的「東方文化」派，以及至今依然頗具影響力的「新儒家」等等。

　　圍繞著中國傳統文化的未來走向問題，各個派別努力探索又紛爭不斷。激進知識分子認為中國的一切都不如人，帶「中」字的事物就是保守、落後的象徵。於是，反傳統、除舊布新成為了改造中國的重要手段。不僅中醫，連漢字也一度遭到了抨擊。這些激進的主張引發了一場又一場的激烈論爭。廣受爭議的中國傳統文化不得不做出調整，努力適應時代的新發展，如在文化觀念上，吸收了進化論、科學民主等西方先進的文化觀念，揚棄了傳統的綱常名教、男尊女卑、華夷之辨等舊倫理觀念等等。棄舊從新，近代的中國傳統文化經歷了艱難的轉型。

　　反觀中醫界，彼時流行的廢止中醫、保存中醫與改良中醫等三大思潮恰恰與前述的三種文化觀念基本對應，可以說，中國文化觀念的變遷影響了醫學界的思潮。但與此同時，醫學又映像了文化，中醫的發展走向正是傳統文化在醫學界的投影。

　　如今，一百多年過去了，如何對待中國傳統文化依然存在著爭議。鑒古識今，從中醫的現當代命運中，我們或多或少可以得些啟示。歷史證明，照搬西醫與固守中醫都不能促進醫學的發展，而在保持雙方獨立性的前提下又能夠融會中西才是目前較為理想的發展道路。同樣道理，對待中國傳統文化時想必亦是如此。

結　語

　　明清時期，傳教士入華，為中國帶來了全新的診療方式——西醫。鴉片戰爭之後，西醫迅速擴展勢力，並很快在中國佔據了一席之地，歷經數千年之久的中國傳統醫學也依舊在中國的廣大地區發揮著作用。於是，中國的醫學領域出現了中西兩種醫療體系並存的狀況。但這種中西並存的局面並不和諧，以西醫界為首的群體以「中醫不合科學、阻礙衛生行政、民族進化」等等為理由，企圖將中醫排除於醫療系統、教育系統之外。1912 年的「教育系統漏列中醫案」、1929 年的「廢止中醫案」使得中醫陷入了窘迫的困境。不僅如此，「廢醫」派還利用報刊等媒體發文攻擊中醫，掀起了一股強勁的「廢醫」思潮。

　　「廢醫」思潮的產生是主客觀兩方面因素共同作用的結果。「五四」以來，「科學」一詞擁有了至高無上的地位，受到了一些先進知識分子的推崇。這些先進知識分子不僅堅守著科學的信仰，且踐行著他們的科學宣言，堅決同一切「非科學」的事物（如中醫等）劃清界限。另有「廢醫」論者則是因為被中醫所延誤，從而失去了對中醫的信任。此外，隨著民國時期中外交流的日益頻繁，歐美等發達國家的醫事狀況也越來越多地反饋到中國，通過對比，人們愈發感受到中國醫事制度的落後，於是產生了「廢醫」的心理。綜上，對科學的信仰、私人的好惡及中醫自身的缺失構成了「廢醫」思潮的主客觀因素，但這些因素都與民國的時代背景與社會思潮密切相關。通過對「廢醫」思潮主客觀因素的考察，我們還能從中發現一個規律：出於主觀因素提出「廢醫」思想的多為學術界知識分子，而出於客觀因素提出「廢醫」者則多為醫學界人士。由於缺乏對醫學學理的瞭解，一些激進的知識分子往往從個人的

好惡出發，站在時代的高度評判中醫，言語充滿激情而又犀利苛刻。在他們的影響下，中西醫學間的論爭不再僅僅是學理之爭，而演化成了爭奪話語權的論辯。

為在論爭中佔據優勢，駁倒對方，論辯雙方都選擇對己身有利的話語、論據以增強說服力。在當時科學盛行的時代，對於帶有虛玄色彩的中醫來說，「不科學」是最好的攻擊武器，於是，「中醫不科學」便成為中醫應被廢止的最佳理由。為反駁對方，中醫界或有意擴大科學的範疇，將中醫納入其中；或採取了以中附西的方式用西醫術語解釋中醫理論；又或提出科學不能成為衡量醫學的標準；凡此種種，都未能從根本上駁倒對方，反而愈發給人以牽強附會之感。為了真正在言論上奪得優勢，中醫界需要尋找西醫的弱點，於是，「民族」成為中醫界反擊西醫的有利話語。儘管西醫在醫理方面擁有種種優勢，但卻始終無法改變它的舶來性質，因而，廢棄「國醫」、「國粹」，而使用西醫西藥，不僅造成嚴重漏卮，且帶來亡國滅種之憂。在民族話語下，西醫界不再像此前那樣鋒芒畢露，先發制人，而是不得不對中醫界的種種攻擊作出回應。除話語外，論據的選擇與應用也成為論辯中的一大技巧，如名人的言行、日本的醫學政策等都被拿來為中西醫界所用。可以說，在這場論爭中，中西醫界互有勝負，難分高下。因為中西醫界都選擇了對自身有利的話語與論據，故而雙方的言論都頗具道理，僅僅憑藉其中一方的言論，我們將無法作出合理的判斷。如對日本醫學政策的引用，西醫界運用了明治維新時期的「廢醫」政策，以此說明中醫毫無價值；中醫界則運用了其後的漢醫復興，證明中醫依然具有價值；但經過西醫界的進一步考證，所謂的漢醫復興只是小群體的行為而已，並不能從整體上概括整個日本的醫學狀況。可見，同一國家的醫學政策，可以被分解為不同的狀況，從而成為不同群體的論據。而站在任一方的角度看待對方，都難以發掘對方的合理性，最終得出扭曲了的答案。因而，以筆者看來，如果需要找尋「廢醫」的理由，那就應該理解並深入到中醫的醫理中去，而非站在西醫的角度，將「不科學」作為判斷中醫學合理與否的決定性標準。

「中醫不科學」是民國以來「廢醫」派廢止中醫的首要理由，中醫始終無法擺脫它所帶來的消極影響。為降低壓力，緩和同西醫界的關係，中醫界提出了「中醫科學化」的主張。但這一主張並未能獲得西醫界的完全支持。西醫界認為，中醫要想實現科學化，就必須首先徹底拋棄所有基礎理論，並

由西醫界人士代之完成。顯然，這樣的科學化很有可能成爲「西醫化」，從而使中醫徹底消失，而這也正是中醫界所擔憂的，因而，中醫科學化運動遭受了來自中西醫界兩方面的壓力。儘管中醫科學化運動飽受爭議，但中醫界依然開始了科學化的嘗試，如統一病名、編修教科書與設置中醫課程、用科學方法研究中草藥等。雖然目前中醫依然包含太多虛玄的奧秘，但畢竟已有一些成果通過了科學的檢驗，從而得到了人們的認可與推廣。總之，中醫科學化運動既保留了中醫學的傳統，又在此基礎上有所革新，開闢了中醫學發展的新路。如今所提倡的「中西醫結合」、「中醫現代化」等道路其實就是對中醫科學化精神的繼承與發揚。

縱觀整個「廢醫」思潮，我們發現，中西醫界在這場論爭中都未取得完全的勝利。以西醫爲主體的「廢醫」派在對中醫的攻擊時咄咄逼人，政治與輿論手段雙管齊下，將中醫推向了廢止的邊緣。但當硝煙散去時，西醫界不得不承認，在廣大中國，尤其是偏僻農村，中醫依舊佔據著主導地位，西醫的數量根本不敷使用。而中醫雖取得了保衛戰的勝利，卻也於無奈中有所妥協，選擇了中醫科學化道路，皈依到科學的門下。中醫沒有被廢止，但也並非是毫無改變，因而可以說，「廢醫」思潮使得中醫走上了一條折中發展之路。當然，以筆者看來，科學並不能成爲衡量中醫合理與否的標準，因而，帶有妥協性的中醫科學化道路也就不能稱之爲是最合適的發展道路。但以筆者淺陋的學識與局外人的眼光，卻也無法提出更爲合理的建議來，因而，探索中醫未來的發展道路還需要醫學界的精英們更爲勤勉的努力。

時至今日，包括中醫在內的中國傳統文化依然面臨著如何繼承的問題。中醫養生、國學等等一度被熱炒，一度被抨擊，使人茫然不知所措。筆者認爲，如果深入瞭解中國傳統文化的歷史，及其近代跌宕起伏的命運，人們應該會得出一個較爲清晰的認識。融會古今，調和中西想必是促進文化發展的較好選擇，而在熱鬧的爭議中保持清醒的頭腦，給包括中醫在內的中國傳統文化以更爲寬鬆的發展空間，才是更爲可取的態度。

附錄一　中央國醫館整理國醫藥學術標準大綱^{〔註1〕}

（甲）中醫基礎學科

基礎醫學之分科暫定爲解剖生理學、衛生學、病理學、診斷學、藥物學（即本草學）、處方學、醫學史

子　**解剖生理學**：本科以固有國學爲綱，仿近世解剖生理學之通例，分骨骼、筋肉、皮膚等項及各臟器系統敘述之。

丑　**衛生學**：本科可將我國固有衛生學之精義盡量發揮，至近世衛生學及防疫法亦附於此。

寅　**病埋學**：我國醫學係綜合的病理一科，向無專書可考，即以巢氏病原而論，不過單以病症爲主，仍難取法。故本科宜倣近世病理通論例而變通之，化分爲病論、病因論、病症論。

卯　**診斷學**：我國診斷學向分望聞問切四大部，今不妨仍以其舊例而略加損益，刪去其不合科學原理者並增加近世之器械檢查等項。

辰　**藥物學**：藥物一科，即古之本草，其內容宜參照近世藥物學通例，分總論、各論兩篇。總論如討論藥物之一般通則或禁忌配合等，其各論中宜倣藥質分類法，每述一種藥須列子目，如異名、產地、形態、性質、功效、成分、用量、禁忌、附錄等，以清眉目。

〔註 1〕　《中央國醫館整理國醫藥學術標準大綱》，《國醫公報》1933 年第 6 期。

巳　**處方學**：我國方劑極爲繁夥，通常有古方、今方之分，頗不一致。故宜倣近世處方學通例，不論古今方劑，擇其性質相同功效確實者分類敘述。

午　**醫學史**：醫學史即醫學之源流。凡治一學，若不窮其源流則如木之無根，未有能發揚滋長者，本科倣我國醫史通例以朝代爲分類。

（乙）應用學科

應用醫學之分科暫定爲內科學、外科學、婦科學（產科學附）、兒科學（痘疹科附）、眼科學、喉科學、齒科學、針灸科學、按摩科學、正骨科學（金鏃科附）、花柳科學、法醫科學。

子　**內科學**：吾國內科學書，向分傷寒、雜病二大類。所謂傷寒者，即經云熱病之類也，非指一種病而言，實含有近世急性傳染病之意義。雜病者，亦即近世各器官病之總稱。此次綱雖仍舊，目則變通之，照近世例，每述一病，分原因、症狀、診斷、治療、處方、雜錄等以清眉目。

丑　**外科學**：外科學之內容，在吾國亦向分總論各論兩大類（如金鑒眞銓皆是）。各論中之次序，向以人體爲標準，分頭項、軀幹、四肢等，今不妨仍舊。惟各論中每述一病，須分原因、症狀、診斷、治療、方藥等，尤須參加種種消毒手續以策萬全。

寅　**婦科學**（產科附）：我國婦科，向分經期、胎前、產後三大類，今本科除總論中注意婦女之特異生理及其一般之診斷治療外，各論不妨仍其舊性，每述一病均與子丑兩項同。

卯　**兒科學**（痘疹科附）：小兒之生理與成人不同，宜倣近世小兒科例，亦分總論各論兩大類。各論中每述一病亦均與子丑兩項同。

辰　**眼科學**：眼之構造本極精微，故疾病亦極繁夥，除各論中每述一病均照前項分列子目外，而總論中關於生理之微細，手術之通例、器械之選擇、方藥之調製等尤宜三致意焉。

巳　**喉科學**：喉關一竅爲飲食呼吸之門，關係重要。故總論各論二大類亦仿辰項細述之。

午　**齒科學**：我國古醫向列喉齒爲一門或納入外科中，現以其關係重要已各列爲專科，故總各二論中除關於理論外，對於手術之材料尤宜加意充實。

未　**針灸科學**：針灸一科爲我國醫學之單獨發明，歷行數千年，成效素著，即日本維新後對於針灸猶加保存，惟經穴孔穴各部位須與近世解剖生理學互相參照，除各論中，每病照子午兩項分別細目外，總論中對於手術上之消毒法宜加注意。

申　**按摩科學**：按摩一科俗謂之推拿，其奏效全在手術之得法，故總論中關於一般手術之材料宜加意充實，至各論中之各個手術宜與近世解剖生理學互相參照。

酉　**正骨科學**（金鏃科附）：正骨一科俗謂之傷科。除各論中每病照子午兩項分別細目外，至總論中對於解剖生理學之參照，手術之通例，方劑之調製，器械之選擇均宜詳加注意焉。

戌　**花柳科學**：花柳一科我國俗稱之爲梅毒門，近來有名之爲性病者，向列於外科中，自通商後其病蔓延尤甚，故久經列爲專科，今亦仿各科例分總各論二論，餘均與子丑各項同。

亥　**法醫科學**：本科以固有之國學爲綱，其細目有欠完備者，則採近世學術補充之。

以上之標準係按照目前國醫情形與世界醫學大勢斟酌損益而成。

附錄二　中國各省醫師之分佈 [註1]

省	醫　師								
	本國醫師				外籍醫師	總數	百分數	人口（內政部估計）	每一醫師人口數	每百萬人中醫師數
	本國醫校畢業	外國醫校畢業	總數	百分數						
江蘇	1344	367	1711	36.9	299	2010	37.3	34125857	16978	59.0
廣東	463	87	550	11.9	56	606	11.2	31433200	51870	19.3
河北	245	72	317	6.8	70	387	7.2	31232131	80703	12.4
浙江	290	44	334	7.2	16	350	6.5	20642701	58979	17.0
遼寧	313	21	334	7.2	18	352	6.5	15233123	43276	23.1
山東	162	12	174	3.7	70	244	4.5	30336001	124328	8.0
湖北	119	33	152	3.3	40	192	3.6	26699126	139058	7.2
福建	88	24	112	2.4	41	153	2.8	9744112	63687	15.7
江西	53	27	80	1.7	5	85	1.6	18108437	213040	4.7
四川	26	15	41	0.9	30	71	1.3	54010410	760710	1.3
安徽	51		51	1.1	12	63	1.2	21715396	344689	2.9
湖南	24	8	32	0.7	24	56	1.0	31501212	562522	1.8
吉林	46	7	53	1.1	3	56	1.0	6102439	108972	9.2
黑龍江	50	4	54	1.2	0	54	1.0	3724738	68977	14.5
山西	15	9	24	0.5	16	40	0.8	12228155	305704	3.3
河南	18	3	21	0.4	24	45	0.8	29090180	646488	1.5
廣西	6	2	8	0.2	5	13	0.3	8741293	672407	1.5
其他	29	24	53	1.2	23	76	1.4	57180637	752377	1.3
不明	501	36	537	11.6	0	437	10.0			
總計	3843	795	4638	100.0	752	5390	100.0	411849148	81976	12.2

〔註 1〕 朱席儒、賴斗岩：《吾國新醫人才分佈之概觀》，《中華醫學雜誌》1935 年第
21 卷第 2 期。

附錄三　中國各城市醫師之分佈 [註1]

城市	醫師							人口（郵政局估計）	每一醫師人口數	每百萬人中醫師數
	本國醫師				外籍醫師	總數	百分數			
	本國醫校畢業	外國醫校畢業	總數	百分數						
上海	710	208	918	19.8	264	1182	22.0	3558111	3010	332.2
南京	220	48	268	5.8	7	275	5.1	902941	3283	304.6
瀋陽	198	13	211	4.6	5	216	4.0	889647	4119	242.8
北平	151	69	220	4.7	32	252	4.8	1220832	4845	206.4
哈爾濱	39	1	40	0.9		40	7	216833	5421	184.5
廈門	29	29	58	1.3	5	63	1.2	473058	7509	133.2
杭州	100	29	129	2.8	7	136	2.5	1136060	8353	119.7
青島	35	6	41	0.9	29	70	1.3	592800	8469	118.1
濟南	42	6	48	1.0	20	63	1.3	662642	9745	102.6
廣州	270	13	283	6.1	19	302	5.6	3156698	10453	95.7
香港	64	10	74	1.6	10	84	1.6	900812	10453	93.2
蘇州	45	28	73	1.6	4	77	1.4	865800	11244	88.9
汕頭	33	10	43	0.9	11	44	1.0	647652	11994	83.4
天津	40	22	62	1.3	21	83	1.5	1250539	15067	66.4
武漢	51	25	76	1.6	28	104	1.9	1948274	18773	53.4
寧波	34	1	35	0.8	4	39	0.7	1041455	26704	37.4
福州	12	13	25	0.5	14	39	0.7	1508630	38683	25.9
長沙	10	1	11	0.2	6	17	0.3	1243044	73120	13.7
其他	1259	227	1486	32.0	266	1752	32.5	419633310	239517	4.1
不明	501	36	537	11.6		537	10.0			
總計	3843	795	4638	100.0	752	5390	100.0	441849148	81976	12.2

〔註1〕 朱席儒、賴斗岩：《吾國新醫人才分佈之概觀》，《中華醫學雜誌》1935 年第 21 卷第 2 期。

參考文獻

（按重要性排序）

一、史料

1. 北京市檔案館衛生局檔案

2. 期刊：

《東方雜誌》《晨報副鐫》《醫界春秋》《醫林一諤》《杏林醫學月報》《中華醫學雜誌》《中西醫藥》《社會醫報》《醫藥學》《醫藥評論》《醫學周刊集》《中醫科學》《光華醫藥雜誌》《廣東光漢醫藥月刊》《廣西省立梧州區醫藥研究所彙刊》《國醫公報》《廣東醫藥月報》《明日醫藥》《南京市國醫公會雜誌》《中國醫藥》《中華醫藥》《國醫正言》《光華醫刊》《民生醫藥》《民眾醫報》《新醫與社會》《新醫藥》《新醫藥刊》《醫藥導報》《同仁會醫學雜誌》《同濟醫學季刊》《北平醫刊》《醫政周刊》《康健雜誌》等

3. 北京志：

張宗平、呂永和譯，呂永和、湯重南校：《清末北京志資料》，北京燕山出版社 1994 年版。

《北京衛生史料：1949～1990》，北京科學技術出版社 1993～1996 年版。

王康久主編：《北京衛生大事記》，北京科學技術出版社 1996 年版。

王康久主編，北京衛生志編纂委員會編：《北京衛生志》，北京科學技術出版社 2001 年版。

4. 余雲岫：《余雲岫中醫研究與批判》，安徽大學出版社 2006 年版。

5. 俞樾：《春在堂全書》，鳳凰出版傳媒集團、鳳凰出版社 2010 年版。

6. 吳汝綸：《吳汝綸全集》，黃山書社 2002 年版。

7. 梁啓超：《飲冰室合集》，中華書局 1989 年版。

8. 陳獨秀：《獨秀文存》，安徽人民出版社 1987 年版。

9. 魯迅：《魯迅全集》，人民文學出版社 2005 年版。

10. 杜亞泉著，許紀霖、田建業編：《杜亞泉文存》，上海教育出版社 2003 年版。

11. 傅斯年著，歐陽哲生主編：《傅斯年全集》，湖南教育出版社 2003 年版。

12. 章炳麟著：《章太炎全集》，上海人民出版社 1982～1986 年版。

13. 中國文化書院學術委員會編：《梁漱溟全集》，山東人民出版社 2005 年版。

14. 郭沫若著，郭沫若著作編輯出版委員會編：《郭沫若全集》，人民文學出版社 1982～1992 年版。

15. 嚴復著，王栻主編：《嚴復集》，中華書局 1986 年版。

16. 陳果夫：《陳果夫先生全集》，臺北陳果夫先生遺著編印委員會 1991 年版。

17. 周作人著，鍾叔河編：《周作人文類編》，湖南文藝出版社 1998 年版。

18. 胡適著，曹伯言整理：《胡適日記全編》，安徽教育出版社 2001 年版。

19. 徐一士：《一士類稿》，中華書局 2007 年版。

20. 顧炎武著、陳垣校注：《日知錄校注》，安徽大學出版社 2007 年版。

21. 張君勱等：《科學與人生觀》，黃山書社 2008 年版。

22. 陳存仁：《我的醫務生涯》，廣西師範大學出版社 2007 年版。

23. 陳存仁：《銀元時代生活史》，廣西師範大學出版社 2007 年版。

24. 雷啟立編：《丁文江印象》，學林出版社 1997 年版。

25. 王爲松編：《傅斯年印象》，學林出版社 1997 年版。

26. 薛福成：《出使英法義比四國日記》，嶽麓書社 1985 年版。

27. 胡安邦：《國醫開業術》（縮微品），全國圖書館文獻縮微中心 2008 年版。

28. 胡定安：《胡定安醫事言論集》（縮微品），全國圖書館文獻縮微中心 2008 年版。

29. 張錫純：《醫學衷中參西錄》，山西科學技術出版社 2009 年版。

30. 惲鐵樵著，張家瑋點校：《群經見智錄》，福建科學技術出版社 2006 年版。

31. 章太炎：《章太炎醫論》，人民衛生出版社 2006 年版。

32. 陳邦賢：《中國醫學史》，商務印書館 1937 年本，1998 年影印。

33. 范行準：《明季西洋傳入之醫學》，中華醫史學會鈞石出版基金委員會，民國 32 年（1943 年）本。

34. 丁福保：《西洋醫學史》，東方出版社 2007 年版。

35. 趙爾巽：《清史稿》，中華書局 1977 年版。

36. 中國史學會主編：《戊戌變法》，上海人民出版社、上海書店出版社 2000 年版。

37. 惲毓鼎著，史曉風整理：《惲毓鼎澄齋日記》，浙江古籍出版社 2004 年版。

38. 張星烺：《歐化東漸史》，商務印書館 2000 年版。

39. 鄭觀應：《盛世危言》，上海古籍出版社 2008 年版。

40. 陳志潛著，端木彬如等譯：《中國農村的醫學：我的回憶》，四川人民出版社 1998 年版。

41. 李文海編：《民國時期社會調查叢編》（社會保障卷），福建教育出版社 2004 年版。

42. 陳崧編：《「五四」前後東西文化問題論戰文選》，中國社會科學出版社 1989 年版。

43. 中華續行委辦會調查特委會編，蔡詠春等譯：《1901～1920 年中國基督教調查資料》，中國社會科學出版社 1987 年版。

44. Henry S. Sigerist 著、顧謙吉譯：《人與醫學》，商務印書館民國 25 年（1936 年）版。

45. （英）麥高溫著，朱濤、倪靜譯：《中國人生活的明與暗》，中華書局 2006 年版。

46. （法）謝和耐著，耿升譯：《中國與基督教：中西文化的首次撞擊》，上海古籍出版社 2003 年版。

47. （法）謝和耐著，何高濟譯：《中國人的智慧》，上海古籍出版社 2004 版。

48. （美）丁韙良著，沈弘等譯：《花甲記憶：一位美國傳教士眼中的晚清帝國》，廣西師範大學出版社 2004 年版。

49. （英）李提摩太著，李憲堂、侯林莉譯：《親歷晚清四十五年——李提摩太在華回憶錄》，天津人民出版社 2005 年版。

50. （美）衛三畏著，陳俱譯，陳絳校：《中國總論》，上海古籍出版社 2005 年版。

51. （美）羅威廉著，江溶、魯西奇譯：《漢口：一個中國城市的商業和社會（1796～1889）》，中國人民大學出版社 2005 版。

52. （英）阿綺波德·立德著，劉雲浩、王成東譯：《穿藍色長袍的國度》，中華書局 2006 年版。

53. （美）E.A.羅斯著，公茂虹、張皓譯：《變化中的中國人》，中華書局 2006 年版。

54. （美）何天爵著，鞠方安譯：《真正的中國佬》，中華書局 2006 年版。

55. （英）雷蒙·道森，常紹民、明毅譯：《中國變色龍——對於歐洲中國文明觀的分析》，中華書局 2006 年版。

56. （英）約·羅伯茨編著，蔣重躍、劉林海譯：《十九世紀西方人眼中的中國》，中華書局 2006 年版。

57. （美）哈羅德·伊羅生著，于殿利、陸日宇譯：《美國的中國形象》，中華書局 2006 年版。

58. （美）明恩溥著，佚名譯，黃興濤校注：《中國人的氣質》，中華書局 2006 年版。

59. （美）明恩溥著，陳午晴、唐軍譯：《中國鄉村生活》，中華書局 2006 年版。

60. （美）馬士著，張彙文等譯：《中華帝國對外關係史》，上海書店出版社 2006 年版。

二、專著

1. 鄧鐵濤、程之範主編：《中國醫學通史》（近代卷），人民衛生出版社 2000 年版。

2. 李經緯、林昭庚主編：《中國醫學通史》（古代卷），人民衛生出版社 2000 年版。

3. 趙洪鈞：《近代中西醫論爭史》，安徽科學技術出版社 1989 年版。

4. 鄧鐵濤：《中醫近代史》，廣東高等教育出版社 1999 年版.

5. 劉理想：《中醫存廢之爭》，中國中醫藥出版社 2007 年版。

6. 張效霞：《無知與偏見——中醫存廢百年之爭》，山東科學技術出版社 2007 年版。

7. 海天、易肖煒：《中醫劫——百年中醫存廢之爭》，中國友誼出版公司 2008 年版。

8. 李經緯，程之範主編：《中國醫學百科全書·醫學史》，上海科學技術出版社 1987 版。

9. 李經緯、鄢良：《西學東漸與中國近代醫學思潮》，湖北科學技術出版社 1992 年版。

10. 楊念群：《再造「病人」：中西醫衝突下的空間政治（1832～1985)》，中國人民大學出版社 2006 年版。

11. 夏曉紅編：《追憶梁啟超》，中國廣播電視出版社 1997 年版。

12. 鄭師渠：《晚清國粹派：文化思想研究》，北京師範大學出版社 1997 年版。

13. 熊月之：《西學東漸與晚清社會》，上海人民出版社 1994 年版。

14. 何小蓮：《西醫東漸與文化調適》，上海古籍出版社 2006 年版。

15. 余新忠主編：《清以來的疾病、醫療和衛生：以社會文化史為視角的探索》，三聯書店 2009 年版。

16. 余新忠：《清代江南的瘟疫與社會：一項醫療社會史的研究》，中國人民大學出版社 2003 年版。

17. 皮國立：《近代中醫的身體觀與思想轉型：唐宗海與中西醫彙通時代》，三聯書店 2008 年版。

18. 黃建平等著：《中西醫比較研究》，湖南科學技術出版社 1993 年版。

19. 馬伯英等：《中外醫學文化交流史》，文匯出版社 1993 年版。

20. 李經緯主編：《中外醫學交流史》，湖南教育出版社 1998 年版。

21. 何足道：《中醫存亡論》，華夏出版社 1996 年版。

22. 李建民主編：《生命與醫療》，中國大百科全書出版社 2005 年版。

23. 李貞德主編：《性別・身體與醫療》，臺北聯經出版事業股份有限公司 2008 年版。

24. 李建民：《生命史學：從醫療看中國歷史》，復旦大學出版社 2008 年版。

25. 方舟子：《批評中醫》，中國協和醫科大學出版社 2007 年版。

26. 劉力紅：《思考中醫》，廣西師範大學出版社 2003 年版。

27. 廖育群：《岐黃醫道》，海南出版社 2008 年版。

28. 傅維康：《中國醫學史》，上海中醫學院出版社 1990 年版。

29. 馬伯英：《中國醫學文化史》，上海人民出版社 1994 年版。

30. 區結成：《當中醫遇上西醫：歷史與省思》，三聯書店 2005 年版。

31. 邱鴻鐘：《醫學與人類文化》，廣東高等教育出版社 2004 年版。

32. 管飛主編：《對話中西醫》，上海科學技術出版社 2009 年版。

33. 祝世訥：《中西醫學差異與交融》，人民衛生出版社 2000 年版。

34. 李良松、葉海濤編著：《陳立夫與中醫藥學》，廈門大學出版社 1993 年版。

35. 高晞：《德貞傳：一個英國傳教士與晚清醫學近代化》，復旦大學出版社 2009 年版。

36. 文庠：《移植與超越：民國中醫醫政》，中國中醫藥出版社 2007 年版。

37. 謳歌編著：《協和醫事》，三聯書店 2007 年版。

38. 張大慶：《中國近代疾病社會史：1912～1937》，山東教育出版社 2006 年版。

39. 張泰山：《民國時期的傳染病與社會：以傳染病防治與公共衛生建設爲中心》，社會科學文獻出版社 2008 年版。

40. 范燕秋：《疫病、醫學與殖民現代性：日治臺灣醫學史》，臺灣稻鄉出版社 2005 年版。

41. 黃金麟：《歷史、身體、國家——近代中國的身體形成》，新星出版社 2006 年版。

42. 董少新：《形神之間：早期西洋醫學入華史稿》，上海古籍出版社 2008 年版。

43. 丁偉志、陳崧：《中西體用之間：晚清中西文化觀述論》，中國社會科學出版社 1995 年版。

44. 顧長聲：《傳教士與近代中國》，上海人民出版社 1991 年版。

45. 顧長聲：《從馬禮遜到司徒雷登：來華新教傳教士評傳》，上海書店出版社 2005 年版。

46. 郭衛東主編：《近代外國在華文化機構綜錄》，上海人民出版社 1993 年版。

47. 顧衛民：《基督教與近代中國社會》，上海人民出版社 1996 年版。

48. 劉登閣、周雲芳：《西學東漸與東學西漸》，中國社會科學出版社 2000 年版。

49. 安宇、周棉主編：《留學生與中外文化交流》，南京大學出版社 2000 年版.

50. 楊念群：《楊念群自選集》，廣西師範大學出版社 2000 年版。

51. 蘇萍：《謠言與近代教案》，上海遠東出版社 2001 年版。

52. （美）郭穎頤著，雷頤譯：《中國現代思想中的唯科學主義（1900～1950）》，江蘇人民出版社 1990 年版。

53. （英）馬禮遜夫人編，顧長聲譯：《馬禮遜回憶錄》，廣西師範大學出版社 2004 年版。

54. （英）李約瑟著，潘吉星主編，陳養正等譯：《李約瑟文集：李約瑟博士有關中國科學技術史的論文和演講集（一九四四～一九八四）》，遼寧科學技術出版社 1986 年版。

55. （美）蘇珊·桑塔格著，程巍譯：《疾病的隱喻》，上海譯文出版社 2003 年版。

56. （法）米歇爾·福柯著，劉北成譯：《臨床醫學的誕生》，譯林出版社 2001 年版。

57. （法）米歇爾·福柯著，劉北成、楊遠嬰譯：《瘋癲與文明》，三聯書店 2007 年版。

58. （日）實藤惠秀著，譚汝謙、林啓彥譯：《中國人留學日本史》，三聯書店 1983 年版。

59. （美）羅芙芸著，向磊譯：《衛生的現代性：中國通商口岸衛生與疾病的含義》，江蘇人民出版社 2007 年版。

60. （美）喬那森·斯潘賽：《改變中國》，三聯書店 1990 年版。

61. （美）衛斐列著，顧鈞、江莉譯：《衛三畏生平及書信：一位美國來華傳教士的心路歷程》，廣西師範大學出版社 2004 年版。

62. （美）費正清主編：《劍橋中國晚清史》，中國社會科學出版社 1985 年版。

63. Wang, Jimin and Wu Lien-Teh: *History of Chinese medicine: being a chronicle of medical happenings in China from ancient times to the present period.* Shanghai: National Quarantine Service, 1936.

64. G. H. Choa, "Heal the sick" *Was Their Motto: The Protestant Medical Missionaries in China*, Shatin, N.T., Hong Kong: Chinese University Press, 1990.

65. Cheung, Yuet-Wah: *Missionary Medicine in China: a Study of Two Canadian Protestant Missions in China before 1937*, University of America, 1998.

66. Bliss Edward, *Beyond the Stone Arches: an American Missionary Doctor in China, 1892～1932*, New York: Wiley, 2001.

67. Lo, Ming-cheng Miriam: *Doctors within Borders: Profession, Ethnicity, and Modernity in Colonial Taiwan*, University of California Press, 2002.

68. Wong, Man Kong Timothy: *Local Voluntarism: The Medical Mission of the London Missionary Society in Hong Kong, 1842～1923*, David C. Lam Institute for East-West Studies, Hong Kong Baptist University, 2004.

69. Michelle Campbell Renshaw: *Accommodating the Chinese: The American Hospital in China, 1880～1920*, Routledge, 2005.

70. 飯島渉：『プストと近代中國──衛生の「制度化」と社會変容』，研文出版 2000 年。

三、論文

1. 鄧文初：《「失語」的中醫》,《讀書》2004 年第 3 期。

2. 張鳴：《舊醫，還是中醫？──七十年前的廢止中醫風波》,《讀書》2002 年第 6 期。

3. 左玉河：《學理討論，還是生存抗爭──1929 年中醫存廢之爭評析》,《民國研究》2004 年第 5 期。

4. 皮國立：《所謂「國醫」的內涵──略論中國醫學之近代轉型與再造》,《中山大學學報》（社會科學版）2009 年第 1 期第 49 卷。

5. 劉衛東：《20 世紀 30 年代「中醫科學化」思潮論析》,《齊魯學刊》2008 年第 2 期。

6. 張婷婷：《近代社會思潮對中醫的影響》,《蘇州科技學院學報》（社會科學版）2009 年第 1 期。

7. 祖述憲：《胡適對中醫究竟持什麼態度》,《中國科技史料》，2001 年第 1 期。

8. 羅雄飛：《論俞樾學術思想的幾點局限》,《首都師範大學學報》（社會科學版），2005 年第 4 期。

9. 董叢林：《吳汝綸醫藥觀的文化表現及成因簡論》,《安徽史學》2005 年第 4 期。

10. 汪維眞：《棄中擇西：清人吳汝綸醫學觀的轉變及原因分析》,《安徽史學》2006 年第 2 期。

11. 周寧：《吳汝綸與中西醫》，《唐都學刊》2006 年第 4 期。

12. 馮爾康：《晚清學者吳汝綸的西醫觀──兼論文化反思的方法論》，《天津社會科學》2007 年第 3 期。

13. 章茂森、樊巧玲、顧嚴嚴：《西學東漸視野下吳汝綸的醫學觀》，《南京中醫藥大學學報》（社會科學版）2007 年第 4 期。

14. 戴昭宇、全選甫、宋敏：《日本中醫發展現狀概覽》，《河南中醫》2008 年第 12 期。

15. 何小蓮：《西醫東傳：晚清醫療制度變革的人文意義》，《史林》2002 年第 4 期。

16. 胡傳揆：《北京協和醫學校的創辦概況》，《中國科技史雜誌》1983 年 03 期。

17. 鄒振環：《西醫譯著與近代中醫界的反省》，《華東師範大學學報》（哲學社會科學版）1986 年第 1 期。

18. 朱曉光：《國民黨中央內部圍繞「中醫條例」的中醫廢存之爭》，《南京中醫藥大學學報》1995 年第 11 卷第 6 期。

19. 奚霞：《民國時期中醫廢立之爭》，《炎黃春秋》2004 年第 8 期。

20. 文庠：《試從中西醫論爭看近代知識界的價值取向》，《南京中醫藥大學學報》（社會科學版）2005 年第 6 卷第 3 期。

21. 聶精葆：《科學主義籠罩下的 20 世紀中醫》，《醫學與哲學》，1995 年第 2 期。

22. 張功耀：《告別中醫中藥》，《醫學與哲學》（人文社會醫學版）2006 年第 4 期。

23. 羅志田：《新舊之間：近代中國的多個世界及「失語」群體》，《四川大學學報（哲學社會科學版）》，1999 年第 6 期。

24. 杜正勝：《醫療、社會與文化──另類醫療史的思考》，臺灣《新史學》1997 年第 4 期。

25. 李建民：《中國醫學史研究的新視野》，臺灣《新史學》2004 年第 3 期。

26. 王一方、邱鴻鐘：《百年中醫甄變──人文傳統與科學建構》，《醫學與哲學》1999 年第 3 期。

27. 梁其姿：《醫療史與中國「現代性」問題》，《中國社會歷史評論》2007 年第 8 卷。

28. 楊念群：《如何從「醫療史」的視角理解現代政治》，《中國社會歷史評論》2007 年第 8 卷。

29. 楊瑞松：《想像民族恥辱：近代中國思想文化史上的「東亞病夫」》，臺灣《「國立」政治大學歷史學報》2005 年 5 月（第 23 期）。

30. 王秀雲：《不就男醫：清末民初的傳道醫學中的性別身體政治》，臺灣《「中央」研究院近代史研究所集刊》2008年3月（第59期）。

31. 楊彬彬：《由曾懿（1852～1927）的個案看晚清「疾病的隱喻」與才女身份》，臺灣《近代中國婦女史研究》2008年12月（第16期）等。

32. 周春燕：《〈上海工部局醫官造衛生清冊〉：一份研究近代上海公共衛生的重要史料》，臺灣《政大史粹》2006年12月（第11期）。

33. 胡成：《「不衛生」的華人形象：中外間的不同講述——以上海公共衛生爲中心的觀察（1860～1911）》，臺灣《「中央」研究院近代史研究所集刊》2007年6月（第56期）。

34. 周春燕：《走出禁忌——近代中國女性的經期衛生（1895～1949）》，臺灣《「國立」政治大學歷史學報》2007年11月（第28期）等。

35. 梁其姿：《麻風隔離與近代中國》，《歷史研究》2003年第5期。

36. 李尚仁：《十九世紀後期英國醫學界對中國麻瘋病情的調查研究》，臺灣《「中央」研究院歷史語言研究所集刊》2003年74（3）。

37. 胡成：《現代性經濟擴張與烈性傳染病的跨區域流行——上海、東北爆發的鼠疫、霍亂爲中心的觀察（1902～1932）》，臺灣《「中央」研究院近代史研究所集刊》2006年3月（第51期）。

38. 李貞德：《從師母到女宣——孫理蓮在戰後臺灣的醫療傳道經驗》，臺灣《新史學》2005年第3期等。

39. 顧雅文：《日治時期臺灣瘧疾防遏政策：「對人法」？「對蚊法」？》，臺灣《臺灣史研究》2004年12月11（2）。

40. 范燕秋：《醫學與殖民擴張——以日治時期臺灣瘧疾研究爲例》，臺灣《新史學》1996年第3期。

41. 劉士永：《日治時期臺灣地區的疾病結構演變》，臺灣《新史學》2002年第4期。

42. 張淑卿：《日治時期臺灣的結核病防治政策與議論》，臺灣《臺灣史研究》2006年6月13（1）。

43. 鈴木哲造：《日治初年臺灣衛生政策之展開——以「公醫報告」之分析爲中心》，臺灣《臺灣師範大學歷史學報》2007年6月（第37期）。

44. 王文基、王佩瑩：《隔離與調查——樂生院與日治臺灣的癩病醫學研究》，臺灣《新史學》2009年第1期等。

45. Kwong, Luke S. K.: Dr Alexander Maclean Mackay: Profile of a China Medical Missionary, Modern Asian Studies, Vol. 31, Part 2 （1997）.

46. 帆刈浩之：『中国伝統医学の「近代」——民国初期における中国医学廃止をめぐって』，『近きに在りて』2001年39號。

47. 福士由紀：『国際連盟保健機関と上海の衛生——1930 年代のコレラ預防』，『社會経済史學』2004 年 5 月 70-2 期。

48. 福士由紀：『戦後上海における公眾衛生事業の再編——防疫設施の接收管理問題を中心に』，『一橋研究』2005 年 1 月 29-4。

49. 帆刈浩之：『中国人移民と帝国医療——近代香港における天然豆流行』，『史潮』2006 年 11 月新 60 期等。

四、學位論文

1. 郝先中：《近代中醫存廢之爭研究》，華東師範大學 2005 年博士論文。

2. 胡曉峰：《民國中醫藥救亡鬥爭史略（1912.1～1949.9）》，中國中醫研究院醫史文獻研究所 1990 年博士論文。

3. 臧鑫：《近代中醫存廢之爭的文化思考》，廣州中醫藥大學 2007 年博士論文。

4. 劉理想：《近現代中醫發展中的進化論思想研究》，北京中醫藥大學 2007 年博士論文。

5. 劉利民：《論南京國民政府時期的中醫自救運動》，華中師範大學 2007 年碩士論文。

6. 董澤宏：《民國時期的北平中醫藥發展史研究（1912～1949）》，中國中醫研究院 2005 年博士論文。

7. 段曉華：《章太炎醫學思想研究》，北京中醫藥大學 2006 年博士論文。

8. 李傳斌：《基督教在華醫療事業與近代中國社會（1835～1937）》，蘇州大學 2001 年博士論文。

9. 杜志章：《基督教在華醫藥事業與中國醫學早期現代化》，武漢大學 2007 年博士論文。

10. 余俊傑：《遜清御醫群體與民國間中醫藥文化發展》，北京師範大學 2009 年碩士論文。

11. 黃玉環：《中國古代法醫學發展史及相關文獻研究》，貴陽中醫學院 2007 級碩士論文。

12. Hsiang-lin Lei, *When Chinese Medicine Encountered State*: 1910～1949, Ph D. Dissertation. University of Chicago, 1999.